史密斯夫婦樂活印度

孟買春秋

喬伊斯　菲爾——著

各界好評如潮

喬伊斯帶著身為記者的敏銳和台灣人的熱情來到孟買，透過她生動的筆，書中的王公貴族和市井小民娓娓道出屬於今日印度的百樣生活，也讓聽故事的人，走了一趟印度之旅。

——史進德（David Schlesinger）　前路透社全球總編輯

喬伊斯用她敏銳的觀察力、善感及樂於助人的心，把她住在印度四年的經驗，用極具感染力的文字，與去過或是沒去過印度的讀者分享她的《孟買春秋》。且聽喬伊斯娓娓道來她與伊斯蘭王子伊格保的邂逅，還有更多動人的喜怒哀樂。

——袁韻璧　前輔大外語學院副院長

喬伊斯的文字太有畫面了，彷彿書裡藏了鏡頭，帶領讀者穿梭印度市街、豪門院邸、雨季中的書店、板球俱樂部的青草地……她毫不吝嗇地把你絕不會知道的孟買都寫進這妙趣橫生的春秋傳記，令我憶起印度之旅啼笑皆非卻難以自拔的時光。

——張瑞夫　《生活在他處》作者

作者長達四年的孟買之行是旅者的極高待遇，喬伊斯寫的是生活在其中的「我們」，而非旅行至別處的「他們」，是給親人朋友的家書春秋，而非指證歷歷的戰國罪狀，不可思議之餘也一起跳起了華麗的印度歌舞。

——船橋彰　《印度以下，風景以上。》作者

《孟買春秋》是所有遊人旅印前必讀的生活聖經，喬伊斯以恢宏的國際觀、詼諧的筆調，深切觀察日常生活中的大小事，帶領讀者神遊印度；她的故事帶出印度真正面貌，不可思議的、可笑的、可悲的、可嘆的，隨著書中文字轉折，讓你身歷其境。

——盧秉承　前孟買台商會會長

《孟買春秋》的文章，是讓我兩眼發亮的新發現！曾經是路透社記者的作者，寫在她身邊流動的人們與事物，看似日常的小紀錄，但如果從生活文化來看，卻讓我們看到豐富有趣的印度；我更喜歡的是，這些文字裡面「溫柔的人味」！

——魏淑貞　玉山社出版公司發行人

喬伊斯說

每個人在生命的某個階段，都有一部春秋正在上演，那幾年我的春秋在孟買。

十分幸運在台灣長大，離開後跟著菲爾的工作，毫無準備進駐人口就要趕上中國的印度，多數女人穿著紗麗或是傳統長衫，多數男人上唇蓄鬍眉心點了朱砂痣，人人開口說話便要搖頭晃腦。

空氣中瀰漫著香料咖哩和垃圾汗臭，凡事少了邏輯多了混沌的印度。

在人口和台灣相當的孟買，因為只有兩人生活，簡單安穩無虞，我得以在每天七手八腳和印度的不可思議奮戰之餘，停下腳步深呼吸一口氣去看見貧窮髒亂背後的另一種美好；也得以即便凡事毫無邏輯匪夷所思，還是試著用在台灣耳濡目染的待人之道，去掀開這個神祕古國的多變面紗，去體會她千年傳統下和故鄉一樣的敦厚善良。

《孟買春秋》大部分是在離開印度之後完成的，離開了有距離凡事看得更清楚，但又似乎因此在我和印度之間升起一抹淡淡的薰香，若有似無把一切變得浪漫。健忘如我，孟買在我腦海中卻從未褪色模糊，當年凡事種種分毫未忘。

當初信手拈來記錄自己印度生活的文字最後成書，在修訂落筆前未曾打稿的幾十篇文章過程中，重新住了一回孟買。校對時我時而忘情微笑時而熱淚盈眶，彷彿還在那個喧囂混亂五味雜陳的城市裡，可以聽見看見尼爾生、愛爾卡、亞莎、伊格保王子、吉米大爺、門房岡古……

將近十年後這本一直在我心中珍貴角落的書，得以修訂增文再版，當年的喜怒哀樂雖不再讓我激動不已，繞樑三日卻不足以形容今日重返舊作的萬般滋味。

如果《孟買春秋》能讓聽故事的人用稍稍不同的角度心態去看印度，或是任何我們陌生的國度，那會是我無心插柳最開心的事。

菲爾大爺說（喬伊斯忠實翻譯）

當我們搭上離開孟買的飛機前往香港去辦理我進入中國工作的記者簽證時，我必須承認四年南亞記者生涯以來，第一次覺得鬆了一口氣。

採訪孟買恐怖攻擊手肘感染後開刀的縫線還在，和海關周旋搬家報關的繁文縟節猶如噩夢般不肯離去，甚至到了機場還要被蒼蠅般的苦力不停糾纏。在飛機起飛那一刻，如果人間有天堂，我們一定是在往天堂的路上。

但千萬不要誤會，我愛印度，以前是現在是以後也是，只不過印度不僅讓你筋疲力竭，還有股魔力顛覆你對許多事物的看法，甚至改變你的性格。

我親眼目睹喬伊斯從一個既溫柔又善解人意的台灣女子，在窗簾店無法按時交貨還膽敢嘻皮笑臉羅織謊言時，轉眼化身為一尾讓人退避三舍的響尾蛇。數不清多少次喬伊斯因為印度的食古不化提高音量，我在眼見店員身陷台灣龍捲風還要結結巴巴辯解之際，連忙逃到店門外避風頭。身為一個英國人，我對這些店員寄予無限同情。

我最喜歡的一句印度口頭禪「不然呢？」（What to do?）在無能為力的情況之下用來表示「沒辦法」不打緊，還常被拿來當成任何一件事的擋箭牌，外加無所謂地聳聳肩。正當喬伊斯被一件天方夜譚般的事氣得七孔生煙時，不知死活的印度人輕描淡寫說出「不然呢？」，還要搖頭晃腦加上一句「太太，放輕鬆。」（No tension, madam.）於是她的憤怒和沮喪瞬間再創新高，我再度逃離現場。

不可思議的是，儘管天天沒完沒了應付令她抓狂的人事物，喬伊斯卻毫無保留愛上印度，她身邊三教九流的印度人說也奇怪，挨罵還願意與她成為莫逆，毫無疑問印度是除了台灣以外她最愛的國家了。

我常被問及為什麼喜歡印度，我的回答是每天在工作上或是生活中，都會面臨一個兩個甚至更多沒經歷過的狀況，或是狂喜，或是驚恐，或是憤怒，或是哀傷，或是沮喪，但無論如何絕對不是一成不變，沒有一刻讓人感到無聊。

令人屏息的不僅僅是這個文化古國的大和多元，還有難以想像的貧窮和流浪街頭的小乞丐，而就在你為他們感到萬分悲傷的時候，一無所有的春秋百姓所展現出無比的韌性以及單純直接的快樂，又讓你會心一笑。印度的色彩味道還有混亂，無時無刻不挑戰你的感官情緒，讓你隨之起伏。

我曾告訴喬伊斯，在印度的日子就像上學，當時再怎麼恨得牙癢癢的一切，事過境遷，留下的只有美好的部分，即使不美也不恨了，就像這本書裡我們一起經歷過的故事一樣，一輩子忘不了。

CONTENTS

目次

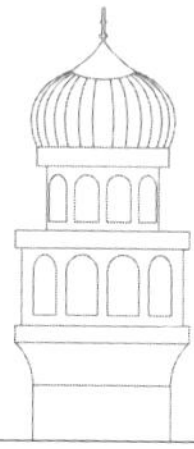

第*2*部 上流社會

第*3*部 不可思議

第6部 房事

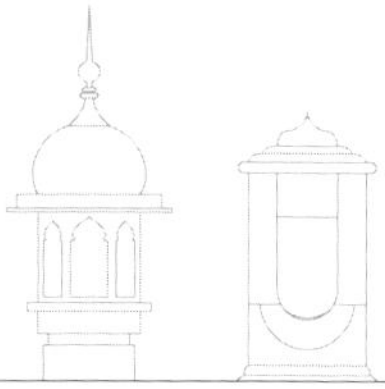

第7部 不只是印度

第8部 尾聲

第1部

安頓

從雪梨到孟買

離開雪梨前往孟買那天是個萬里無雲的好天氣。

車子經過雪梨海港大橋時，心底微微抽了一下，真的要離開這個美麗的城市了。坐落湛藍海水中的雪梨歌劇院在南半球夏日艷陽下閃閃發亮，看著海灣裡的點點帆影，彷彿只是去旅行而不是離開。

我們住的灣景公寓在雪梨港北邊，有個夢幻的地名叫薰衣草灣，落地窗外一覽無遺的雪梨歌劇院和雪梨大橋。我漫步於乾乾淨淨的雪梨港邊，菲爾搭渡輪去上班。

吃的是農民市場買來最新鮮的蔬果海鮮，喝的是直接從水龍頭流出來的水，呼吸的是少有污染的新鮮空氣，面對的是乾淨到連鯨魚也游進來的藍色港灣。我們租露營車在澳洲和紐西蘭各處小旅行，和朋友健行野餐喝咖啡逛美術館，看戲品嘗葡萄酒聽爵士樂團。

低調安靜，悠閒自在，一塵不染的第一世界。

在我四十歲生日那天，也是我們在雪梨住了三年後，菲爾接受了路透社南亞總編輯的新工作，負責印度、巴基斯坦、阿富汗、尼泊爾、斯里蘭卡和其他南亞小國。孟買是我們的新家。

朋友笑說菲爾已經做過全路透社最好的工作，住在港邊百萬豪景的頂尖公寓，該是受苦的時候了。甚至開玩笑：你犯了什麼大錯，路透社要把你從雪梨下放到孟買？接著擔心的問：喬伊斯願意嗎？

我願意嗎？台北土生土長的我，大學畢業進入路透社，接著外派新加坡，認識了從倫敦外派新加坡的菲爾。我的生活只有台北、新加坡和雪梨，是毫無波折的玫瑰色。菲爾雖說多年來周遊列國，一樣也是四平八穩。

外派記者怎能錯過印度？亂七八糟、不可思議、充滿挑戰的印度！

離開雪梨我們在新加坡停留了幾天，繼續前往孟買，一個人口近兩千萬的城市，其中一大半是從印度各地湧進商業首都的逐夢者。再過不久，孟買的人口就要趕上台灣的兩千三百萬，只是大部分的人還是住在沒有衛浴設備、沒有自來水，亞洲最大的貧民窟裡。

我試著想像台灣大部分人住在沒有廁所的鐵皮屋裡，在每天限定的幾小時中，提著水桶站在路旁給水站排隊接水，卻無法勾勒畫面。

機長宣布即將降落孟買，窗外淨是鐵皮、塑膠布和石綿瓦搭的貧民窟。在降落那一刻，我幾乎以為飛機會衝進綿延不盡的貧民窟裡。這時腦海裡忽然浮現離開雪梨時的畫面，飛機起飛後沿著澳洲東岸往北飛，風景如畫和明信片一樣的海岸線。

一出孟買機場，一大群吆喝的搬運工、計程車司機蜂擁而上。好不容易殺出重圍，上了旅館派來的車，一路上看到的只是更多的貧民窟，還有連貧民窟也住不起的人。頭上沒有一片屋頂，這些人乾脆就躺在路邊的垃圾堆旁，用一塊布蓋住臉，倒頭就睡，大概是要避免經過車輛捲起的塵土。有研究報告指出孟買空氣污染的程度，相當於平均每天抽兩包半的菸。令我不解的是，為什麼這些人不選一個比較安靜，或是離垃圾堆遠一點的地方睡覺?也許孟買沒有這樣的地方?

車子一停在交通稍稍繁忙的路口，馬上有衣不蔽體的小乞丐，要不就是瘦若枯骨的女人，抱著營養不良的嬰兒來敲車窗要錢。轉頭不去看他們，卻避免不了一陣鼻酸。我雖未曾環遊世界，倒也去過不少地方，孟買恐怕是我到目前為止見過最窮的地方了。而她為印度帶來絕大多數的稅收，是印度最進步富有的城市。

無處不在的街頭乞丐，將是我們接下來幾年每天必須面對的景象。一種莫名的恐懼頓時油然而生。

泰姬威靈頓（Taj Wellington Mews Luxury Residences）是孟買數一數二的長期商務旅館，我們在這裡等待海運的家具從雪梨抵達，然後搬進公司安排好的公寓。一進旅館大門，穿著制服的服務生列隊問好，其中一人小跑步到電梯口替我們按鈕上樓。

兩房一廳的商務公寓裡，每個房間有一個大型液晶電視、無線鍵盤、遙控上網和娛樂系統。廚具從冰箱、烤箱、洗碗機到刀叉，不是從義大利就是德國進口。這是印度，不是台北、倫敦、新加坡或是雪梨。

我一下沒法適應過來：從機場到旅館一個小時車程中，見到的除了極端窮困的春秋百姓，別無其他。一個小時之後，我們回到先進的西方世界。而在這個不真實的世界大門外幾步路遠的地方，乞丐就睡在滿是垃圾的人行道上。

在印度的第一晚，混亂擁擠、滿地垃圾，空氣中混雜著咖哩和垃圾味的孟買，我們都失眠了。

招兵買馬

搬進新家前我們開始找司機和傭人。

對於來自台北和倫敦的我和菲爾而言，全職僕人是殖民地時代留下來的惡習，但在搭了幾次看似吃了藥的司機開的骯髒無比、令人作嘔的計程車之後，我們決定讓殖民時代的惡習繼續下去。加上即將搬進的新家大得驚人，我雖非金枝玉葉，卻也不願整日與孟買的灰塵作戰，於是開始招兵買馬。

不少印度朋友對司機、傭人完全冷漠，除了交代事情，並無交集。這些雇主眼中的下人對一切也看似習以為常，無聲無息地被交代，再無聲無息辦事退下。即使有些雇主對傭人還算客氣，一來一往其中的主僕階級奧妙，卻也不言而喻。

一位朋友說，千萬不要找伊斯蘭教徒，否則每天固定時間要禱告，急著出門也得等司機跟阿拉溝通完畢。另一位朋友說不要找印度教徒，宗教假日太多，習俗禁忌更多，還不能讓他去買牛肉！至於基督教徒，也有朋友有意見：每次開車經過教堂，我那篤信基督教的司機一邊開車一邊在胸前畫十字，再親一下畫過十字的手。驚！

老鳥總是要告訴初來乍到的菜鳥一些過來人的經驗，我的心得是，這宛如街上不絕於耳喇叭聲的貼心建議，終究只是讓驚魂未定的新住民在孟買的喧鬧混沌之中，更加迷茫。

英國朋友卡洛琳的司機勞倫斯給了幾個司機的履歷，其中尼爾生是勞倫斯的好朋友，前任德國雇主不久前結束在印度的鐵道工程，目前為印度人家開車。不過他希望能夠找到外國雇主，因為薪資如果沒有一倍，最起碼也比印度人家多上百分之五十。

菲爾認為留著八字鬍的尼爾生在履歷上的黑白照片看起來有點嚇人，不過他歷任的德國老闆在推薦信中對他的工作表現讚譽有加，我立刻打電話面試。

年紀介於菲爾和我之間的尼爾生身材短小精悍，戴著一副眼鏡，一見面我就對這個滿臉笑容，來自南印度的虔誠基督教徒有了好感。閒聊得知他年輕時從泰米爾納度州（Tamil Nadu）家鄉來孟買，從餐廳洗碗的小弟到有錢印度人家的男僕，什麼事都做過。

後來司機朋友教他開車，考上駕照後，靠著簡單的英文基礎，在旅遊公司找到替外國觀光客開車的工作，也由於這個緣故，他開始為這個到印度來做工程的德國顧問公司代表開車，一做就是十二年。

在嚴格的德國雇主訓練之下，尼爾生英語流利，應對進退也十分得體，特別在談話之際不卑不亢，沒有印度僕人常有的畏縮。和他在市內開車繞了一圈，確定他在經過教堂時不會放開方向盤在胸前畫十字後，決定試用。除了他的態度和開車技巧，另一個僱用他的重要原因是菸酒不沾的尼爾生有一子一女在上中學，他的人生目標是送他們上大學。

我問他在旅遊公司的經驗。「太太，我以前幫過一個義大利來的導演開了幾個月的車，他來印度拍電影。」那是在德國雇主之前，十多年了，現在尚且令人膽戰心驚的孟買，當時肯定讓歐洲人抓狂吧？

「幫導演開車好玩嗎？」「啊，那位義大利導演像是瘋了一樣，有時好幾天不睡覺，鬍子也不刮、衣服也不換，髒兮兮的！」「你帶他去拍片，還有呢？」「導演先生不會說英語，我也不懂義大利語，不過沒問題，他很會畫圖，要做什麼就畫圖，畫了蕃茄我帶他去超市，拉拉頭髮我帶他去剪頭髮。」

我忍住笑：「下個星期一開始上班吧！」

接下來是傭人，上百坪的新家需要兩個傭人。聽來離譜但是在塵土漫天的孟買，一天不撣灰塵擦地板就可以在任何表面上寫字，所以需要一個會做飯的管家和一個專職清掃的女傭，增加印度就業人口。

搬到印度前幾個月，我先到孟買探個究竟，在菲爾的前任同事家中，也就是我們即將入住的溫德米爾公寓裡，遇見臨時來幫忙的亞莎。亞莎從八歲起就在有錢的印度人家裡幫傭，一個英文字也不認識的她天資聰穎，從主人家孩子身上學了流利的口語英語，難得的是竟然沒有太重的印度腔。

搬到孟買之後，我打電話給住在貧民窟裡的亞莎，她說目前在印度人家幫傭，不過一直在等我的電話，我告訴她家具抵達的日期，到溫德米爾來報到吧。

哪裡去找管家兼廚子呢？外國朋友千交代萬囑咐要小心選擇，一定要有可靠的推薦信，確定人選後送到診所健檢確定沒生病等等。至此我已經對招募失去興趣，直接問了旅館每天來打掃的小弟，讓他幫我留意。

隔了幾天，身穿全白紗麗、滿臉微笑的愛爾卡來按旅館門鈴：「太太，您要找女傭兼廚子是嗎？」我看著她美麗的臉孔，一下愣住了。要不是她有幾分富態，根本是我眼中的寶萊塢女星！回過神來請她進來坐下來談了幾分鐘，她和尼爾生一般落落大方，英語流利毫不畏縮，我心裡已經決定喜歡這個人了。

愛爾卡長期在南孟買的海軍基地，五星級旅館和珠寶商家中幫傭，甚至曾經跟著富商雇主在東京和杜拜工作了五年。去年丈夫生病無法工作後，愛爾卡回到孟買，開始在我們暫居的商務公寓裡為長期的印度住客幫傭。是的，許多印度人即使住旅館有人打掃鋪床，還是得有傭人。

「妳的證件呢？」愛爾卡遞上身分證和護照，果真有東京和杜拜的簽證。我問她除了印度咖哩之外還會做什麼菜？她答道會做義大利麵和墨西哥捲餅。哈，墨西哥餅和孟買人每天必吃的薄餅還真像！「薄餅可以捲起來，餅厚一點可以做比薩，要撒上起司。」

「我很喜歡做菜，太太，我在東京工作的時候，有一種日本調味料很好用，中國菜也用嗎？」味素？雖說早已過時沒人用，知道味素和墨西哥餅的愛爾卡是見過世面的印度人啊！她接著遞上一封以前工作過旅館寫的推薦信，說她打掃房間時拾金不昧，獲得獎勵……就是她了！

全員到齊之後，愛爾卡和亞莎發現她們是同住在新家溫德米爾對面貧民窟裡有點頭之交的鄰居，因緣際會，竟然同時在十分鐘遠的人家找到工作。

至於再想起女傭健檢這回事時，已經是她們開始工作幾個星期後了，我發現這兩人吃的比我還多，力氣比我還大，中午小憩比我夜間睡眠還香甜，絕對比我還健康！

就這樣，多年來除了每週清潔公司派人來打掃三小時之外只有兩個人的家，到了孟買平白無故多了三個人，而且從早到晚伺候著！招兵買馬完成，不可思議的印度，就要從孟買展開了。

尼爾生的家

第一次去尼爾生家是在送菲爾去機場後回家的路上。

菲爾進了機場，車才調頭，尼爾生說：「太太，我家離這兒很近，您要不要來看看？」我心想反正也沒事，於是欣然答應。尼爾生先預告：「我家只有一個停車位這麼大，不過是自己買的。」言語之間頗為驕傲。

尼爾生有足夠的理由感到驕傲，憑著他一個人開車養活一家四口，兩個孩子白天上學、晚上補習，還可以在一半以上人口住在貧民窟的孟買郊區買房子，的確十分不容易。

尼爾生先打電話告知太太：「老闆娘要來了！」然後照例不停介紹沿途的建築。尼爾生對建築十分有興趣，喜歡對路旁建築物發表意見。靠近他家時，尼爾生有點語無倫次地興奮起來。

「太太，這個騎腳踏車的是我表哥，他在印刷廠上班。」他按了兩下喇叭，表哥回過頭來，尼爾生搖下車窗，用印度話很快地介紹我。表哥連忙舉起右手向我致意，我想聊幾句卻無計可施。我唯一懂得印度話是「夠了」，買菜時很有用，因為菜販老是想賣多一點給我。

再經過賣香料的小鋪，尼爾生指著門外的老人：「太太，那是我叔叔，他每天來這家店和老闆聊天。」我們在店門口停了下來，和叔叔握手之後繼續上路。「太太，我的教堂很近，要不要看看？」我不僅要認識尼爾生的遠親近鄰，還要認識他的教友！

在教堂鐵門外尼爾生按了兩下喇叭，門房出來打開大門，我們先和門房打招呼，接著進到住在教堂旁牧師的家。胖胖的牧師熱情地握著我的手：「尼爾生是很好的基督徒，每個星期天禮拜後總是留下來幫忙。」在一旁的尼爾生不好意思地笑了：「太太，參觀教堂！」在簡陋的教堂裡，我又被介紹給正在禱告的幾個教友。

印度許多信奉基督教或是天主教的人來自底層，因為長期受到印度教種姓制度的壓抑，於是改信基督教，其中又以來自南部的印度人居多。提供窮人救濟物資也是基督教在印度傳教的方式之一，所以在相對貧困的地區比較容易見到教堂。

離開教堂繼續往尼爾生的家前進，不久我們在一家雜貨鋪前停了下來。尼爾生保證：「老闆是我的朋友，車子停在這兒很安全！」下車後路旁的人全圍了上來盯著我們，尼爾生搖頭晃腦向他認識的鄰居介紹我，他們一邊規律地左右搖晃著腦袋，一邊東摸摸西摸摸在台北不足為奇的三菱汽車。這輛半舊的車在三輪車比比皆是的街坊引起了一陣不小的騷動，因為開車的是他們的朋友尼爾生！對街的小販因為無法過來聽尼爾生解說太太來自何方要去哪裡，只得在遠處竊竊私語。

我彷彿進入了另一個世界。上一回有外國人開著一輛日本汽車來到這個小村莊，是多久以前的事？而台灣人，不知是不是後無來者，應該是前無古人吧？

才轉進巷口，一個十多歲的長髮女孩手裡拿著一瓶可樂站在轉角處迎接我們，她是尼爾生的女兒史薇蒂。史薇蒂落落大方，操著流利的英語和我打招呼，與我們謹守主僕禮儀的尼爾生似乎不在意女兒沒有稱呼我太太而是直呼我的名字。也許因為他知道他受教育的子女將來不會和他一樣是僕人？想到這裡，一陣莫名的快樂湧上心頭。

一路走向尼爾生的家只有短短幾十公尺，我們卻停了好幾回和鄰居打招呼，我漸漸意識到我的拜訪對尼爾生而言是多麼重大的事。事後一位在國外住了許久的印度朋友告訴我，住在百坪豪宅的我願意跟著司機到他鴿子籠般大的房子去看一看，而他住的地區又是外國人根本不會到的地方，尼爾生肯定認為我十分看得起他，才會十分驕傲地四處向人介紹。

進了尼爾生的家，樓下是客廳兼臥房，有一張單人床，一台尼爾生前德國老闆離開時留下的舊冰箱，一張小桌子，一台尼爾生太太偶爾給人修改衣服用來貼補家用的縫紉機，一台電視和一個書架。

尼爾生拖出一張電腦椅給我，多半也是德國人留下來的。然後拿出杯子，用一塊布擦了擦之後倒了一杯可樂給我，一杯給史薇蒂，自己則是倒了一杯水。

史薇蒂打開電視，專注地看著一群舞者配合著印度特有的蜿蜒唱腔，跳著對我們而言過時的舞步。因為我和菲爾都是記者，尼爾生立刻把電視轉到英國國家廣播電視，我十分尷尬地說不必看新聞，尼爾生卻堅持看英文新聞對史薇蒂有幫助。

這時一陣陣食物的香味從樓上飄下來：「你太太在做飯嗎？」「是的，太太，我太太為您準備了我家鄉口味的南印度料理。」

不顧尼爾生一再說樓上又熱又油膩，我從窄窄的鐵梯上了二樓，這個同樣是一個車位大小的空間是廚房兼另外一個臥房。尼爾生不諳英文的太太滿頭大汗站在小爐子前，一見到我馬上滿臉笑容用她油膩膩的手拉著我不放，爐子旁的小檯面上擺了好幾道手續繁複的印度菜，很顯然她已經花了一整個下午準備招待我。

如果我在機場告訴尼爾生我不能到他家，他的太太不是白準備了嗎？或者是他擔心我會拒絕他的邀請，所以乾脆先準備，再用最不經意的方式問我，以免被拒絕後尷尬？我何德何能，能讓他們如此慎重歡迎？

接著尼爾生的兒子夫利克生回來了，十七歲的他不像妹妹不怕生，打了招呼之後只是默默坐在上樓的階梯上。不多時我們在樓下的客廳兼臥室裡，享受女主人花了好幾個小時準備的菜餚。我和史薇蒂坐在單人床上，尼爾生坐在電腦椅上，至於他的太太和夫利克生則是坐在樓梯上。

鄰居的孩子探頭看外國人，尼爾生向他們招手，兩個小男孩怯生生地進來，尼爾生拿出我不久前送給史薇蒂的袋鼠布偶，他們還是一言不發，我恐怕是他們見到的第一個外國人吧？接著史薇蒂住在附近的同學們也都聞風趕來，嘰嘰喳喳在門外叫她。史薇蒂從房子裡用印度話跟她們喊話，接著她們就像晉見女皇一般，輪番進來。

以下這段對話在接下來的半個小時之內重複了大約有七八次：「晚安，太太，妳好嗎？」「我很好，謝謝，妳呢？」「我很好，謝謝，再見。」幾個大方一點的女孩會繼續告訴我她們的名字，大多數則是打完招呼就一溜煙跑了，然後換下一個人進來。晚飯後史薇蒂帶著我到附近逛逛，經過她朋友的家我們就得進去打招呼，先前的對話再度重複。

離開尼爾生的家後我感到十分愧疚，現在尼爾生開車送我回家，然後從孟買最南端搭公車到維多利亞火車站，再搭一個小時的火車回家。下了火車，他必須再步行二十多分鐘。我告訴他實在不好意思讓他這麼麻煩，不過尼爾生唯一關心的是我是不是喜歡他太太做的菜。

「好吃極了！」向來不喜歡咖哩的我說：「我過了一個十分開心的晚上，謝謝你！」尼爾生開心地笑了：「非常好，太太，非常好。」他眼鏡下的眼睛笑成了一條縫。

第二天我一上車尼爾生立刻告訴我：「太太，謝謝您昨天到我家來，我太太非常非常高興，我的兒子和女兒也很高興，鄰居們都說您看起來好親切！」我的眼睛熱了：對我來說不足掛齒的一件小事，對尼爾生的家人而言，卻是多麼值得高興的大事！

接下來的幾個月內我又到了尼爾生家幾次，不過他的邀請模式已經改變。他不再使用問句：「太太，現在我們到我家去，我太太準備了我家鄉特有的小蛋糕，您只要進來坐五分鐘，五分鐘吃完我們很快就回您家去……」

愛爾卡和象神

愛爾卡每天早上九點開始工作，進門第一件事先洗手洗臉。最重要的原因，或者我該說唯一的原因是，在對客廳一角的象神進行膜拜之前，她要求自己必須十分乾淨。

愛爾卡拿著剛在路口買的小花圈——今天是用鮮橘色金盞菊和大紅杜鵑花串成的——走到端坐在一疊攝影書籍上的象神前跪了下來。接著她小心翼翼地把花圈掛在象神的脖子上，在象神的額頭點了橘紅相間朱砂痣，燃了兩炷香後閉上眼睛念念有詞，用香在象神四周繞了幾圈，最後把一炷香插在香爐裡。

接著她從昨天的花圈上選了一朵還新鮮的金盞菊，走到陽台上把這朵花和另一炷香插在一盆印度人視為神聖的植物旁，拜了拜，然後開始她一天的工作。

每天早晨我看著愛爾卡必恭必敬的例行拜神過程，總覺得毫無障礙的一天就要展開，因為象神是印度教裡可以排除萬難之神！而沾了象神的光，每天愛爾卡總是乾乾淨淨開始工作。

象神戈納夏（Ganesha）是印度眾神中最有影響力之一的毀滅之神濕婆（Shiva）的兒子。關於戈納夏象首人身的傳說有好幾個版本，流傳最廣的說法是濕婆神某次出遠門後，太太雪山神女帕華蒂（Parvati）產下一子戈納夏。一天帕華蒂洗澡前交代兒子看住浴室大門，不要讓閒雜人等接近。此時不明就裡的濕婆神正好返家，見到一名陌生男子站在妻子的浴室外面，醋性大發一刀砍下戈納夏的腦袋。

事後帕華蒂痛不欲生，濕婆神被告知只要往北走，砍下見到的第一名生物的頭接在戈納夏脖子上，孩子就能復活。濕婆神遵照指示往北走，不久之後看見一頭正在睡覺的小象，於是馬上砍下牠的腦袋回去接在兒子的脖子上，就這麼戈納夏活了過來了！不過人身上卻接著一個可愛的小象頭。

象神對印度教徒而言，是所有可以想到的吉祥象徵：成功、智慧、知識和財富。不同於一般傳統印象裡莊嚴肅穆的神像，象神的造型不勝枚舉，有的靜坐，有的臥睡，有的手舞足蹈。顏色更是變化萬千：七彩、螢光、鮮紫、粉紅、橙黃。我常常覺得象神根本是印度人最愛的玩具，而不像是個神，不過這也顯示了印度人童心未泯的特性。

話說我們海運家具剛剛抵達新家之際，上百件箱子等待開封，那時愛爾卡和亞莎剛剛開始工作，凡事小心翼翼，不敢開口多說半句話，成天埋頭幫我開箱整理。

幾天後我打開裝有象神木雕的箱子，不能決定要把它擺在哪裡，於是隨手放在地上。

過了幾天，愛爾卡怯生生地指著坐在地上的象神問我：「太太，您在哪兒買的？」我心裡竊喜：「新加坡買的，妳看我們搬到印度來是命中注定的事！」她欲言又止：「您知不知道這是我們印度人的神？」「當然！」聽我回答，她現在有了一點勇氣：「那麼，您是不是可以不要讓它坐在地上？」

當下尷尬極了，連忙問她放在哪裡好呢？愛爾卡如釋重負：「只要不是在地上就行了。」於是我趕緊把小茶几上的所有東西堆在地上，至此象神總算在雪梨幾年席地而坐的悲慘歲月之後，像樣地坐在桌子上。

愛爾卡每天用一塊誰也不許碰的布給象神撢灰塵，每個星期把象神恭恭敬敬放在水龍頭下沖個涼。比起每天提著水桶在接水站排隊等水的大部分印度人而言，我家的象神真是幸運極了！

接下來幾個星期之內象神不停地搬家，最後坐落在一大疊的攝影書上，愛爾卡應該是認為坐在書上風水很好，因為至今象神還沒換位子。又過了沒多久，愛爾卡和亞莎和我已經是無話不談，不過我所謂的無話不談照印度鄰居的說法，則是她們已經和我沒大沒小了。

一天愛爾卡對我說：「太太，我知道您和先生都不是印度教，不過如果您不介意的話，我是不是可以每天帶花和香來拜象神？如果我每天在我們家做的第一件事是在象神面前禱告，一定會給我們家帶來好運的。」

我聽了不禁莞爾，她說「我們家」，而不是「您的房子」，可見她真把這裡當成是自己的家呢！我很高興她這麼說，畢竟她在這裡的時間多過在她自己家的時間。

從此我給愛爾卡的家用帳簿裡多了花和香兩項支出。

她每天來工作前路過巷口賣拜拜用的花攤，就買一串色彩鮮艷的花，天天有不同的設計組合，遇到印度節慶時，象神的花圈更是花稍。菲爾說我們的象神幾年後肯定不願意離開印度，因為跟了我們之後從來沒過過好日子，一直到愛爾卡的出現，它的命運才有了轉機。

搬家開箱的過程延續了好幾個月，有一天愛爾卡興師問罪地走進書房，手上拿著也是來自新加坡印有象神圖樣的小雜誌架：「太太，我不認為您應該把這個雜誌架放在浴室裡！從今天開始，我要把它放到廚房的書架旁。」然後她停下來看著我，等著我回答。我害怕地趕緊出聲：「太好了，我才正在想應該放在哪兒好呢！」「謝謝您，太太！」愛爾卡很滿意地左右搖動腦袋：「您要喝奶茶嗎？我現在就去煮。」

再過不久，我買了兩塊印有象神圖案的方形瓷磚，找了木匠訂了兩個簡單的小茶几，瓷磚就嵌在桌面上，充滿印度風味。這下子愛爾卡應該不會有話說了吧？這兩個漂漂亮亮的茶几可是擺在客廳最醒目的地方呢！更實用的是不在大得像撞球間的餐廳裡吃飯的我們，現在有了兩張大小合適的單人電視餐桌！

茶几送來那天，同是印度教，但是由於先前雇主的關係，偶爾也向耶穌基督禱告的亞莎把茶几擦得一乾二淨。「這兩個茶几真好看，」亞莎說。「愛爾卡會不會不高興呢？」我問她。「太——太——，」亞莎拉長了尾音，這是她不贊同我時的聲調：「象神就像是耶穌基督一樣，活在人們的心中，什麼形式有什麼關係呢？」

愛爾卡聞聲從廚房出來，打量了新茶几後很有威嚴地問我：「太太，您打算用這個桌子來做什麼呢？」我很擔心地望著她：「噢，就是放在客廳裡，好不好看？」「是的，這兩個瓷磚上的象神很漂亮，不過您知道吧？這兩個桌子除了書和報紙和花之外，千萬別放吃的東西，尤其不可以把腳放在桌上……」

從此，我們過著完完全全被尼爾生、愛爾卡和亞莎控制的日子。

亞莎學英文

初次在孟買見到亞莎時我們還住在雪梨，她在菲爾前任同事家中臨時幫忙，覺得她口語英文非常好，不太說話。於是留了她的電話，搬到孟買之後就找了她。

從小在印度人家中幫傭的她十分懂得察言觀色，話不多是因為明白在外國人家臨時幫忙最好不要造次，到了溫德米爾一眼看穿我們這兩個外國人原來是鐵石其外軟柿其內之後，亞莎原形畢露，簡直就是個無法關機的收音機。

從小在基督教雇主家工作，沒上過學的亞莎口語英語流利，不過不要說英文，亞莎就連印度文也看不懂。信奉印度教的她偶爾也會向上帝禱告，布置聖誕樹時義不容辭。

二十出頭的亞莎說離了婚，自由戀愛結婚的丈夫有了外遇，根據亞莎的說法是她把他給休了。是真是假不知道，亞莎現在獨自住在溫德米爾對面的貧民窟裡，媽媽和弟弟住在另一個貧民窟，嫁人的姐姐已經守寡，和婆婆住在另一個貧民窟。

這些訊息都是她一邊擦窗戶地板或是打蠟銅器時，絮絮叨叨說給同時也在現場的我聽。我也許在看報也許手邊做著什麼事，究竟有沒有在聽有沒有反應，她一點也不在乎。

起初我謹遵印度朋友的教誨：太太有耳無口，能不知道最好不知道，知道了也別接話，省得日後和傭人糾纏不清！但很快我就忘了朋友的忠言，知道太多傭人的事了！

亞莎老喜歡從我待著的房間開始打掃，見縫插針一有機會開口就發表她的看法。一日她全身探出窗外擦玻璃，我不經意抬頭大吃一驚：「亞莎，快進來！」她隔著玻璃從窗戶外看著我：「做什麼呀，太太？」我心想，危險啊，難不成要妳進來喝茶？「快進來，跌下去怎麼辦？」

亞莎用她在對我所作所為不贊成時拉長的聲調說：「太——太——，誰家的傭人不這樣擦窗戶？一點也不危險！」很顯然她一點也沒有進屋的意願。我開始曉以大義：「萬一妳沒抓緊跌下去怎麼辦？」她哈哈大笑：「您為什麼那麼緊張？」像是要對我洗腦似地再度重複：「一點也不危險的！」我回她：「掉下去會死人的，這就是為什麼！」

愛爾卡聽見我開口也來了，用印度話斥責了亞莎幾句，她心不甘情不願地回到窗戶另一邊，愛爾卡一轉身她馬上說：「太太，人總是會死的，您為什麼要這麼擔心？」給她這麼一說我無言以對，她繼續闡述她的人生哲理：「每個人遲早都要死的，擔心也沒用，窗戶還是要擦不是嗎？」彷彿是我沒道理似的。我下了最後通牒：「我不管妳怎麼想，總之就是不准爬到窗戶外擦玻璃。」

一日我問亞莎：「想學英文嗎？妳看愛爾卡會讀會寫，會照著英文食譜做菜，看收據付錢，可以賺比較多錢。」她想也不想搖搖頭：「我賺的錢已經夠了，我還可以照顧媽媽和弟弟，不必再賺更多的錢，我朋友給印度太太工作只賺我一半的錢。」

我聽得瞠目結舌，難不成亞莎得到哪位靈修大師開釋，不怕死也不要錢？這還是在孟買第一回聽見有人不要賺更多的錢！我苦口婆心勸了老半天，她終於同意每天花幾分鐘學認字。

不屈不撓的台灣人買來一本英文字母習字本，從ＡＢＣ開始，亞莎聰明伶俐，不多時就把二十六個字母學完記牢。這時問題來了，愛爾卡漸漸在言談之間顯出不悅：亞莎嘴甜，很明顯太太對亞莎偏心！

已經住孟買十年的朋友凱伊聽我談及此事頻頻搖頭，告誡我千萬不要捲入傭人的戰爭。我買來一本愛爾卡覬覦已久的印度食譜送給她帶回家，得意洋洋覺得自己不著痕跡化解一場紛爭。凱伊聞言為之氣結：「妳這個台灣人，沒救了。」

不久我意外發現溫德米爾後面的小教堂外掛了幅橫布條：免費教英文！太好了，這下我不必麻煩自己，愛爾卡也不會吃味太太每天下午教亞莎英文。在印度，教英文是基督教在印度教和伊斯蘭教夾縫中傳教的方式之一，我立刻進去問個究竟。和我談話的英文老師萬分狐疑：「太太，您的英文很好，不必學的。」我解釋之後她才恍然大悟。我也很清楚自己不必學英文。呼！

她告訴我多數來學英文的是只受印度文教育的上班族，不過也有一個初級班給完全不識字的文盲。我一聽龍心大悅，馬上拿出皮夾數錢放進捐獻箱，算是亞莎的學費！英文老師感激涕零，告訴我上帝一定會與我同在，我則是暗念阿彌陀佛，下次回台北一定要到三峽祖師廟捐個香火錢。

從此亞莎每週兩次，下午三點到四點到教堂學英文。剛開始她十分排斥，因為她的口語英文和老師交談完全沒有問題，居然還得跟連早安也不會說的人一起從頭學起。但漸漸地她開始期待去上課了，因為她是班上的第一名！她偶爾拿著小記事本來問我：「太太，祝你生日快樂怎麼寫？我的同學過生日，我要做張卡片送她！」

朋友卡洛琳懷孕時，我找了幾個朋友來家裡為即將出生的寶寶慶祝。亞莎來問：「太太，寶寶怎麼寫？」一筆一筆她寫下四個字母。過了幾天又來了：「太太，歡迎怎麼寫？」卡洛琳抵達溫德米爾大門時，拿出相機左照右照寫著「歡迎寶寶」的彩色粉末畫成的然古麗（Rangoli）圖案，要傳回英國給家人看！

接著亞莎的英文就應用在家裡有客人來的時候，而且字體愈來愈工整。來印度出差在溫德米爾多住一兩天的同事，總是和卡洛琳一樣又驚又喜發現客房地上有個寫著他們名字的然古麗。朋友尼克和琳娜來時，尼克的名字拼錯了，不過加贈小貓一隻，上頭還寫了英文，怕客人認不得那是一頭貓！

愛爾卡想當然耳心裡不是滋味，這會兒不只太太，連來家裡的客人也比較喜歡亞莎！於是在亞莎到教堂去上英文課時，開始有意無意抱怨亞莎得了便宜還賣乖，每個星期少工作兩個小時，又不是過年過節也要三不五時花一個小時畫然古麗。

結果就是愛爾卡每個星期有兩天可以晚一個小時來上班，以示公平。

亞莎學英文一直持續到她結婚以後。我發現該去上課的時間她還在廚房裡東摸西摸，問她怎麼了，她編了個理由我也沒放在心上。幾次之後她終於承認：「太太，我先生叫我不要學了，他說我這麼大一個人和小孩子一樣還在念書，很可笑。」

印度女人，尤其是處於社會底層的女人，遵循中國古代的三從四德有過之而無不及，亞莎單身時我是她的衣食父母，可以強迫她在上班時間去學英文。現在她結婚了，雖然我還是她的經濟來源，雖然學英文還是在上班時間，她的丈夫卻從結婚那一刻開始，就擁有絕對的權利告訴她什麼事該怎麼做。

我很清楚自己在這件事裡的角色，於是不再多說由她去了。為了不讓自己因此憤世嫉俗，再度胸無大志堅信此事成就聊勝於無，亞莎至少學了二十六個字母和好多單字。

亞莎學英文，就此落幕。

妳住孟買？危險嗎？

關於孟買，親朋好友最常問的就是「很髒吧？」「是啊，很髒。」「危險嗎？」我想也不想：「不會啊！」這個答案總是換來不可置信的眼光。

印度的確有許多不安全的地方，比方說東北的比哈爾州（Bihar），那裡毫無法律可言，擄人勒索層出不窮，當地人倒也習以為常，連被綁架後需要的贖金都可以分期付款。還有首都新德里，不僅是什麼都怕的外國人，即使是印度人也說只要天黑了絕對不可以單獨走在路上，尤其是婦女。但是，哪個國家沒有危險的地方？

所以也許聽來奇怪，但是走在孟買，的的確確是比在倫敦或是紐約街頭都要覺得安全，我有我的邏輯。

孟買人口超過兩千萬，平均每平方公里人口遠超過兩萬人，但是實際數目比這多得多，因為從各地來孟買討生活的盲流，根本沒有向當地政府登記，所以走在路上隨時隨地都有一群人在身旁。加上開發中國家特有的現象，路人非常容易因為一件小事放下一切立刻成群聚集，不肯離去。

雖然從未被騷擾或是被搶，但我深信只要我高聲一喊，立刻會有上百的路人圍上來，因為連在街上買個東西，偶爾都會有一群人上前，毫不掩飾看著我挑水果掏錢付錢。起初被盯著看的確覺得有點害怕，但是久了我覺得他們除了好奇，完全沒有惡意。當然這只是我個人的邏輯，但我認識的朋友中，也從來沒聽說過有人曾經經歷過任何程度的危險狀況。

只有一次，路透社同事麗娜在一次聚會中遲到了，到了之後說了這個不可思議的手機被劫經過。麗娜在計程車內靠窗坐著，就像孟買任何一輛計程車一樣，這輛當然沒有冷氣。車窗壞了，反正天氣熱不會有人要關窗，所以就任它壞著。麗娜的新手機就這麼放在她腿上的手提電腦上，她兩手忙著調整隨身碟，並沒有拿著手機。

由於堵車嚴重，計程車陷在車陣裡動彈不得，忽然之間一隻手伸了進來把手機拿走了！麗娜放聲大叫，司機立刻停車，路人一擁而上，搶手機的一溜煙不知去向。

此時一群路人七嘴八舌開始責怪無辜的司機，怪他沒有保護好乘客，怪他沒有抓到搶匪，造成更嚴重的交通阻塞。麗娜趕緊自己承認：「是我自己不好，把一個全新的手機就這麼放著，也難怪會引人犯罪。」她好說歹說，總算說服這群事不關己的路人她自己也有責任，完完全全不是司機的錯。

麗娜覺得自己有錯，我是同意的，我常想如果愛爾卡和亞莎看見我們家裡有成捆的現金放在桌上時會作何感想，她們得賺幾年？如果有一天她們的生活真的陷入絕境，走投無路了，會不會一念之差拿了一走了之呢？我相信她們不會，因為她們在貧民窟裡算是中上人家，但是換了別人呢？

我們請一回客喝掉的紅白酒，遠遠超過她們一個月的薪水，而我們只是印度有錢人眼中的小老百姓，印度的貧富差距不是我們可以想像的。因此我十分反對有些人故意把現金珠寶放在顯眼的地方試探傭人是否誠實，我認為這是極為不公平的做法，尤其在印度。

我們安慰了一回麗娜，吃吃喝喝忘了這回事。此時另一個同事阿米爾的電話響了，他拿起手機一看：是麗娜打來的！於是就像電影上看到的畫面一樣，阿米爾做了個手勢要大家別出聲，接起電話：「找哪位？」所有人的頭全都靠在阿米爾電話旁了。對方說：「我也不知道，不過我們找到這個手機，最後一個電話是你的號碼，所以我們就打給你了。」

麗娜接過電話，說了一陣，把話筒捂住小聲說：「要約哪裡？他要馬上把手機還我。」頓時所有男同事的騎士精神外加寶萊塢幻覺全出來了，七嘴八舌約定到孟買地標維多利亞火車站旁的麥當勞見面。

掛了電話，麗娜、阿米爾和另外兩個男同事出發，三人扮成路人甲乙丙，跟在麗娜身邊進入麥當勞：那裡人多嘛，比較不危險！出發前還有模有樣演練了一陣要站在哪裡，怎麼打手勢，如何保護麗娜。

過了半小時四人帶著麗娜的手機回來了！原來在麗娜遇劫大叫、現場一片混亂之際，幾個路過的大學生顧不得加入責罵司機的行列，拔腿就去追這個搶手機的人。學生年輕力壯，而這個搶手機的只是個幫人送貨打零工，衣著襤褸的中年人，走在路上看見麗娜的手機就這麼不設防地擺在眼前，一時起了貪念伸手就拿，看他害怕得直哆嗦的樣子，應該不是個慣犯，大學生訓斥他一頓後，拿回手機就讓他走了。

對這件事我有幾個看法。第一，如果在孟買真的很不幸遇上搶東西的，他們應該只是要東西，不至於會對人身安全造成威脅。第二，在許多人過著極端窮困生活的印度，把貴重的東西不設防放在他們面前，是件極為殘酷的事，所以如果在這種情況下被搶，粗心的物主要負大部分的責任。第三，搭計程車時務必要坐在後座正中央，除了防止第三隻手伸進車窗裡探囊取物，還可以避免小乞丐在等紅燈時伸手進來拉著你要錢。

最後，寶萊塢電影深植人心，無所不在。

在兩千萬人口裡找回手機是如何不容易的事，而再過一陣子發生的事，就讓我更堅信我的信念：孟買人心善良，不危險的！

派駐在巴基斯坦的英國同事賽門和他印度太太凡妲娜、女兒泰瑞卡到孟買來探望家人。賽門是菲爾多年好友，一早就來溫德米爾英國茶一杯接一杯，兩人之前在倫敦共事，各自經歷不同國家之後再在南亞相遇，更是有說不完的話題。凡妲娜和泰瑞卡則是到了傍晚才從她的父親住處搭火車到南孟買來和我們吃晚飯。

尼爾生從車站接來凡妲娜母女二人，因為許久未見，我們一見面聊個不停，忽然間凡妲娜臉色大變：「我把我的手提包放在火車上了！」因為忙著看好四歲活蹦亂跳的泰瑞卡下火車，她糊裡糊塗就把手提包忘在車廂內的架子上了，加上有尼爾生接，她也沒注意到錢包不在身邊。手提包裡的東西只有幾樣，錢也不多，不過有一條項鏈凡妲娜不願在人多的火車上戴著礙事，就放進了皮包，不值錢但是條有紀念價值的項鏈。

我的第一個念頭是算了吧，孟買每天六七百萬人搭火車，由於承載量極高，靠站時間常常只有短短幾秒鐘，上下車的人一批換過一批。凡妲娜來的時間正好是下班高峰期間，我不相信這個手提包可以找回來。但是曾經是印度最大報《印度時報》記者的凡妲娜可不這麼想，於是我也義不容辭跟著她前往維多利亞火車站報案。

車站裡黑壓壓一片人，不過老孟買凡妲娜很快找到了門路，進了這個沒有門、人聲鼎沸的辦公室，都是來找東西的！這下我更覺得沒希望了，我要是警察才懶得理你們！凡妲娜很有耐心地在輪到她的時候，詳細敘述她搭的是幾點幾分從哪裡到哪裡的火車，她坐在婦女專用車廂的哪個位子，手提包放在頭頂的置物架上。這些當然都是以印度話進行，我站在一旁鴨子聽雷但也可以猜得出大概，因為兩人對話十分動感，比手畫腳，聲調抑揚頓挫，到後來幾乎是吵架一般。在凡妲娜留了她的手機號碼之後，我們才離開對我而言人多得像是過年的維多利亞車站回家。

當晚吃過晚飯坐在陽台上聊天，凡妲娜的電話響了：「太太，有人把您的手提包送回來了，您提到裡面的東西一樣也沒少。現在太晚了，請您明天一大早來領吧。」怎麼有可能？我的腦海裡出現出印度火車上車站裡擁擠的情形，不敢相信這個手提包會原封不動被送回火車站的失物招領處。

這就是印度了，每天都有不可置信的事情發生，令人驚訝也好抓狂也罷，從來沒有一刻鐘讓我感到日子平淡無趣。每每就在我覺得這件事太奇怪了，不可能會有更奇怪的事發生時，接著就會再有一件令我嘖嘖稱奇的新鮮事，彷彿一直躲在暗處等我，再出其不意跳出來讓我心驚不已。我喜歡新加坡的井然有序、凡事有效率，喜歡雪梨的風景如畫、無以倫比的生活品質，但是對孟買，卻有無法解釋的另一種情愫，是新加坡或是雪梨都比不上的。

危險嗎？一點也不！

納格帕達的孩子

納格帕達（Nagpada）是孟買伊斯蘭教徒聚居的區域之一，許多三餐不濟的家庭在人行道上，用塑膠布或是帆布袋蓋在簡單的木頭支架上，搭個類似露營用的帳篷，就這麼長期在車水馬龍的路旁住了下來。

在這些帆布袋蓋成的貧民窟裡沒有水電，裡頭雜亂無章，外頭晾著洗過好像沒洗的破爛衣服。從早到晚都可以看見蹲在路旁用個小煤油爐煮飯的婦女，赤腳的孩子在周圍玩耍，大一點的女孩們要不是用塑膠桶裡僅有的半桶水洗衣服，就是互相抓長頭髮裡的虱子，百般無聊的老人則是坐在一旁對往來的車輛行注目禮。

納格帕達的孩子，就住在人行道上的貧民窟裡。

三十出頭的修琶因為父親是傳教士的關係，一直在納格帕達教會從事幫助社區貧民的工作，募款教育他們無法上學的孩子。我和來自美國的靜斯、英國的施薇雅和瑞士的安娜，每個星期一下午來到納格帕達社區教會，和幾位印度老師一起教孩子們一些簡單的英文。

說是教英文還不如說是陪他們玩，因為他們連印度字都不認識幾個，幾個外國人最大的功用是吸引他們的注意力。通常我們先教一些簡單的英文單字，在他們注意力漸漸減低之後，有時帶動唱，有時給他們紙筆隨興畫畫。他們不上學，在家裡更不可能有任何文具。

靜斯、施薇雅和安娜已經是老印度了。六十多歲的靜斯年輕時嫁給印度丈夫之後就一直住在孟買，夫家是顯赫望族，兒子在南孟買經營影星名流聚集的義大利餐廳。靜斯一點傲氣也沒有，操著一口流利的印度話，和有錢人避之惟恐不及的貧民窟住民打成一片。

五十多歲的施薇雅和安娜熱愛印度，多年前丈夫在印度任期屆滿離開之後，再度申請回到印度工作，兩人已經又在孟買住了好多年了，她們簡單的印度話總是招來孩子們一陣大笑。只有我是個不折不扣的門外漢，每每孩子們熱情洋溢地想和我說話，我只能找靜斯幫忙。

第一次來到納格帕達教會離開前，一個髒兮兮的小女孩拉著我的衣角不肯放手，接著蹦出一連串印度話。我求助於靜斯，她耐心聽完後翻譯：「她想知道妳什麼時候再來。」當下一陣心酸，長久以來只有三個頭髮半白的外國人，現在多了個稍稍年輕一些的！

之後只要我們的車一在教會附近出現，住在人行道上的孩子們認出來馬上小跑步追著。尼爾生把車子慢了下來，我搖下車窗揮揮手，他們全都高興地尖叫起來。車子在孩子們簇擁之下進了教會前的空地，他們接著一窩蜂衝上二樓的教室。

我在尼爾生把車停妥後下車，孩子們已經擠在二樓窗口拼命向我揮手大叫：「娣娣！娣娣！」娣娣（Didi）是印度人稱呼比自己年長女性的用語。雖然已經來了好幾個月了，每每這個時候心裡總還是百感交集。他們衣衫襤褸的外表下，和任何同年齡的孩子沒有兩樣：天真、活潑、善良，但是他們什麼也沒有。一些十歲左右的孩子甚至不會握筆，絕大多數只能寫幾個簡單的印度字。

上樓只見一群孩子圍著靜斯七嘴八舌，一見我他們又是大叫：「娣娣！娣娣！」我用英文向他們問好，剛理了個大光頭的阿夏瑞夫搶著回答：「我的名字叫阿夏瑞夫！」靜斯用印度話解釋，他立刻改了回答：「我很好，謝謝你！你好嗎？」不知所以的小孩們跟著聽得懂的大孩子們，哄堂大笑起來。

施薇雅和安娜來了之後，我們發給一人一張紙一隻筆，在紙上畫各式各樣的形狀並且教他們這幾個英文：橢圓形、三角形、正方形、圓形。光是這幾個字就花上幾十分鐘，因為他們難得有機會拿到紙筆可以塗鴉。

我們兵分四路，半哄半強迫要孩子們把這幾個字重複再重複。聰明調皮的阿夏瑞夫把他畫的圓形改裝成一個卡通臉，十分興奮地拿給每個人看。於是所有的孩子們都要畫個大臉，然後是一陣混亂，因為小小孩連筆也拿不穩，所有畫大臉的任務就落在這幾個外國人身上。

好不容易新單字告一段落，接下台灣餐桌上常有廢紙折成的紙盒：彩色紙發給一人一張，學折紙帽子。這會兒不僅是孩子們感興趣，就連印度老師也折得不亦樂乎。在台灣裝骨頭垃圾的紙盒，應該比較想待在印度吧？是神氣的帽子！

這些孩子只比路旁要錢的小乞丐幸運一些，他們有家可歸，即使這個所謂的家是帆布袋搭成的貧民窟。十二歲的阿斯玲每次得抱著她兩歲的弟弟來上課，因為她可以來教會的唯一條件，就是把弟弟帶在身邊。每每看著她熟練地一手拿著髒兮兮的奶瓶餵弟弟，另一手拿著一隻蠟筆專心畫畫，只能用心疼來形容。不過她似乎一點也不在意，抱著弟弟和其他人嘻嘻哈哈玩成一片。

六歲的寶琦有先天的語言障礙，不論怎麼教她看著嘴形重複，她還是只能發出嬰兒學語般的聲音。在數字課時她總是搶著舉手回答，卻怎麼也說不出她想說的數字，令人百般不忍卻又莫可奈何，到最後我們只能以自創的手語溝通。

在納格帕達一段時間之後，我大概了解這裡的狀況。修琶還有一個老板，成天坐在他開著冷氣的小房間裡。需要捐錢的時候，就會把施薇亞請進他的小房間喝茶。

施薇亞已經警告我不要隨便給錢，因爲即使是非政府組織或是慈善團體，其中複雜的情況不是我們能了解的，也不需要了解，只要每個星期來給孩子們一段快樂時光就是了，但我總覺得還是可以做點什麼。

我問了尼爾生，他說聽說教會每天給這些孩子簡單的午餐，如果是真的，可以買一些米。於是一日中午我和尼爾生沒有預告悄悄出現在納格帕達，突擊檢查教區供飯是否屬實。從門口望見孩子們正安安靜靜坐在地上等著吃白飯和豆泥，發現我在外張望，全都興奮地叫了起來，今天不是星期一啊！

從此之後每星期一到納格帕達，尼爾生就到附近的小店買二十公斤的米帶回教會交給廚房。不過我不在孟買時米就停了，因爲至今我已知道，不能相信尼爾生以外的人處理跟錢有關的事。接著我再在午餐時間突擊了納格帕達幾次，確定我的米的確是進到孩子們的肚子裡，而不是跟著納格帕達的老師回家。

我告訴菲爾時，他很嚴肅地看著我：「印度已經把妳變成一個猜忌多疑的人了，妳以前不是這樣啊！」我想也不想答道，這就是在印度不受騙的的生存之道！

就這麼過了幾個月，一次離開納格帕達後，尼爾生在車上氣呼呼地投訴：「太太，那些印度老師說小孩嫌我們買的米不好，她們要我問您，能買好一點的米嗎？」我皺起眉頭，印度米的確有很多種，有些真是幾塊錢就買到一公斤，尼爾生是想幫我省錢嗎？

「太太，我買的是跟我家裡買的一樣的米，這些家裡沒飯吃的小孩跟我的小孩吃的是一樣的米！」可以看出來尼爾生十分生氣：「那麼你認爲是怎麼回事？」

尼爾生強調他買的米絕對是好米，因爲他的薪水遠遠高過政府單位的公務員，根據他自己的說法，比高級警員還多！所以他家裡吃的米對納格帕達的孩子們而言，肯定是只應天上有。我越聽越糊塗：所以呢？

「所以印度老師們拿著她們家裡的便宜米來換我們買的高級米，這也沒關係，現在竟然要來換更好的米！那些小孩連鞋子都沒得穿了，是絕對不可能對米有意見的。有些印度人就是這樣讓人瞧不起，真是太不知恥了！」尼爾生越說越生氣，我很怕他就要撞上前面的車。

仔細想想，尼爾生是對的，回家不見得能吃飽的孩子們，怎麼可能要求要好一點的米？而我又怎麼能說尼爾生家裡吃的米不夠好？於是我要尼爾生下個星期告訴她們，如果不要米我可以買豆泥，因爲這是孩子們吃的兩樣東西。

隔週尼爾生說：「那些不要臉的老師說，她們不要豆泥，說要不請太太直接給她們錢，她們自己去買孩子們要吃的東西。」我問尼爾生還有什麼別的食物可以買，他已經不生氣了：「太太，她們不會給小孩除了米和豆泥以外的食物，她們看您是外國人就開口，這就是為什麼。」

在尼爾生加油添醋把我的決定告訴印度老師之後，她們再也沒有任何抱怨了。「如果繼續吵下去，除了小孩每個星期下課前吃的棒棒糖，太太不會再買任何東西，沒有米，沒有豆泥，什麼也沒有！」尼爾生如此威脅老師。

我當然不會把錢給印度老師，然而這些老師一個月八百盧比的薪水能做什麼呢？她們想盡千方百計來向我要一點，我是百分之百可以理解的。

第 *2* 部

上流社會

溫德米爾大樓

我們住的溫德米爾大樓（Windmere）位於孟買半島最南端的海軍基地入口，雖然對街就是住著好幾萬人、孟買數一數二的大貧民窟，這棟住著社會名流、名字再英式也不過的溫德米爾卻是孟買小有名氣的建築，因為溫德米爾是「上流社會」。

對孟買人而言財富固然重要，社會地位以及背景更重要。溫德米爾樓主是印度頂尖建築集團，集團的兩個女兒住在六樓和七樓。六樓的女兒嫁給印度無人不知的塔塔集團次子，標準的上層社會聯姻。七樓的女兒長居倫敦，每年回來一個月，回來前一個月清潔工作裡裡外外，沒日沒夜。

其他十戶人家一到五樓每層兩戶。除了珠寶商、銀行家、名牌集團，最令人矚目的要算是三樓兩個印度獨立前的皇室家庭：伊斯蘭王子伊格保和印度公主。不過我至今尚未有幸見到深居簡出的印度公主，一次經過剛好有人送東西到門口，我賊頭賊腦看見極端豪華的玄關，看我鬼鬼祟祟，公主的傭人很快地把門關了起來。

這是我們的新家，客廳應該可以放得下兩三套沙發吧？四個臥室全是套房，每個房間擺上兩張雙人床還綽綽有餘。餐廳，絕對可以擺個乒乓球桌和兩排椅子。傭人房也有獨立衛浴，有張單人床和一個小櫃子。

我和菲爾像是劉姥姥進大觀園，走迷宮似地忘了究竟看了幾個房間。不久菲爾拉我到廚房站在一排有燈號的儀表板前，要我仔細看著。他出了廚房不多時鈴聲大作，三號燈亮了：傭人鈴！在廚房的傭人一聽到鈴聲就得飛奔到主人呼叫的房間裡，看看主人有什麼需要。

尼爾生說傭人鈴在有錢人家是極平常的裝備：「不過有些主人不喜歡鈴聲，只留著燈號。」「然後呢？」「傭人必須隨時看著燈號，一亮了就得趕快跑去問主人要什麼，」尼爾生一本正經地說。

知道我對印度有錢人家奢華的程度充滿好奇，尼爾生隔一段時間就來彙報：「太太，五樓那個單身先生昨天又買了一輛車，現在他有四輛車，溫德米爾一共有四十輛。」我張口結舌：「所以，其他十一戶人家有三十九輛？」尼爾生繼續報告他成日在樓下和其他司機喝茶閒聊來的情報：「是的，太太，印度公主一家三口有四輛車，伊斯蘭王子一家三口有三輛……」

我打斷尼爾生：「那我們最窮，只有一輛車。」尼爾生搖頭晃腦深感同意：「六樓一個先生、一個太太、三個孩子，有五個司機。」我嘆了一口氣：「我們的傭人也不夠，對嗎？」尼爾生笑了起來：「是的，太太，五樓單身的先生有五個僕人，您和先生只有愛爾卡和亞莎，而且她們早早就回家了。」他停了一下接著說：「而且我也早早就回家了，別的司機即使沒事，也得等到下班才可以離開。」這下子輪到我笑了：「那麼你想給誰工作呢？」「當然是您和先生！」他想也不想地回答。

一天在樓下大廳遇見鄰居太太，說實話我到現在還搞不清楚到底她住在那一樓，因為只顧著欣賞她們令人咋舌的豪華紗麗、鑽石首飾，就忘了個別長相。她十分親切地握著我的手：「一切都好吧？喜歡孟買嗎？有什麼需要就隨時來敲我的門。」我真心地謝謝她，告訴她我很喜歡孟買，然後說：「什麼時候我們聚一聚……」我很滿意自己至今已經可以把這句應酬話琅琅上口，就像所有的印度有錢人一樣，哈！

鄰居說：「噢，當然當然，不過要在雨季過後了。」雨季過後？為期三個月的雨季下個星期才開始呢！她繼續說：「雨季前熱得不像話，我們剛從瑞士回來，去了三個星期，實在太短了。過幾天我們去美國兩個月。你們呢？上哪兒去躲雨？妳剛到，不知道這雨季有多煩人……」

我們的第一個雨季完完全全在孟買度過。

這是孟買上層社會，過著讓我難以想像的豪華生活。我不能判斷我的鄰居，因為我們從未深談，但是在其他場合我的確遇見過住在金錢和社會階級吹出的泡沫裡的上流人士，他們揮金如土，無視周遭連立錐之地也沒有的同胞，甚至大聲反駁外界認為印度窮苦的看法：「我們和任何西方人一樣喝法國紅酒，抽古巴雪茄，開進口轎車，我們哪裡比別人窮？」

過了一陣子，我和樓下九十歲的伊斯蘭王子伊格保交了朋友，他就像是一部活歷史，和他談話宛如走進時光隧道。有一天他打電話給我：「一切都好嗎？」「很好，謝謝，您呢？」「老樣子，我的腿痛又犯了，過幾天我們聚聚。」「當然當然！」我說。伊格保繼續：「昨天我出去散步時看見妳的廚子正要回家，那時候還不到下午五點。」

「是啊，愛爾卡的工作時間五點結束。」「她做晚飯嗎？」「是啊！」我說，心想他葫蘆裡到底賣什麼藥。伊格保緩緩地教育我似的說：「那麼妳得留她到你們吃完飯，給你們上菜，洗了碗之後再回家，沒有道理讓她在晚上八點以前離開！別忘了她是妳的僕人。」

這時候我忽然發現我們這兩個不按印度常理出牌的外國人，可能已經引起鄰居的側目了。印度家庭的傭人、司機每天從早到晚工作，一直到主人就寢為止，有些就睡在走廊地板的一角。每天提早回家的愛爾卡、亞莎和尼爾生肯定給在其他印度家庭工作的僕人帶來最壞的示範！

隔了沒幾天，又被教訓了一頓。

在參加一樓鄰居家中的五十人酒會後，我回請他們來吃晚飯。年近六十的達斯瓦尼夫婦十分西化，每天一早夫婦兩人各開一輛車到各自的俱樂部去運動，有司機也要偶爾自己開車才能顯得國際化。時間定了之後，達斯瓦尼太太先送來一張印有他們名字地址的精緻卡片：「謝謝你們的邀請！」晚餐當天早上亞莎拿著一個小盆栽和一張卡片走進書房：「太太，一樓的傭人送來的。」我打開卡片一看：「非常期待和你們共進晚餐！」

當晚我做了幾道台菜，晚餐進行十分順利，達斯瓦尼先生健談風趣，對孟買上流社會如數家珍，一一道來我們沒一個認識。我很驚訝他人脈如此廣闊，他喝一口黑牌約翰走路，很感慨地說：「孟買社會就這麼小，最多就兩百個人。」

達斯瓦尼太太見我廚房餐廳裡裡外外跑，奇怪地問我：「妳不願意讓傭人上菜嗎？」「她們已經回家了，」我說。達斯瓦尼太太一臉驚慌：「什麼？妳的意思是今晚一整晚妳的家裡沒有僕人？」我當下決定要編故事已經太晚，咬了牙承認：「是的。」看達斯瓦尼太太一臉嚴肅，我趕緊補充：「如果有很多客人，我會讓她們留下來幫忙。」又擔心她要認為自己不受重視，繼續補充：「愛爾卡才開始學做台菜，我擔心味道不好，所以自己來。」

坐在我對面的達斯瓦尼先生開始搖頭晃腦。印度人搖頭晃腦並非表示可否，多數時候代表「我聽到你說什麼了」，但我很清楚達斯瓦尼先生現在的意思是「我不贊成」。

「妳第一次住在印度，可能不明白，必須對傭人嚴格一些，」他皺著眉頭告訴我這個不懂事的台灣人，「否則他們是不會認真工作的。絕對不能太好說話，她們的工作是幫妳打理家裡，怎麼可以在客人來的時候回家？」我在一旁很害怕地接受教訓。

達斯瓦尼太太也在一旁搖頭晃腦：「妳這麼裡裡外外跑來跑去，我看著都腿痠。」坐在另一頭的菲爾也對著我大搖其頭，他的眼神告訴我堅決反對。我趕緊轉移話題，否則這個比我更不懂事的英國人，恐怕要和客人來場大辯論了。

給達斯瓦尼先生再倒一杯黑牌約翰走路之後，他似乎忘了傭人的事，繼續一一數著我們不認識的孟買名流。

就這麼我們和鄰居打招呼，應酬式地重複什麼時候聚聚，問候他們最近一次和下一次的國外旅遊，沒有再聽見鄰居的抱怨。

一天亞莎回家前忘了丟垃圾，我提著一袋垃圾就下樓了。說來慚愧，入住溫德米爾一段時間，知道垃圾房在大樓後面，卻從來沒倒過垃圾。尼爾生鎖好車往大門走去準備回家，遠遠看見我，以為我又要出門：「太太，去哪兒？」「亞莎忘了，我去扔垃圾。」

尼爾生聞言臉色大變，一個箭步搶過垃圾袋：「我去。」「不，尼爾生，我自己去。」他怎麼也不肯把垃圾袋還給我：「太太，那裡太髒，您不要去。」說完快步走開，一邊回過頭來：「太太，快點上樓去，明天見！」

這就是我們住的上流社會：丟垃圾是不合身分的，尼爾生肯定是這樣認為。

我的伊斯蘭王子伊格保

初次見到伊斯蘭王子伊格保是在菲爾前任同事的歡送會上，地點就在溫德米爾，當時我們還住在雪梨，菲爾還在上班，公司安排我獨自先到孟買熟悉環境，再回雪梨搬家。

年事已高的伊格保坐在客廳一張有扶手的沙發上，背後好幾個靠墊讓他能坐得舒服，他的枴杖就隨手放在地上，在三兩成群，拿著高腳酒杯站著聊天的客人中，顯得有些格格不入。知道我即將成為溫德米爾他樓上的新鄰居時，伊格保握著我的手：「真是太好了，非常歡迎妳來到孟買，來了以後有任何問題，不要考慮，隨時拿起電話找我，要不就差遣妳的僕人下樓來告訴我！」

這是我從風景如畫的雪梨到孟買的第四天，在見到滿街衣不蔽體的小乞丐和在垃圾堆裡撿破爛的「賤民」之後，被介紹給這輩子認識的第一位王室貴族，竟然是個舊西裝肩上布滿頭皮屑的糟老頭！此時被他幾乎像是風乾蛇皮的手緊緊握著，心裡有點害怕。伊格保的英文十分流利，沒有太多的印度腔調，言談之間隱隱透露他的教養還有一股威嚴。

伊格保不能久坐加上重聽，在人多的聚會中與人交談十分困難，不一會兒他的僕人就來把他攙扶下樓回家了。現在想來可笑，但是當時我迫不及待衝進洗手間，把被他握過的雙手洗了又洗。看著他給我的名片：「Iqbal Mohammad Khan，Nawab of Palanpur」。這些印度人真是的，給個名片還得麻煩我上網查！

「Nawab」一詞源自古老的烏爾杜語，是阿拉伯世界波斯語的借用詞，原意是副手，因為伊斯蘭教統治者認為應該稱自己是上帝的副手，才不會褻瀆上帝。我的翻譯是：土皇帝。在英國殖民時期，伊斯蘭教統治者（Nawab）和印度教統治者（Maharaja），分別治理他們獨立的邦國（Princely States），臣服於當時的英國主子，一直到一九四七年印度脫離殖民獨立為止。

當時這些邦國主權獨立，各自訂定法律發行貨幣，級別則以禮炮多寡而定，從三響到二十一響，伊格保父親統治的帕蘭普爾州有十三響禮炮。一九四七年獨立後邦國制度不再，但是伊格保的父親深受人民愛戴，於是他甚至還在獨立後的一九五七年加冕繼承王位，至今還是被尊稱為Nawab。帕蘭普爾是印度絕大多數鑽石商的發源地，伊格保在許多場合中依舊享有非常崇高的地位。

關於帕蘭普爾的事都是後來才漸漸知道，當時只想：真的嗎？印度土皇帝一大堆，誰都可以說自己是王室後代！搬進了溫德米爾，伊格保三不五時電話問候：「一切都還好嗎？有什麼需要一定告訴我，妳千萬別忘了我是你們在孟買最好的朋友。」於是這個最好的朋友讓我們在階級至上的孟買，不必找推薦人就進入印度人人稱羨的板球俱樂部（The Cricket Club of India）。

行動不便的伊格保知道我們的一舉一動，因為僕人、司機就是他的耳目。他完全知道菲爾何時出差，總是打電話來噓寒問暖，交代我別讓傭人提早回家。在溫德米爾大廳遇見伊格保的僕人時，他們畢恭畢敬向我問好，伊斯蘭王子的新女朋友！

我想伊格保肯定比較懷念王儲時代，因為當了皇帝以後，印度已經改朝換代，不好玩了！我喜歡王子的稱號，因為那還是帶了一點浪漫的幻想，而且伊格保是名副其實的王子！

一日伊格保邀我到他家喝茶，我帶了一盒餅乾依約下樓。他的公寓大致與我們的相當，偌大的客廳擺滿了歐式家具，還有一張蓋滿整間客廳還稍嫌太大的絲質地毯，雖然家具都很舊了，還是不服輸地在這張皇宮地毯上透露當年的輝煌歷史。

僕人引我進入客廳，由於伊格保眼睛怕光，薄紗窗簾隱約擋住午後的太陽，天花板下的大吊扇似有似無緩慢轉著，伊格保背對陽台坐在陰影中的沙發上，整個人只是一個黑影，巍巍顫顫想起身，令人有時空錯亂的感覺。我趕緊上前握住他滿是斑駁皮屑的手，要他別站起來。

坐定後伊格保指著桌上一張放大的半身像：「這是我太太，她已經去世很多年了。」我等著他繼續說話，他卻望著照片不發一語，時間彷彿靜止了，我動也不敢動，眼角餘光偷偷四處打量。伊格保太太相片旁邊還有一張伊格保年輕時穿著海軍軍服的照片，阿富汗後裔的他穿上軍裝帥氣英挺。牆上有好幾張穿著皇室服裝的全身肖像，應該是他的父親和祖父吧。

伊格保回過神來，拿起身邊的小銅鈴搖了兩下，一個打赤腳、肩上披了一條毛巾的男僕出現在廚房門口看著伊格保，伊格保對他點頭示意，男僕退下。不一會兒托盤端上兩個玫瑰花圖案的歐式骨瓷茶杯，成套的茶壺、小牛奶杯、糖罐、濾茶葉的銀質漏斗、一小碟餅乾、兩杯水、兩條摺疊整齊的小方巾，然後無聲無息地退下。我想的是加了各式香料，用牛奶熬煮熱騰騰的印度奶茶，再來一盤油膩膩的印度小點心，怎麼出來的是無聊的英式紅茶加餅乾？

我們一邊喝茶，一邊閒聊。伊格保從路透社的工作問候到菲爾在英國的爸爸、哥哥，我在台灣的媽媽、妹妹、弟弟和在美國的哥哥，加上每天早早就回家的愛爾卡和亞莎有沒有努力工作，一個也不放過。我不期望自己在九十歲時有這樣的記性條理，可是就算是現在的我也比不上他。

接著討論世界局勢，那一陣子印度和巴基斯坦兩個宿敵又有衝突，伊格保很感慨地說：「當初就不該把印度和巴基斯坦分開的，我在蒙巴頓爵士（Lord Mountbatten）總督府最後一次的聚會就表示了我的看法，現在我還是這麼認為，這真是個錯誤的決定！」我不敢問卻心存懷疑：真的嗎？英國在印度最後一任的殖民總督？當晚向菲爾巨細靡遺報告我和伊斯蘭王子喝茶過程，比起我的半信半疑，菲爾信多於疑：「下次要他拿些相片給妳看！」

除了不喜歡見面和離開時必須握著伊格保皺巴巴的手之外，我倒是很喜歡和他喝茶聊天，他言談風趣，有許多我極感興趣又無法證實的陳年往事，於是從此我和我的伊斯蘭王子展開了一段菲爾口中的異國黃昏戀。

就這麼在無數印度盛夏的午後，溫德米爾天花板下久未上油的大吊扇單調地嘎嘎作響，窗外芒果樹間的蟬鳴摻雜街上刺耳的喇叭聲此起彼落，伊斯蘭王子伊格保帶著我搭上他緩緩開啟的時光列車，我肩上絢爛奪目的紗麗在風裡飄呀飄，飄過孟買的貧民窟垃圾堆，飄過滿街的小乞丐，飄過路上不穿鞋打板球的青少年，霎時塵埃落定，周遭一切都變得乾淨美麗了，然後我進入大半個世紀之前伊格保的印度……

有一回我問伊格保要看相片，他於是叫僕人拿出幾張英國女王伊麗莎白二世和菲利普親王訪問印度時的發黃相片，其中有一張走在他們身後一排禮官最左邊的就是年輕的伊格保！還有一張伊格保站在菲利普親王的正後方！這下有圖有真相了，伊格保這個年紀肯定不會照片合成！

原來印度獨立之後，熟悉王室禮儀，儀表翩翩的伊格保被指派為印度總統的五名禮官之一，專職在重要的儀式中接待到印度來訪的王公貴族。這種禮官三軍統帥各有三名，總統則有五名。我不敢相信照片裡的人就是我眼前這個一點也不起眼的糟老頭！他看我眼珠子都快要掉下來了，十分得意：「過兩天我讓我的僕人找找，我接待的可不只有王室，艾森豪總統來的時候，印度總統也是指派我接待的。」我趕緊再約下回喝茶的時間。

菲爾眼中伊格保是絕頂聰明的，知道我喜歡聽這些往事，所以每次只拿兩張照片出來，這樣我就會常去找他喝茶。

伊格保不良於行，他說是年輕時打網球打得過火，如今關節都壞了。自從不再懷疑伊格保的王室血統後，我發現從他的言談之中可以聽出蛛絲馬跡，當時的印度，什麼人可以打網球？他瞇起眼睛說起那年馬來西亞有個什麼王室成員來訪，還借了他的網球鞋一起去打網球，此時我一點也不懷疑了。

伊格保腿不犯疼時，就請我們到他的各個俱樂部去吃飯，即使在我們同是會員的板球俱樂部我們也無法付錢：「你們去試試看，跟我在一起的時候誰付得了錢？在孟買沒有人不知道我是誰！」

和伊格保熟悉之後我開始和他胡說八道天南地北，他自然而然把見面時的握手升級為西式的親吻臉頰，我抱怨不喜歡，菲爾覺得不可思議：「妳光想他給妳說故事不必回報嗎？認了吧！」不過我雖不喜歡卻也不是太介意，我很清楚伊格保想抓住人生最後一程，好好回味年輕時和王公貴族交往時的西方禮儀，至於我只是一介平民，一點也不重要。

美國同事琳蒂剛剛搬到孟買，我安排她認識伊格保。這已經是我例行的工作了：介紹所有路透社本地、外地加上來出差的同事認識伊格保。伊格保喜歡認識朋友，尤其是可以談論時事的記者，更尤其是女記者，如果是年輕的女記者，那就更好了！菲爾常笑我是伊格保另類的皮條客，但我一點也不在意，朋友更不在意，伊格保可是個討人喜歡的伊斯蘭王子呢！

我們相約到板球俱樂部吃晚飯，席間相談甚歡，我看著琳蒂在伊格保每說一個故事後不可置信的臉，當初我也是這樣吧？這時印度串烤上來了，我隨口問：「伊格保，你這輩子吃過最好吃的肉是什麼肉？」伊格保擦了擦他沾滿豆泥的手：「讓我想想，妳知道我們伊斯蘭教徒是不吃豬肉的，所以我只能拿豬肉以外的肉類來比較……」

我心想：我們能吃的就這麼幾種肉，是要做科學分析嗎？看他陷入沉思我也不再逼問，話題轉向最近孟買郊區花豹咬死路人的事，孟買人見怪不怪，但是對外國人而言，這可是件駭人聽聞的稀奇事！

我們開始討論為何在人口爆炸的孟買，居然會有野生花豹出沒，各自大放厥詞提出憑空捏造的荒謬理論，忽然之間伊格保伸出去拿印度麵餅的手在半空中停了下來，宣布大事般很清楚地說：「孔雀。」我也停下來了：「花豹跟孔雀有什麼關係？」伊格保拿了一塊麵餅：「妳不是問我什麼肉最好吃嗎？孔雀肉最好吃。」

這會兒除了琳蒂，連被伊格保的故事嚇過好幾跳的我也再度吃驚：「怎麼吃？」伊格保熟練地單手撕下一小塊麵餅沾上咖哩往嘴裡送，接著彷彿在跟一個鄉下來的無知村姑解釋一般：「怎麼吃都行，就是煮來吃，做咖哩，做串烤，我認為串烤的滋味最好，孔雀的肉質真是鮮嫩啊！」

來自德州的琳蒂剛剛抵達孟買，還沒有習慣印度的奇人異事，看她的樣子幾乎要吐了。在動物園裡、故事書明信片上、旅遊探險頻道中花枝招展的孔雀？因為很清楚我們三人絕對沒有嘗過孔雀肉，伊格保接著不停敘述孔雀肉如何如何美味，挑選孔雀的要領，醃漬烹煮的祕方，佐以何種醬料配菜。琳蒂臉上表情漸漸開始不自在，菲爾和我則是在一旁拚命忍住笑，伊格保一開始說這些往事，是無論如何也停不了的。

我趕緊轉移話題：「伊格保，北邊國家公園花豹出來咬死人的事好可怕，你見過花豹嗎？」伊格保擦擦嘴：「當然。我太太最喜歡的活動就是獵花豹。」這下琳蒂幾乎要昏倒了：「你說獵什麼？」伊格保一分鐘前被我引開的講古興致立刻再度被挑起：「花豹啊！」

「妳知道，我太太當時跟妳們一樣是個小姐呢，我可不想讓她太辛苦，所以我安排手下多放幾隻羊在花豹出沒的地方。我們在一旁等著，很快花豹就出現了，然後我太太可以很容易地射殺花豹，有一次最高紀錄我們一口氣獵到了十三隻花豹……」我想起伊格保給我看過一張帕蘭普爾皇宮晚宴的照片，牆上掛的是虎皮還是花豹皮？回家得把我翻拍的相片拿出來好好看清楚。

伊格保繼續：「我太太剛剛開始獵花豹時太緊張了，那是在我們結婚不久之後，改天下樓來我找些結婚時的照片給妳瞧瞧。」在伊格保的注視下我趕緊點頭答應。他接著說：「我太太看見花豹居然立刻往旁邊一頭羊身上開槍，不過她一點也不害怕，後來就進步多了。可是我還是得交代多放幾隻羊來引誘花豹，不然她獵不到花豹，光是射羊有什麼意思。」

愛護動物的琳蒂很有禮貌地放下刀叉，一直到晚餐結束離開板球俱樂部之前，她沒有再動過桌上的任何食物。

離開俱樂部時，已經給伊格保開了快二十年車的司機拉維花了五分鐘把站也站不穩的伊格保扶上車，放好枴杖後他費勁搖下車窗不停揮手道別，彷彿我們住在離他十萬八千里的遙遠地方。我們也不停揮手，目送他的車子開出板球俱樂部的車道，消失在孟買喧囂的車陣中。菲爾轉身看我：「現在妳不說他是糟老頭了吧？」

當然不是，他是我的伊斯蘭王子！

鑽石婚禮

搬到印度兩年，一直耳聞印度婚禮如何如何豪華，卻沒能身歷其境，誰叫我們唯一認識的鑽石商鄰居兒女都還在上中學！一日大學同學麗塔來信，麗塔在鑽石公司擔任高級主管，美國總公司印度老闆娶媳婦，邀請她到孟買參加婚禮。我左思右想，決定到樓下伊格保王子家走一趟。

找伊格保是有原因的，因為殖民時期他父親統治的帕蘭普爾州是耆那教（Jainism）的主要集散地，也是大多數印度鑽石貿易商祖先的發源地。雖然獨立後王室制度已不存在，但帕蘭普爾州在伊格保父親治理之下民生富裕，加上伊格保畢竟是王儲，獨立後還登上王位，至今還是受到來自帕蘭普爾的人民敬愛，多數鑽石商家裡的大小慶典伊格保一定是座上賓。

隔了幾天我提了一盒伊格保愛吃的甜食，進了他家照例先把雙方家人問候一遍，國際情勢討論一回，再緬懷一下數十年前的王室生活點滴，接著我漫不經心提起麗塔即將前來孟買參加鑽石老闆兒子的婚禮。伊格保盯著我緩緩說道：「想去是嗎？」我大吃一驚，老先生雖說齒搖髮禿，畢竟閱人無數，一眼就識破我的詭計！只能尷尬回答：「大型印度婚禮一定很有意思。」伊格保問了麗塔老闆姓什麼之後就轉移話題，我也不好意思再繼續。

幾天後門鈴響了，亞莎應門後給我一張請帖：「伊格保王子差人送來的。」我接過來一看，是張印刷極度精緻的結婚請帖，上頭寫著：「史密斯先生夫人」！我立刻寫信給麗塔：「跟妳一起去參加婚禮啦。」不一會兒麗塔回信：「唉，同姓，但不是我老闆。」

這時伊格保的電話到了：「收到請帖了嗎？」「真是謝謝，不過這是和我同學老闆同姓的人家，不是我同學要去的婚禮。」伊格保說：「是嗎？不過我估計會有三千人參加這個婚禮，妳不是要看大型婚禮嗎？」我不好再說什麼，趕緊再度道謝。

菲爾回家後無法置信：「妳怎麼能去向伊格保要不認識人家的結婚邀請？更糟的是還要錯人家！」但這千載難逢的好機會，我是絕對不會放棄的，於是英國人只好放下傳統的矜持，被我逼上梁山一起去參加婚禮。

婚禮在孟買跑馬場舉行，賓客幾千人，個個有車有司機，於是附近原來就容易堵塞的交通頓時陷入癱瘓，而我們破破爛爛、偶爾還有蟑螂出沒的小車在鋪著紅地毯的車道上更顯得格格不入。

進了會場，放眼望去男男女女個個珠光寶氣，一串串的鑽石項鏈手鐲，紗麗上繡著金蔥銀花，讓人目不暇給。我很高興沒人認識我們，就這麼我們在吊滿聖誕燈飾的宮殿式建築和牌樓間穿梭，不時發出劉姥姥進大觀園的讚嘆。

遠遠地看見行動不便的伊格保坐在舞台正前方中央的椅子上，身旁站了一排等著向他致意的來賓。他們一一走向伊格保，然後彎下腰觸摸伊格保的腳，這是印度人看見長者必行的大禮。至此我方才認清看似糟老頭的伊格保原來地位如此之崇高！有眼不識泰山的我們也上前和伊格保打招呼，他十分高興地向旁人介紹我們，然後交代將我們領到食物區。

耆那教是素食及極端非暴力的奉行者。由於極端非暴力，他們不吃任何地下挖出來的食物，例如馬鈴薯，因為在採收這些作物時，有可能會傷害泥土裡的生物，當然也嚴禁飲酒。想像中他們的食物可能十分無趣，但正是因為食材有限，他們反而發展出令人驚豔的素食。我們在無人認識的情形之下，肆無忌憚狼吞虎咽，不亦樂乎。

一個星期後伊格保邀我喝茶。問候家人聊完世界大事後，伊格保問我對印度婚禮的看法，我很興奮地把劉姥姥在大觀園的所見所聞向他一一報告，伊格保十分開心他再度增長了我的見聞，接著搖鈴叫廚房裡的僕人出來。嘀嘀咕咕幾句之後，僕人退下再進客廳時手上多了一本厚重的攝影專輯。我接了過來，上面還有一張請柬：史密斯先生夫人。伊格保看著我緩緩說：「這個婚禮應該有五千人。」

就在我目瞪口呆之際，伊格保解釋這是藍玫瑰鑽石集團的兒子結婚，他們製作了一本家族史連結婚請柬一併送給所有賓客。這本沉重的畫冊除了介紹藍玫瑰的歷代祖先之外，也敘述了帕蘭普爾州的歷史，裡面還有一張伊格保穿著王室禮服的肖像。

我再也不能掩飾我的驚訝：「這樣的婚禮要花多少錢啊？」伊格保說：「這沒什麼，前兩天我收到一張喜帖，裡面還有一顆小鑽石。」多半是怕我向他暗示我也要，伊格保接著說這種請柬只發給至親好友。

我回到家馬上給麗塔再寫封信：「我的鄰居又給我一張請柬了！」麗塔很快回了信：「唉，同姓，可是也不是我老闆啦！」這回我不好意思再跟伊格保說什麼了，伊格保由於當天身體微恙，不能出席，我們則依樣畫葫蘆，再度進入孟買跑馬場大吃大喝開眼界，看到更多的人，更多的鑽石。

幾天後在樓下遇見出外散步的伊格保，他問我麗塔對印度婚禮的印象，我只得實說：「是同姓的，不過不是我同學要參加的婚禮。」伊格保皺了皺眉頭：「這個季節婚禮太多了，我搞不清楚。就問問妳同學婚禮時間地點，不必請柬，菲爾是西方人，他的臉就是請柬。」

板球俱樂部的會員證

話說我們在等了好幾個月之後，終於被印度板球俱樂部核准成為所謂的臨時會員。不像其他終身或是一般會員，我們必須每年申請為期一年的會籍，最多不得超過三年，這叫臨時會員。不過審核過關通知書來了、錢也交了，怎麼左等右等，就是等不到一紙通知告訴我們可以使用俱樂部，只好再到俱樂部去一趟。

上了俱樂部二樓，辦理的辛格先生辦公室大門深鎖，大概是出差去了。只好重演歷史，把來意對不同的人重複再重複，終於有個好心的老兄在翻遍他桌上堆積如山的文件檔案夾之後告訴我，我們的名字的確已經在他的資料簿裡，不過沒有會員證是不能使用俱樂部的。

我耐著性子：「那麼，我可以有會員證嗎？」我亮出繳費收據，希望他老兄可以指點我一條生路。他搖頭晃腦：「女士，您得申請。」我頓時傻了眼，不是才填了幾十份表格申請入會嗎？罷了，反正已經上了賊船，只好認了。「那麼，怎麼申請？」「我們會把表格寄到您府上。」我嘆了一口氣：「我已經來了，可以在這兒填表申請嗎？」

出乎意料這位老兄竟然說可以，而且很好心地告訴我到什麼地方去索取表格。我喜出望外，向他深深一鞠躬，這下子容易了，填好表格，明天就可以坐在板球場綠油油的草地上喝茶了！

我到了一位面色凝重的四眼老兄辦公桌前，說明來意，他一言不發拿出兩張表格和一支筆：「女士，請您仔細填好這兩份表格。」我乖乖填妥這兩份和以前填過沒啥兩樣的表格之後，發現菲爾也必須簽名，於是問這位四眼老兄是不是可以把菲爾的表格帶回家讓他簽名，明天再送過來。

「當然可以，」四眼老兄說，「不過要用這支筆簽名，只能用這一支，任何其他的筆都不行。」他拿起我剛用過的細字簽字筆在我眼前晃了晃，我正要開口笑出來時，忽然意識到他一臉嚴肅，一點也看不出是在開玩笑。好吧，兵來將擋，水來土掩，於是順著他的口氣：「我可以把這支筆借回家嗎？明天一早就送回來。」四眼老兄搖搖頭：「不可能，我們只有這麼一支筆。」

接著我只好採取死纏爛打的策略，任務不達成，絕不罷休。禁不起我一再糾纏，他老兄很快在一張紙上寫了幾個字後交給我：「哪，到文具行去買。」我接過來一看，他竟然寫下這支筆的牌子，要我去買！我忍住笑：「哪家文具店有賣？」

他煞有介事地回答：「噢，任何一家都買得到的。」看我這麼合作，他接著好心提醒我，明天別忘了帶兩張兩公分見方的大頭照，要做會員證用的。

我一路偷笑出了辦公室，菲爾肯定不會相信關於筆的規定，還好我有這張寫著牌子的紙可以作證。回到家我翻遍所有抽屜，找出一支類似的簽字筆，要菲爾簽名。要不是因為會費已經繳了，退不回來，這個火冒三丈的英國人幾乎衝動地想退出這個離譜的俱樂部，不參加也罷。

找出照片，按照規定，我小心翼翼地剪下兩公分見方的大頭照。菲爾在一旁說風涼話：「我保證這些照片一定會有問題。」

隔天一早到俱樂部辦公室向四眼老兄報到。我神閒氣定地把菲爾簽好名的表格拿出來，他看了一眼就放在旁邊。哈！除非他有高科技的儀器檢驗簽字筆的墨水，我就不相信他可以看得出來是什麼筆簽的名！接著我呈上剪得分毫不差的大頭照，四眼老兄皺起眉頭，一言不發。

「女士，您為什麼把照片剪了呢？」「因為你說要兩公分見方啊。」我理直氣壯地回答。「可是我們會處理，您為什麼要這麼做呢？」這下我真的不明白了，什麼人剪照片有差別嗎？四眼老兄一個勁地搖頭，我則是賴著不動，非得他給我一個滿意的解釋，為什麼我剪得分毫不差的照片不行。

就這麼耗了幾分鐘，他忽然站了起來，一言不發拿著一疊厚厚的資料往辦公室的另一頭走去。我盯著他看，心想他肯定是要找人商量。可是他老兄走到門口停了下來，把那疊資料翻來覆去，口中念念有詞一陣子，居然又走了回來，在辦公桌前坐定之後他十分嚴肅地對我說：「不成，您真的不該剪這些照片。」

我看著他，實在不知道該說什麼好，於是改採苦肉計：「拜託拜託，我已經來了這麼多次，你就幫幫忙吧。要不你先把這些照片送到有關的單位，如果被退回來，我一定回到照相館去照兩公分見方的照片，誰也不必剪。」就這麼死纏爛打又過了幾分鐘，我估計大概是和一個女人面對面談話這麼久讓他感到坐立不安，這位四眼老兄終於心不甘情不願地收了這些剪得分毫不差的照片，告訴我兩天後回來看結果。

可想而知，這些照片當然沒問題！兩天之後終於拿到有如稀世珍寶般的會員證，展開我們接下來一年與板球俱樂部數以百計的繁文縟節搏鬥的日子。

我愛板球俱樂部

孟買有許許多多我喜歡的地方，不過板球俱樂部肯定可以名列前三名。申請入會難上加難，不過就在伊斯蘭王子伊格保彈指之間，我們已經入會。

吸引我的是它的歷史、綠油油的板球場、在俱樂部裡工作了一輩子的領班和服務生、多如牛毛的離譜可笑規矩，還有白髮蒼蒼舉步維艱、彷彿從歷史小說走出來的會員。

從一九四八到一九七二年，板球俱樂部的布拉伯恩球場（Brabourne Stadium）是所有在孟買國際板球比賽的固定場所，但在一九七二年一個高層官員索票不成，一怒之下立刻下令在僅僅幾百公尺外再蓋一個板球場，從此國際賽事移師名不見經傳、設備名聲歷史都遠遠不及的旺基板球場（Wankhede Stadium）。事隔三十六年才又在布拉伯恩球場舉行了一次國際比賽，當時全俱樂部上上下下比中樂透頭彩還興奮，這是後話。

當伊格保告訴我們這個令人難以置信的板球場恩怨時，我問他：「既然都沒有比賽了，為什麼三十幾年來還是把球場整修得像是明天就有比賽似的？」他賊賊地笑著說：「就是等著妳搬到孟買來，讓妳每天坐在綠油油的球場上喝茶啊！」我想像年輕時的伊格保，肯定是個到處調情的伊斯蘭王子！

不過到板球俱樂部喝茶真是我最愛的活動之一，除了雨季，每天下午三點過後，穿著卡其制服的工人開始把桌椅從球場看台下搬到草地上排整齊，五點開始會員可以坐在草地上喝茶，晚上八點工人再把所有的桌椅再依序搬回看台下。我通常帶一本書，坐著喝茶、看書、看人，而看人總是多於看書。

印度會員十分挑剔，對俱樂部裡的員工頤指氣使，服務生對任何合理、不合理的要求甚至謾罵，都必須欣然接受，所以覺得我這個和藹可親的台灣人簡直是天上掉下來的禮物，還有個如外星人般稀奇、週末就繞著板球場跑十圈的英國人，全都搶著替我們服務。

台灣太太給服務生十盧比小費，收拾杯盤的小弟五盧比，所以即使有許多人等著點飲料餐點，服務生總是在我尚未坐定就出現在跟前，偶爾走私給我一壺不算錢的茶，反正帳算在俱樂部頭上！

領班和服務生不忙時站在旁邊跟我聊天，國外對他們來說是天方夜譚，所以他們特別喜歡問我們在印度之前的生活點滴。一回一個服務生一邊聊天，一邊在點餐單上寫啊寫的，過了一陣子我忍不住了：「我的餐點全都來了，你在寫什麼？」

「太太，您有所不知，有人在樓上某個看不見的角落監視，我們是不能隨便和客人聊天的，不過如果他們看見我在寫東西，就會認為是您在點餐，他們也看不見我在寫什麼，您說對吧？」我笑了出來，印度會員點餐之麻煩不是言語可以形容，所以就算這個服務生站在我的桌子旁大半天，只要他的筆不停，絕對不會有人懷疑。

剛加入俱樂部時，我注意到一個年過半百、骨瘦如柴的女人，從她的五官看來，應該是信奉拜火教（Zoroastrianism）的帕西族（Parsi）人。女人提了髒兮兮的舊塑膠袋，裡面還有更多的髒塑膠袋，她挽了一個看不出髮絲的大髮髻，灰白一片應該已經好幾個月沒洗。工人一把桌椅擺在草地上，她就一個接著一個去試坐。

俱樂部的細籐椅常年餐風宿露，很多已是搖搖晃晃，的確有些坐了十分不舒服，女人總是不厭其煩地試了又試，坐上去之後還要左右搖晃確定安穩，幾乎要把所有的椅子全都坐過一遍，才滿意地把她要的椅子拖到她要的桌子旁。日復一日，彷彿沒有每天這麼試坐就無法安心似的。由於她試椅子總是在會員可以入座的五點之前，所以在空曠無人的球場上格外明顯，五點以後會員漸漸入座，我也就沒有再注意這個人了。

有一天和一個領班閒聊會員奇特的舉止，隨口提及這個不斷試椅子的帕西族太太，領班告訴我這個帕西族太太每天下午會推著一位坐輪椅的老太太來俱樂部，只點一壺茶，因為她們沒有錢。她總是不厭其煩一再試坐才把輪椅推出來，再把老太太移到安穩的細籐椅上。

我開始找這兩個人，果真看見她們的桌子就在靠近入口，還有一張輪椅在旁邊，桌上一壺茶、兩個茶杯，兩人各自盯著前方直視，不發一語。

接著每次去俱樂部就會習慣性找她們坐在哪裡，注意了一陣子，兩人從來沒說過一句話。就連我們這兩個人生地不熟的外國人，都會有會員跟我們點頭微笑打招呼，但是在這個幾乎全是印度人的俱樂部裡，卻從來沒人走近她們，更不要說和她們問候交談。

找了個機會問伊格保，俱樂部裡怎麼會有只能負擔得起七盧比一壺茶的會員？入會費不是很貴嗎？她們又如何能找到四個自視甚高，瞧不起沒錢市井小民的會員替她們擔保入會？伊格保解釋了之後我才恍然大悟。

俱樂部裡有許多父傳子的世襲會員，他們的妻子當然也是會員，雖說對於臨時會員和一般會員入會有諸多資格限制，但永久會員的部分卻是混沌一片，不多強求。伊格保估計這兩個帕西族的太太，或是母女或是婆媳，不論什麼原因可能丈夫已經不在身邊，從外表判斷，日子過得清寒什麼也沒有了，只剩這張會費不多的永久會員，還可以到俱樂部來喝杯茶回憶過去顯赫的家世。日後在俱樂部再看見她們時，心裡總是有點酸酸的。

在印度這個只要有超過一個人、一根短竹棒和任何一顆球，就可以在街角打起板球來的國家，板球俱樂部的地位是十分崇高的。當尼爾生知道我們要加入時，說話的聲音興奮得微微發抖：「那麼我們的車可以停在俱樂部的停車場？」他知道他進不了俱樂部，但是即使只能進到停車場都是令他感到光榮的事。

雖然由於政治恩怨已經三十多年沒有正式的國際比賽在這裡舉行，球員多半還是在板球俱樂部的球場練球，畢竟這個球場的設施是最好的。就在澳洲板球隊來孟買比賽時，我發現所有的服務生興奮異常，因為他們倒背如流的澳洲板球選手住在俱樂部的客房，在俱樂部的球場上練習！

我決定冒險夾帶死忠板球迷尼爾生進入俱樂部。

在階級制度盛行的印度社會，僕人絕對不允許進入俱樂部，除非是為了攙扶行動不便的會員，或是要在一旁照顧孩子，好讓太太可以喝茶的保母。尼爾生沒有理由進入板球俱樂部。我告訴他時，尼爾生不敢相信居然有這麼一天可以親眼看見澳洲板球隊練球，不過同時也十分害怕：「太太，真的可以嗎？」

「當然可以，」我說，「進去以後你就坐在球場旁別說話，我去俱樂部辦公室裡辦事，千萬別跟任何人說話。萬一有人問你話，很有自信地告訴他你是史密斯先生的同事，說史密斯太太馬上就到。」

就這麼在停車場等到警衛走開時，我拉著尼爾生躡手躡腳偷偷從側門進去，就這麼尼爾生進了所有印度小老百姓做夢也沒想過可以進的板球俱樂部，就這麼他近距離和在球場上的澳洲板球隊在俱樂部裡待了半個鐘頭！

接著就是讓俱樂部上上下下比中頭彩還高興的事了，由於旺基球場進行整修，在三十六年九個月又二十一天後，終於有一場國際比賽要在俱樂部的布拉伯恩球場舉行了！從幾個月前開始，本來就井然有序、無處可挑剔的俱樂部開始進行全面粉刷，加蓋看台棚，球場上也加裝了好幾個夜間照明燈，只差沒有張燈結彩。當月的會員雜誌斗大的標題：美夢成真！

因為會員可以優先購票，我開始替許多英國和澳洲的朋友買票，在孟買加入板球俱樂部的外國人屈指可數，瞬時我們成為大家競相邀請吃飯喝酒的對象。我多買了兩張票，在我把那兩張票交給尼爾生時，他張大嘴巴，幾乎要流下淚來。

球賽隔天我問尼爾生去看球了沒有，他說和兒子去了，然後很驕傲地說：「太太，您給我的票是跟很多歐洲人坐在一起的，我從來沒有和那麼多歐洲人坐在一起過，我的朋友全都羨慕極了！」

板球俱樂部二三事

我在板球俱樂部可說是個稀有動物，首先我絕對是空前而且也有可能是絕後的台灣人會員，再者我有個印度人最愛的傻瓜相機，還有我常常跟領班服務生聊天，最重要的是每次送餐我總是會給十盧比。

我們加入後不多時就成爲俱樂部員工的最愛，他們喜歡看著這個奇怪的英國人每個週末在高遛下繞著球場跑十圈，或是站在這個奇怪的台灣人身旁閒扯，看她相機裡的相片，然後還可以領小費。

如果錯過了一個週末沒有到俱樂部報到，下一次就會接受質詢：「太太，上星期您和大爺怎麼沒來？」不知道是真想念我們還是想念十盧比。

俱樂部裡有十年年資的員工算是資淺，多半已經工作了二三十年，不少是因爲有幸和俱樂部的某個管理階層來自同一個村莊，雖然素昧平生，靠著這麼一點地緣關係還是可以來到孟買工作，住在俱樂部的宿舍裡，一年回老家一次。

一日我正拿著相機偷偷拍草地上的動靜——多如牛毛的俱樂部規定其中一條是

不能隨便照相——眼尖的服務生立刻過來了，我趕緊把相機收起來。服務生賊賊笑著：「太太，給我看看您照了什麼。」我在桌子下給他看了我照下這個老人俱樂部痛恨小孩的鐵證，他咯咯笑出聲，接著其他的服務生聞風一一得空就前來看照片，然後笑著走開。

俱樂部規定十八歲以下的會員除了一個特定的家庭式餐廳以外，不准進入俱樂部主屋的任何餐廳，以免精力充沛的小孩影響人瑞會員的用餐，無子女主義的我們對這個規定倒是很同意。

至於綠油油草坪上的下午茶時光，服務生擺好桌椅之後在草坪的兩端拉上兩張網球網，十八歲以下的會員只能在球網外側活動，不准進入中間追趕跑跳碰，這對喜歡小孩但不喜歡橫衝直撞的小孩的我而言，真是太文明了！一種奇特的景象於是在這個規定下形成：在球網內側的父母把餐點遞出去給拉張椅子坐在球網外側的孩子吃，彷彿在餵食寵物一般！

一日一個熟識的服務生問我：「太太，您幫我照張相可以嗎？我下個月放假回鄉下，我想給我家人看看俱樂部是什麼樣。」一問之下才知道他已經在俱樂部工作了十五年，到孟買後第一次回家去結婚，第二次回家看剛出生的孩子，接著每年一次，回家探望生病的父母，回家看開始牙牙學語、學走路、進學校的孩子……。

我聽得心酸，他卻一臉笑容：「太太，您要是給我照張相，連親戚鄰居也可以看板球俱樂部！」我想像他遙遠的故鄉，家人每年見他一次，肯定知道板球俱樂部，因爲板球是全民運動，但是根本不知道工作環境如何！那天俱樂部裡正好有活動，草坪上蓋了白色桌布的餐桌和紅色椅子特別好看。他選了俱樂部隔壁一棟頂樓有旋轉餐廳的大樓當背景：「太太，就這兒，一定要把旋轉餐廳照進去，我們老家沒有的。」

這是我成爲孟買板球俱樂部員工專屬攝影師的開始。

從看門的警衛，打掃的清潔工、剪草的園丁、搬桌椅的、送餐點的服務生到領班，每人在各個不同的場合全要來一張：印度板球隊明星來訪，俱樂部大型露天餐會，象神節的載歌載舞……，而最多是回家鄉探親之前，最受歡迎的背景當然是俱樂部隔壁的旋轉餐廳。

一天我在長廊咖啡座看書，一個服務生神神祕祕低聲說：「太太，您跟我來一下可以嗎？帶著您的相機。」那時是餐廳下午休息時間，我跟著他鬼鬼祟祟上樓進了俱樂部裡最貴的板球主題餐廳，牆上掛滿了板球紀念品，明星隊員簽名的球衣球棒。他很快開了燈找了個桌子，脫下服務生的紅背心和黑領結，打開襯衫的第一個扣子，擺了個正在等吃飯的架勢：「快點，太太，照一張！」

另一次則是一個不會說英文、專職打雜的員工，他攔下我做了個照相的手勢，我搖頭晃腦表示可以，他一溜煙跑了，再出現的時候頭上戴了高頂的廚師帽，身上穿著白制服。我們兩人一語不發，照例以旋轉餐廳為背景，我迅速咔擦咔擦幾次，他又是一溜煙跑了，還制服去了！很明顯他要回家告訴家人他是俱樂部的廚師，不是打雜工。

俱樂部每隔一陣子就會在草坪上舉辦各地美食節，會員們可以邀請親朋好友來大吃一頓，元旦則有一年一度的跨年舞會，此時俱樂部上上下下歡欣鼓舞，彷彿是自家辦喜事似的。第一年元旦我們不在孟買，員工們十分失望，因爲沒人可以在跨年舞會上給他們拍照！

第二年我們在孟買，跨年幾個星期前員工就再三交代大爺和太太務必參加。晚會幾天前俱樂部就在球場搭了個大舞池，四周則是擺滿了小吃的攤位，當晚會員盛裝出席，我和菲爾坐在角落，方便和員工們聊天，替他們照相外加觀察年邁的會員們怎麼慶祝跨年。吃過晚飯，舞池四方的彩色迪斯可燈一閃一閃亮了起來，讓人好不興奮。

開始了，會員們三三兩兩進了舞池，樂隊現場演奏，音樂聲震耳欲聾，我仔細一聽：〈YMCA〉！我的天，這是哪個年代的歌啊？此時穿著紗麗的帕西族老太太、西裝筆挺的老先生，全都隨著音樂扭腰擺臀。接著是鄉村搖滾〈Country Road Take Me Home〉，慢歌則是〈My Way〉。

七老八十的會員們在舞池裡如痴如醉，我們在一旁為眼前這個奇景驚訝不已，服務生一有空就來要求照相。

俱樂部裡的家庭式餐廳，還有游泳池旁的咖啡座是老少皆宜的，但面對球場的長廊簡餐區，室內的印度大餐廳，還有樓上最高檔的板球主題餐廳則是十八歲以上的會員才能進入。其實各個餐廳的菜單大同小異，大同是大致相同，小異是同樣的食物在各個餐廳有不同點餐時間，所以必須牢記該在什麼時間到哪個餐廳點什麼菜。

一日我在游泳池畔的咖啡座點了一杯咖啡和一張印度薄餅（Rumali Roti），「Rumali」是印度文手帕的意思，所以可想而知是和手帕一樣薄的麥餅，在乾鍋上烤熟一滴油也不用，然後折成像手帕一樣放在盤子上送過來，沾著咖哩一起吃。

咖啡來了，喝完了，可是我的餅呢？我問了站在附近的一個服務生：「現在有印度薄餅嗎？」他搖頭晃腦：「有的，太太。」再過兩分鐘還是沒動靜，我叫來幫我點餐的服務生：「我的印度薄餅呢？」他十分詫異地看著我：「太太，您不是和在我開玩笑嗎？您又沒有點咖哩。」原來是因為我沒有點咖哩，所以他認定這個向來喜歡搞笑的太太一定是在開玩笑，自動刪掉印度薄餅。

經過我費盡唇舌解釋再三，他終於了解我不是在開玩笑。從此他們知道台灣太太奇特的口味了：一杯咖啡、一張印度薄餅外加一片檸檬，薄餅上灑點白糖擠幾滴檸檬汁，克難法式可麗餅！

下午草坪座位的菜單上多半是容易拿起來吃的，例如烤肉串。一日我點了烤肉串，服務生搖頭晃腦：「太太，做烤肉串的廚師回鄉下了。」我皺起眉頭：「這麼大一個俱樂部，只有一個人可以做烤肉串嗎？」可以猜的出來，我的疑問絕對沒有答案：「太太，您吃點別的吧。」

就這樣過了一陣子，做烤肉串的廚師還是不見蹤影，接著是雨季，草坪咖啡座歇業三個月，草坪上的廚師也就理所當然待在鄉下不回來了。雨季過後會員們繼續回到綠油油的草坪上喝茶，我不死心還是要烤肉串，服務生嘆了一口氣：「太太，爲什麼您一定要吃烤肉串呢？不是跟您說過廚師不在嗎？」彷佛回了鄉下不再回來上班天經地義。多問無益，於是我從此不再追問，反正餐廳裡烤肉串的廚師還在。

俱樂部裡有個戴著眼鏡看來十分斯文的服務生，他的英文比其他人都要好，常來和我聊天。一天他試探性的問：「太太，大爺的公司一定是外國公司吧？」我笑笑說是。「那請他幫我找個工作好嗎？我不想在這裡工作，這裡的會員大爺以爲他們是皇帝，跟我們說話簡直就像是跟狗說話。」

我大吃一驚，從來沒有聽過這麼激烈的言論！原來他上過中學，之前工作的四星級旅館倒閉之後，因爲流利的英文，朋友介紹他到俱樂部來工作，已經五年了，在老式的俱樂部裡他的不滿越來越多。我很爲難說菲爾辦公室裡招的全是記者，不只要會說英文，一定要會寫英文新聞。我邊說邊看著他充滿希望的臉逐漸轉爲失望，卻也無可奈何。

過了一陣子他又來了：「太太，我什麼工作都願意做，我可以在英國大爺的辦公室裡倒茶，您幫我問問好嗎？」在印度所有的辦公室裡幾乎都有倒茶小弟一職，對他而言給外國人倒茶比給印度人哈腰要好得多了。我還是拒絕了，因爲我已經學會不要給任何印度人畫我根本沒法給的餅，即使我可以很容易說我去試試打發他。

至於其他的服務生，多數十分安於他們做了一輩子的工作，三不五時要我給他們照張相寄回鄉下，和我閑扯兩句，領十盧比的小費。孟買板球俱樂部的日子，無論如何還是比鄉下好過。

吉米大爺下樓了

我和吉米只是在溫德米爾大廳見面問好的鄰居，連杯茶都沒坐下來一起喝過，所以要多著墨描述他好像有些自不量力。許多關於他的事，都是從帕西族（Parsi）朋友處聽來的，當然還加上尼爾生跟警衛司機閒聊時打探來的消息。

他有個一聽就知道是帕西族的名字桀木學，但是從來沒人這麼稱呼他，司機都稱他吉米大爺（Jimmy Sahib）。

我喜歡印度文裡大爺（Sahib）這個稱呼，和英文中的先生相差不遠，只不過在階級分明的印度，大爺應該有點下對上、尊敬的意味。對我而言，則是多了幾分浪漫的異國情調。

尼爾生給外國人開了十多年的車，看見外國人必稱先生，總是說「菲爾先生」，偶爾忘情脫口而出「菲爾大爺」時，總讓我覺得很親切，他只有對印度人才稱呼大爺的。

吉米住在溫德米爾二樓，富富態態，臉色紅潤好看極了。所謂的慈眉善目，大概就是這種長相吧？後來證明，相由心生。吉米見到我總是笑嘻嘻，很熱情地握著我的手要我猜他幾歲。

幾次下來我準備了各種不同的說法：六十多吧？絕對不會超過七十。快七十了吧？最多七十多一點。吉米得意地說：「我告訴妳，就要九十了。」我順勢推舟：「吉米，不要開玩笑了，你早告訴過我你快九十了，我是不會相信的，說真的你到底幾歲？」然後吉米的眼睛笑成了一條線，彌勒佛似的。

吉米不會不知道我們的對話幼稚而無聊，但每次見我一定要我猜一回，彷彿這就是我們之間的問候語。而我們的友誼，也僅止於在大廳駐足問好道再見。

週一到週五下午吉米下樓出門。他穿著成套的白色衣褲，類似中山裝，再不就是絲質花襯衫，依舊是白長褲。可以想像他年輕時和伊格保王子一樣，多半也是風流倜儻！

身高兩米、穿著制服的保鏢亦步亦趨跟在吉米身後，像是害怕他一個閃神就要跌倒，老先生卻是行動緩慢腳步穩健，一步一步從沒給人要跌倒的感覺。門房岡古老遠看見吉米立刻小跑步進大廳，舉起右手手掌向外大聲說道：「午安，吉米大爺！」接著園丁警衛還有沒事的司機全來跟大爺問好了。

我急著出門沒來得及等他要我猜年齡，告訴他約會時間到了馬上得走。吉米笑嘻嘻揮手：「快走快走，別讓妳的朋友等久了。」我衝進車裡，尼爾生繞過停在大廳階梯下等著吉米的紅色賓士，吉米和一群伊格保口中的下人還站在大廳裡。

「為什麼大家都到大廳去問候吉米，我出門時可沒這種待遇！」我憤憤不平提出疑問。尼爾生很可惜地說：「太太，吉米大爺下樓有賞錢，大家都在等。」我大吃一驚：「給誰？」「給所有的人啊，太太。門房、園丁、警衛、清潔工，還有所有在場的司機，每人十盧比，節慶的時候更多，三十盧比！」我的下巴幾乎要掉下來了：「所有的司機，包括你，還有伊格保的司機拉維？」「是的，太太，如果您的朋友凱伊太太的司機多明尼克也剛好在我們樓下，他也有。」我不死心，怎麼會有這種事：「每天都給？」「是的，太太，只要吉米大爺下樓就給。」

我很抱歉地說：「所以如果今天我晚點出門，你也有賞錢？」「是的，太太。」「所以今天我讓你損失了十盧比？」尼爾生一邊開車一邊搖頭晃腦，賊賊地笑著：「您說得對，太太。」

尼爾生說退休多年的吉米每天下午先到拜火廟裡禱告，接著到不遠的辦公室，審核向他申請救助的人的資格和發錢事宜。只要詳述為什麼需要幫助，只要合理，吉米一定給，這就是他週一到週五下午的例行工作。尼爾生下了一個結論：「吉米大爺是好人，他給帕西族人錢，不是帕西族的也給。」

不久我約了一位帕西族的印度朋友吃飯，打探散財童子吉米大爺到底是何方神聖。原來曾經是孟買帕西族議會主席的吉米，在帕西族之間十分受人敬重，退休前掌管龐大的家族事業，身兼官方、半官方商業組織要職，至今還是帕西族中無人不知的慈善家。

信奉拜火教的帕西族在多元的印度是個特殊的少數民族，在一千多年前為了逃避宗教迫害從波斯來到印度。他們五官深邃，皮膚比印度人明顯要白皙許多，所以許多帕西族人看起來反而比較像西方人。

帕西族對異族通婚有極為嚴苛的限制，尤其是女人，如果不是嫁給同族人，基本上就被逐出族門。這導致了原來就是少數的帕西族在人口爆炸的印度反而人數遞減，許多知識份子甚至不願結婚，因為結婚對象和自己有血緣的機率太高了。

帕西族十分有商業頭腦，在農業、工業、紡織、鋼鐵、海路運輸各方面都有傑出的成就，殖民時期是英國人在印度貿易的左右手，絕大多數集中在商業首都孟買。帕西族除了十分照顧自己窮困的同族同胞，也以從事慈善事業善名遠播。從吉米大爺每天在溫德米爾發賞錢給到大都市裡來討生活的警衛、司機，可以證明帕西族血管裡流著的慈善血液！

朋友開始敘述這個傳奇性的人物，喜歡享受玩樂之餘，同時不停給錢。吉米年輕時常常跑趴，在所有孟買名流的聚會都看得見他的身影，最愛的是威士忌和雪茄。如果出去玩太晚了，他讓司機先回家，因為他說司機也有家，那個年代他的身份，也許沒有酒駕的問題吧，我想。這大大不同於我認識的不管是印度人或是外國人，許多人平日司機一請假就像是沒了腳，司機先回家的話先生太太怎麼回家？門都沒有。

吉米主持了將近三十個慈善團體，大部分經費都是自掏腰包，和他掌管的事業無關。每次他到帕西醫院探朋友的病，就會有一大群病人或是眷屬聞風而來排隊向他訴說苦處。按照朋友的說法：這些也不知道是乞丐還是真的窮人，不過吉米的手沒停過，不停地往口袋裡掏錢，從來不會讓他們空手而歸。

我聽著聽著晃神了：我行動緩慢的鄰居，原來是開著賓士車的印度羅賓漢！

吉米的紅色賓士轎車是註冊商標，孟買的帕西族人大部分都認得，年輕時他常自己開車出門，在路旁看見帕西族老人在等公車就停下來載他們一程，下車時還不忘給他們一點錢。

由於帕西族人數在孟買甚至全世界急劇下降，吉米早年在孟買帕西族議會主席任內推動訂定了獎勵生育的政策，每一對帕西族夫婦的第三個小孩，每月領取一千盧比的補助，一直到十八歲為止，這個經費當然一大部分來自吉米的口袋。至今補助已經高達三千盧比，而且連第二個小孩也可以領。三千盧比在我們看來不多，但是在印度相當於一個小店員的月薪。

寫信到他辦公室申請補助什麼族群的人都有，吉米一視同仁。我想到尼爾生的結論：「吉米大爺是好人，他給帕西族的人錢，不是帕西族的也給！」我也有了結論，助人為快樂之本一定是對的，怪不得吉米每天笑嘻嘻，將近九十歲的他還是面色紅潤。

隔了幾天又在大廳遇見正要出門去發錢的吉米，現在他的保鏢也認得我了，總是向我問好。才和吉米握手，尼爾生出現了：「太太，我就去把車開過來。午安，吉米大爺！」我阻止他：「先別去開車，我忘了一件事，得再上樓去。」

吉米又問了一回：「妳猜猜我幾歲？」我想起一些香港明星老喜歡說的：「吉米，你永遠都是二十五歲！」吉米這會兒不只是笑嘻嘻，而是哈哈大笑了起來，旁邊聽得懂英文的司機也笑了，聽不懂的岡古、園丁和警衛雖然鴨子聽雷也全都笑了。

我上樓站在陽台往下看，一直等到吉米的紅色賓士離開大樓才再下樓。上了車我問尼爾生：「今天拿到吉米大爺的賞錢了吧？」尼爾生邊開車邊搖頭晃腦：「拿了，太太，謝謝！」

瓊安的洋房

我和瓊安只是泛泛之交，要不是因為朋友凱伊，我可能永遠不會知道瓊安就住在離溫德米爾不遠處靠海的一棟舊洋房裡。

這棟殖民時期的舊洋房外表看得出往日的風光，不過如今破舊不堪，擋不住路上塵土的窗戶外經常有烏鴉盤旋，偶爾停在窗台上扯著破嗓子走音地叫著，好不淒慘。一樓入口處有個招牌：梅塔眼科診所，後來才知道醫生是瓊安印度丈夫的表親。

我常懷疑什麼人會在這裡看醫生，但倒也常看見人來人往。衣服像是幾個星期沒洗的警衛拿了根折斷的竹竿，穿著印度夾腳拖鞋大半個後腳跟踩在地上，戴著一頂不知道哪裡撿來的警衛帽子，三不五時大聲叱喝不小心誤闖舊洋房車道的路人小孩。

在南孟買，這種類似上海租界的老洋房比比皆是，昔日的輝煌歷史從歐式紅瓦斜屋頂，雕花窗櫺或是雕工細緻的陽台鐵欄杆上可以略窺一二，但是多半年久失修，遲暮黃花的感覺十分強烈。很多不知為何乾脆鎖起來，於是從破窗戶飛進去的鴿子就成了不用付費的房客。

溫德米爾隔壁就有一棟看來十分氣派的破舊空洋房，兀自站在蕭條的大花園裡，窗外爬滿灰塵密布的藤蔓，屋裡不時傳來鴿子咕嚕咕嚕的叫聲。我幻想整修後會是什麼樣子：擺個小桌子、幾張小椅子，鋪上美麗的手工印花桌布，穿著紗麗的愛爾卡從屋裡端出熱騰騰的奶茶，尼爾生腰間繫著泰米爾族的傳統沙龍，坐在花園的台階上看報紙，擦窗戶的亞莎從樓上向在花園裡的我們招手……

尼爾生告訴我他蒐集來的情報，原來屋主過世後幾名子女談不攏財產分配，甚至還有伯舅姨嬸也要來分，最後法院下令凍結產權，一直到親戚之間達成協議為止。兄弟姐妹分攤，僱了個警衛二十四小時住在空洋樓裡，除了彼此間互相防範，重要的是任何一個親戚都別想就這麼住進來占為己有。

在溫德米爾工作了四十年的門房岡古說，從有記憶以來這棟洋房就是空的，可能產權糾紛已經轉移到下一代了，卻還是沒有進展。鄉下來的警衛每天打掃自己住的小房間，心情好就撿撿路上飄進來的紙屑，不過多半時候站在大門口看人看車，任著花園裡雜草肆意叢生。

許多有人住的洋樓也是一樣幾乎完全不維護，在搬進溫德米爾後，我才從伊格保的口中知道其中原委。

孟買在一九四七年印度獨立之際訂定了《房租控管條例》，因為在印度和巴基斯坦分家獨立後局勢混亂，許多移民湧進商業首都孟買，為了照顧這些新住民，也為了防止房地產炒作，政府把房租基準定在一九四〇年的水平，並且對漲幅有嚴格的限制。

這個原來只是獨立初期的臨時條款，終究成為政客的選舉王牌，往後每隔幾年延長一次，繼續延長了二十多次，每次漲幅若有似無，這些有舊租約的房客只需每個月付幾百盧比就可以一輩子在租屋處住下來，更不可思議的是只要在這個房客過世之際有親戚同住，權利還可以就此轉移。

有報導指出孟買有三萬五千多棟樓受制於《房租控管條例》，這些樓占孟買樓房的百分之六十，是真是假不得而知，不過從外國人由於一屋難求得付天價租房的例子看來，我相信數據相差不遠。

伊格保雖然貴為王室之後，卻是《房租控管條例》下的受惠者，我們在溫德米爾一個月的房租相當於伊格保五年的房租，結果就是他自理所有裡裡外外的整修，完全不會對房東塔塔夫人提出任何一丁點的要求，加上房東也住這棟樓，大樓內外維護十分講究。

如果房客不如溫德米爾住戶自覺自愛，想當然耳屋主，尤其是不住同一棟樓的屋主，絕對不會掏腰包替得了便宜的房客粉刷維修公共區域。只能暗自禱告，希望房子早點壽終正寢，但是即使房屋倒塌重建，屋主還是有義務提供一樓住戶一個棲身之處。

於是原來混合印歐風味的美麗洋樓陷入房東不疼、房客不愛的窘境，在印度九個月烈陽和三個月雨季交替下，和街上天真活潑沒鞋穿的小孩一樣成天髒兮兮的，到最後可愛的笑臉再怎麼洗也洗不乾淨了。

洋房逐漸變成鴿子、烏鴉盤旋不去的危樓，在塵土飛揚的孟買，自有一種淒涼的浪漫。

年輕的印度朋友達瑞安在外商公司身居要職，和父母就住在南孟買精華區的一棟洋房二樓。我們首次到他家聚會時，被洋房破舊沾滿鴿子糞便的外觀嚇了一大跳，經過沒人清理的大廳走道，幾乎開始懷疑是不是走錯地方了，平日裝扮時髦、光彩亮麗的達瑞安怎麼會住在這裡？

但是在達瑞安二樓大門後卻是另一個世界：古董家具、絲質地毯、水晶吊燈，有兩個傭人、一個廚子的家裡一塵不染。每個月到國外出差幾次的達瑞安很驕傲地說，他的父母一個月付兩百盧比的房租，身為獨子的他，日後絕對不會有繼承租賃契約的糾紛！我開玩笑說房子的外觀和他的身分地位差太遠了，他卻一本正經：「外面我不管，不過裡面我們可是花了很多錢整理的，都是我們口袋裡掏出來的。這是房東的房子，不是我們的，可是房東一毛錢也沒付！」

我和凱伊提及此事時，她正好要去探訪她的朋友瓊安，於是邀我一起前往。瓊安年輕時認識了在美國讀書的印度丈夫，結了婚就跟著回到印度，南孟買的這棟洋房是丈夫的家產，瓊安和丈夫住在頂層三樓，以下全部租給親戚，收的當然是《控管條例》下一個月幾百盧比的房租。

瓊安在孟買一住就是將近半個世紀，年過七十的她，白皮膚、藍眼睛，說得一口流利的印度話，同是來自美國的凱伊因為丈夫工作的關係，在孟買居住了將近十年，和瓊安認識之後，經常做些西式餐點來探望丈夫已經去世多年的瓊安，她的兩個兒子住在美國，幾年才回孟買一趟。

離開瓊安家，我十分納悶為什麼瓊安只有一半美國血統的兒子住在美國，而百分之百美國人的她卻不願離開孟買。凱伊說瓊安擔心一旦離開，這棟位於寸土寸金南孟買的洋房就要落入如狼似虎的印度親戚手裡，尤其是一樓的眼科醫生，已經想盡千方百計要把租約改成產權。這聽來像是天方夜譚，但在印度絕對有可能成為事實。

就這樣我偶爾和凱伊到瓊安的住處，聽她們閒聊幾句，心裡著實同情這個在孟買獨居的美國老太太，凱伊似乎是她唯一的親人了。一日凱伊打電話給我，她有事不能送剛做的點心去給瓊安，派了司機到溫德米爾接我代她送去。

我上了瓊安的洋房頂樓說明來意，應門的男僕看來十分不安：「太太在房裡休息。」我留下點心轉身要走，男僕支支吾吾叫住我：「太太，可以進去和我家太太說幾句話嗎？」我有些遲疑，因為我從未單獨和瓊安相處，每次和凱伊前來，只是坐著聽她們聊天。

男僕幾乎是在哀求我了：「太太，五分鐘就好，您進去看看我家太太……」我開始覺得有事，於是跟著男僕進入我從來沒進過的瓊安房間。

窗外讓人張不開眼睛的陽光力道極強，卻無法完全穿透已經拉上的印花布窗簾，形成十分詭異的色調，天花板下的大電扇和伊格保家裡的一樣，久未上油，發出令人不安的機械響聲，似乎隨時要掉下來。

在眼睛適應了房裡的光線後，我才看見瓊安縮著身子、背對房門躺在床上。男僕輕聲叫她：「太太，凱伊太太的朋友來了。」不等回答他靜靜拉上門出去，留下我獨自站在擺滿舊式印度家具的房間裡不知如何是好。

牆上應該是瓊安丈夫的遺照，邊桌上照片裡在自由女神像前、華盛頓紀念碑下的兒子媳婦孫兒，全都含笑注視著我和在床上縮成一團、不發一語的瓊安，我只見過幾次面的瓊安。

我拉了張椅子在床前坐下：「瓊安，在睡覺嗎？凱伊今天不能來，她做了點心給妳。」她還是不作聲，我只好再說：「妳要是累了，我改天再和凱伊來。」瓊安沒有轉身，過了幾分鐘才說：「我早上去了醫院，醫生說已經蔓延到骨頭裡了。」我心頭一緊：凱伊沒有告訴我瓊安病得這麼嚴重！

瓊安背對我繼續說：「我全身都痛，要不了多久，我就會死在孟買，我在美國時從來沒有想過會死在孟買，不過現在這是我的家，不是嗎？」我手足無措，只能從背後拍拍她瘦弱的肩膀，此時她開始輕聲啜泣：「我兩個兒子都不要這棟樓了，他們是美國人，他們永遠不會回孟買，我死了以後這棟樓就是別人的了。我的僕人和廚子，他們跟了我好幾十年了，我死了他們怎麼辦呢？」

瓊安斷斷續續虛弱地說著她是如何地不甘心，這個她守了大半個世紀，看來幾乎要倒、外牆上沾滿鳥糞的洋房，眼看著就要變成別人的了。我沒有立場告訴她算了吧，只能不斷輕拍她的肩膀。應門的男僕端了兩杯水進來，放下水杯轉身前看著我不出聲說了謝謝，我幾乎要哭了。

就這樣我在瓊安的床前坐著，到底過了多久也不知道，在空氣幾乎凝固了的房間裡，我滿臉滿背的汗不停流下，一直到她睡著，才悄悄出了房間。我交代赤腳的男僕要隨時注意瓊安的動靜，他點點頭：「太太說她快要死了……」我一下子說不出話來，胡亂說了要記得給瓊安按時吃藥，其實在服侍瓊安幾十年後，他根本不需要任何叮嚀了，我告訴他改天和凱伊再來探望。

我站在瓊安大門外看來十分危險的木製樓梯上，久久不能平靜：這個大半輩子住在孟買的美國老太太，在她被宣判死刑的今天，只有兩個印度僕人和僅有數面之緣的我在她身邊，她連我姓什麼也不知道。一直背對著我，她知道究竟是誰坐在她的床前嗎？

凱伊的司機多明尼克在洋房外遠遠看到我就把車開過來，回溫德米爾的路上我腦筋一片空白，車子在舊洋房遍布的南孟買穿梭，多明尼克不停按喇叭要路上的行人閃開。我不能確定現在是不是還覺得這些洋房有淒涼的浪漫，幾乎要開始對這些像是得了傳染病似的破舊洋房生起氣來。

瓊安不久後就過世了，兩個兒子都沒能趕上見她最後一面，有沒有回孟買我也不清楚。一些外國太太在一棟大房子的花園裡舉行了追悼會，為瓊安在孟買半個世紀的歷史畫上句點。

再經過瓊安的洋房時，一切看起來都沒有改變。我回想起幾個月前那個幾乎令人窒息的悶熱午後，來自台灣的我和美國的她，因為凱伊，毫無預警在靠海的孟買洋房裡短暫交集，刺眼陽光進不了的陰暗房間，老舊的大吊扇搖搖晃晃，牆上帶著笑的照片和瓊安低低的啜泣聲，至今仍然讓我驚心動魄。

揮舞著半截竹竿的警衛依舊在瓊安的洋房車道上大聲叱喝路人，樓下梅塔眼科診所的招牌好像比以前看起來要乾淨些，瓊安丈夫的表親現在大概是屋主，不是房客了吧。

門房岡古

剛開始覺得岡古是在夾縫裡討生活的孟買人，但是很快就發現這是個錯誤，皮膚黝黑、身材瘦小、不識字的門房岡古不是孟買人，是從他州鄉下到孟買來討生活的人，他是上千萬在孟買夾縫裡求生存的人其中之一。

在溫德米爾當了一輩子的門房父親過世之後，岡古繼承父業，也把兩個兒子和女婿全從鄉下帶來，一起住在大樓垃圾房旁的一個小房間。女婿是園丁，看似高中年紀的大兒子在一家車廠當黑手，十歲左右的小兒子善吉沒上學，跟在岡古身邊學洗車。除了學洗車，善吉也學做飯，偶爾見他瘦小的身影蹲在花園一角，挑藏在廉價米裡頭的小石粒。

如此看來岡古一家三代全是房東塔塔家的長工，聽來有點淒慘，但是雇主是以從事慈善事業著稱的塔塔家族，住在溫德米爾上層社會的底層，比睡路邊強多了。

其實這個門房的工作是什麼我真的不清楚，因為大樓有二十四小時三班警衛，有一個清潔工打掃公共區域，園丁女婿負責花園。尼爾生說岡古是門房，他就是門房吧。

岡古成日在花園裡閒逛，指揮善吉洗車，偶爾幫忙女婿收拾花園，有人來洗牆、修繕大樓，他便很勤快地領人上樓來按門鈴，然後很神氣地叱喝沒來過溫德米爾的工人。

房東塔塔一家出門，或是二樓的吉米大爺下樓時，岡古一個箭步跑到大廳行禮問好。他也喜歡英國大爺菲爾，因為每次開車門大爺手邊如果剛好有零錢一定給。台灣太太沒那麼大方可是也深受他的喜愛，因為每個月去批發市場大採購回來，不似其他人家讓司機搬東西上樓，一定招來岡古把蘇打水和蔬果雜貨搬上樓，賞錢五十盧比！

岡古每天洗車一個月賺兩百五十盧比，於是尼爾生升級為站在一旁監督洗車的高級司機，領了工資或是小費岡古總是用雙手把錢捧到額頭然後鞠躬哈腰，不知是不是什麼特別的習俗，不過看起來很誠懇。

尼爾生三不五時來傳話：「太太，岡古說明天是印度節日，他要錢買個椰子和一串花。椰子在慶典當天重重摔在車子前面，花串掛在引擎蓋前方，是會帶來好運的。」我相信有拜有保佑，准！也很慶幸信奉基督教的尼爾生不在意他開的車每隔一陣子就要接受印度教的洗禮。

這個儀式第一次進行是個國定假日，尼爾生放假我們正要開車出門，岡古慎重其事捧完椰子我們上車後，他在車窗外不太確定對著我做了個照相的手勢，我趕緊跳下車，緊張的岡古面無表情站在他精心布置的車旁，和坐在車裡的英國大爺拍照留念。

岡古一年回鄉下一次，必須搭三天火車，再搭十五個小時的野雞車才能回到老家，而這個火車和野雞車都不是一趟直達的，必須轉車、等車、擠車。一日在路上尼爾生指著一輛破破爛爛七人座的箱型車：「太太，岡古剛從他的老家回來，他在這種車上兩天，車裡面擠了十五個人。然後他搭火車，買的是站票，在火車的地板上坐了三天。」

一天在車上，尼爾生告訴我岡古和他的女婿坐在花園角落的涼棚裡哭，原來岡古的女兒在鄉下生病了，可是他們沒有多餘的錢買車票回家探望。當下決定這是舉手之勞：「車票要多少錢？告訴岡古我幫他買車票。」尼爾生搖頭晃腦：「太太，不可以的，您要是幫他買車票，全溫德米爾的司機、僕人全會知道，大家都要來找您買票了，而且岡古是塔塔家的僕人，我們最好不要管。」

我著實沒有想到這一層，別人家的小孩怎麼輪得到我管！不過沒幾天尼爾生又來彙報：岡古可以回鄉下看女兒了。哈，我就知道印度雇主不似很多外國人形容的冷血無情！我拿了五百盧比要尼爾生交給岡古，就說是洗車洗得乾淨的賞錢。

許多朋友不贊成我的做法，但我還是深信，在印度與其把錢給了路邊不知是真是假的乞丐，不如給身邊看得見認識的、日子過得不好的人，至少可以確定錢是到了他們的手中，會有實質的用處。

印度過年後好一陣子沒在花園裡看見岡古，問尼爾生怎麼了，他說岡古回家過年，居然沒打電話通知大樓管理處，逾期十天才回孟買，於是被罰十天不能踏進溫德米爾半步。我大吃一驚：「那他晚上睡哪裡？」尼爾生搖頭晃腦笑了：「沒問題，太太，晚上過了十點岡古偷偷回來睡覺，天一亮就趕快離開在街上閒逛，警衛幫他保守祕密！」

像岡古這樣的人在孟買到處都是，運氣好的有個固定工作，運氣糟的恐怕流落街頭，沒臉回家見家鄉父老了。岡古一輩子在孟買的夾縫裡求生存，但是在上流社會溫德米爾有個棲身之處，還是比許多人幸運，至少我是這麼認為的。

第3部

不可思議

門鈴又響了

住孟買的特色之一是每天的任何時間，都可能有不同的人來按門鈴。

聽來奇怪，但印度在我看來是個充滿有錢人和傭人的社會，每個中產階級家庭都有好幾個傭人，所以任何一個時間到任何一個人的家辦任何一件事，是再自然不過的事了。可能是牛奶工人，可能是送信的，也可能是你上星期叫的水電工人。他們認為你的家裡隨時都有傭人，所以延遲一兩個星期才貿然出現對他們而言，理所當然。

還沒搬進溫德米爾前有一天，我在空蕩蕩的房子裡等瓦斯桶。門鈴在預定的時間內響了，我心想，說印度人沒有時間觀念都是言過其實，不是來了嗎？

開了門，兩個人站在門口兩手空空。他們指指房子裡，搖頭晃腦嘟噥一陣，我唯一聽懂的幾個字告訴我，檢查漏水。可是他們怎麼知道我在？這裡沒住人，而且只有瓦斯工人知道我會等他們啊！但是想要從這兩位大哥身上問出個所以然，恐怕比登天還難，就檢查吧。他們抬頭對著天花板看了又看，接著看也不看我一眼就走了，到現在沒再回來過。那是兩個月前的事了。

那天的瓦斯桶倒是出乎意料在預定的時間內來了，不過我對印度瓦斯行效率的信心只維持了一個月。第二次叫瓦斯等了三天，第三次叫瓦斯等了將近一個月，不過還好我們有兩個瓦斯桶，否則就要斷炊了。

可能是送報生來推銷我已經說了數十遍不要的前天《倫敦金融時報》和隔週的《英國經濟學人》週刊。他怎麼也不明白為什麼過期的報章雜誌我不要，不過是有錢人家沒事看看就丟的消遣罷了。我完完全全理解他的想法，卻不願意花全額訂他的過期刊物。

到現在我們已經是朋友了，每每他來總是滿臉笑容：「太太，您今天好嗎？」「我很好，你呢？一切都好吧？」「我也很好，剛剛喝了早茶，謝謝您。」接著我們站在門口對看了幾秒鐘。「太太，要不要訂《倫敦金融時報》？」「噢，不要。」「那麼，《英國經濟學人》呢？」「真抱歉，也不要，我們有印度報紙已經足夠了。」

我們又無言對看了幾秒鐘。「其他的外國報紙要嗎？」我嘆了口氣：「真的，我們什麼也不需要，你已經給了我你家裡的電話，還有你的手機，萬一要的話，我一定會打電話給你的。」他搔搔後腦勺，不知道是尷尬還是失望地笑了笑，搖頭晃腦嘟噥幾句印度話後向我告別：「好吧，太太，祝您今天過得愉快，咱們下回見。」

也可能是大樓擦樓梯間地板窗戶的清潔工，他已經來了好多回了。我們剛搬進來他就來報到，他告訴應門的愛爾卡：「跟妳太太說，我每天來一次按門鈴收垃圾，一個月給我三百盧比。」第二天我跟尼爾生提了這事，他暴跳如雷：「太太，絕對沒這回事，大樓每個月付他薪水，他沒有理由開口要這麼多。」

說的也對，在我們大樓住了一輩子的門房岡古——他的爸爸是前一任做了四十年的門房——每天洗車，一個月不過開口要兩百三十盧比，當我們給了岡古兩百五十盧比時，他高興得幾乎要跳起舞來。

收垃圾不會比洗車辛苦吧？我對這個清潔工有了成見，於是開始調查。鄰居的帕西族老太太告訴我：「這個人要我每天給他五塊來收垃圾，我要他滾遠一點，別再來煩我了，妳也應該這麼告訴他。」哈！原來外國人價錢加倍！大樓管理部告訴我，給他五十吧，最多一百，如果他不滿意，管理部會教訓他。

我和清潔工之戰從此展開。我要愛爾卡告訴清潔工，一個月給他一百。他先說不要，可是過了兩天在樓下花園見到亞莎，又要她來做說客，沒想到踢了鐵板，吃了亞莎一頓排頭。亞莎也教訓我：「太太，您有兩個傭人，為什麼還要花錢請人收垃圾？」

再過兩天，趁我不在時又來敲門，告訴應門的亞莎他後悔了：「隨便太太給多少，我錯了。」不料等我派愛爾卡去告訴他一個月一百時，他又說：「要妳太太給我三百。」就這麼來來回回，最後我要愛爾卡和亞莎告訴他別再來了，我們不要他收垃圾。他還是三天兩頭就來探口風，見到我時總是先低下頭，見我走遠了再偷偷抬起頭來訕笑。

結果是雜貨鋪送水來了。

雜貨鋪離溫德米爾有一段距離，礦泉水和蘇打水比別人便宜許多。聰明的老闆知道一旦和只喝礦泉水的外國人打交道，幾年的生意可是源源不絕自動送上門。

送水工人把水扛進廚房，對著我搖頭晃腦說了一堆，我只聽懂計程車費二十盧比。他接過我給他的二十盧比，經過我們可能是他全家三倍大的餐廳和十倍大的客廳走到大門口，忽然轉身又是嘟噥一陣印度話。我找來亞莎翻譯：「太太，他說要四十盧比搭計程車，外加六十盧比扛水的工錢，總共一百。」不等我會過意來亞莎接著說：「太太，我說給這個貪心的人五塊盧比就夠了，送水是他的工作，他的老闆給他錢，您不給，要不就給他老闆打電話。」我才點頭，亞莎馬上把她的決定加油添醋用印度話大聲宣布，話才說完工人來不及把二十塊放進口袋，一溜煙轉身就跑了。

亞莎不死心，馬上跑到陽台往下看。兩分鐘後，亞莎驕傲地走進書房報告：「太太，他騎腳踏車來的，什麼計程車，這種人真應該感到羞恥！」我當下笑了出來，亞莎又給了我一頓機會教育：「太太，現在您相信我了吧？不要再笑了，千萬不可以相信印度人，他們看您是外國人，整天騙您的。」我認為她的邏輯有問題：「可是妳也是印度人呀！」「是啊，」亞莎一臉正經地說，「所以我知道絕對不能相信印度人。」

隔天我把這件事告訴尼爾生，他大點其頭：「亞莎說的對極了，千萬不要相信印度人。」接著指著我剛買的一袋蕃茄：「太太，您付了多少盧比？」「一公斤十二塊盧比，真便宜。」「哈，我太太只付六盧比一公斤，下次您買東西先問我價錢，千萬不要相信印度人……」

裁縫來了

亞莎站在門開著的書房外敲了兩下門：「對不起，太太，打斷您的工作，裁縫來了。」

不管我告訴她多少次門開著，不必那麼講究敲門，更沒必要說對不起，她還是堅信女傭必須按部就班守本分。肯定是她之前工作的印度家庭立下的家規，她至今牢記在心。

話說幾天前心血來潮，反正印度人工布料樣樣便宜，就給舊沙發換新衣。

孟買布料行是我最喜歡的地方之一，每每進去不是為了買布，而是為了欣賞裡頭上百匹色彩鮮艷奪目的布料。顏色之外，還有各式各樣的織法和花樣，看它們在眼前攤開，就像是印度多彩多姿的種族、語言和文化迎面而來，幾乎要把人的感官完全淹沒。

選好布找來店員，答案在意料之中：「太太，很抱歉，現在沒貨。」「什麼時候會有呢？」店員十分殷勤找出四五件類似的布料：「您看看別的吧，不知道什麼時候新貨才會到。」在印度最好別把希望放在說不準的事上，於是我仔細選了一件類似的布料，暗自高興還好我要的是最簡單的白色。店員看了一眼想也不想：「這匹布可能不夠，您再看看別的吧。」我嘆了一口氣，既然不夠為什麼還拿給我看？不過問了也是白問，算了吧：「那麼你告訴我哪些布料足夠做我的沙發？」他欽點了其中幾匹，我滿心感激地選了一件。

在印度職場每個人各司其職，堅守崗位，絕對不會一心二用把自己和別人的工作混在一起。例如負責帶顧客看布的店員除了招呼顧客和剪布之外，其他事一律不做。選完布料店員告訴我必須自己和裁縫洽談。「裁縫會說英文嗎？」「不會。」一號店員理所當然地回答。「那我怎麼跟他溝通？」「他會帶他說英文的朋友一起到您府上，別擔心。」

於是一號店員剪好布，放在櫃檯上，由坐在裡面的二號收銀員接手算帳。接下來收銀員下巴一揚，站在他身後的三號店員馬上把列印出來的店家收據聯和布料拿到櫃檯另一頭——在那裡站著四號店員，他的工作是把已經付錢的貨品放進袋子裡。

我付了錢拿著收據走到櫃檯的另一端，把收據交給四號包裝店員，他煞有介事地把我的顧客聯和店家聯比對一番，慎重其事在收據上蓋了一個橡皮章，然後雙手奉上購物袋：「謝謝您，太太，祝您今天過得愉快。」謝謝他之後我在大門前停了下來，把購物袋和蓋了章的收據，交給坐在門口拿著一根木棍的五號警衛，核對無誤之後他替我開門，終於完成孟買大事另一件。

隔天裁縫和他的朋友在約定時間兩個小時後抵達溫德米爾，接下來一個小時之內，裁縫的朋友認定我們可以成為無話不談的異國友人，每翻譯一句話，就得穿插對我的身家調查。於是尺寸量妥，樣式搞定，一切安排就緒之後，他對我的祖宗八代也已經有了初步的認識。

「太太，明天什麼時候？」我大吃一驚：「隔夜就可以做好嗎？現在已經是下午五點了。」「不是的，太太，我是說明天什麼時候開始工作。」「噢，你們店裡什麼時候開工，我一點也不在乎，只要在一個星期內做好就行了。」「不是的，太太，」這個裁縫朋友開始認為他是秀才遇見兵、有理講不清：「我是說明天什麼時候來您府上工作？明天裁縫會帶著縫衣機來……」

於是和前一天不同的兩個裁縫帶著一台縫衣機一大早就來了。兩人大剌剌進了客廳，一點不客氣地四處張望打量，其中看來資深的胖裁縫指了指沙發，用他僅有的英文說：「這個？」我十分擔心沙發未卜的命運，慢慢地把沙發套的式樣要求再說一遍。胖裁縫一言不發，光是規律地左右晃動油膩膩的腦袋，不明就裡的人可能認為他搖頭表示反對，但是搖頭晃腦卻是印度人表示「聽見了」的方式，至於同不同意，做不做得到，則是另一回事。

胖裁縫接著脫下上衣，只穿著一件背心式的內衣。小心翼翼疊好上衣放在一旁後，他指了指客廳一角，雖然覺得莫名其妙，不知所措的情況下我機械式點點頭。小裁縫連忙把用一塊破布包著的手提縫衣機放在胖裁縫指示的地方，兩個人就這麼又是量布又是剪布忙了起來。

胖裁縫盤腿坐在縫衣機前，除了上廁所，他一動不動喀嚓喀嚓用那台看似破爛的縫衣機，竟然做出十分像樣的沙發套雛形來。兩人除了上下午各一杯奶茶，什麼也沒吃。我問亞莎他們難道不餓嗎？「太太，我們印度人只要有杯熱奶茶，其他什麼都不重要……」兩人收工前告訴愛爾卡，明天再來。

兩個裁縫來的第二天上午，門房岡古來敲門問可不可以洗陽台外牆。我已經習慣家裡好像公共場所，隨時隨地有好幾個陌生人進進出出，於是欣然答應。接著四個工人浩浩蕩蕩進駐陽台，不知道是在聊天還是在工作，就這麼待著。

我站在餐廳門口，向外看有兩個裁縫、四個工人，向裡看有愛爾卡和亞莎，覺得自己好像住在一個家庭式工廠裡。

這時門鈴又響了，大樓管理員帶了兩個工人：「太太，您家浴室漏水，滴到樓下，我們來檢查。」咦，上回來不是說餐廳漏水嗎？不過那是好久以前的事了，至今我也已經習慣不問原委，因為他們可以解釋上大半天，我還是不明白。

不多時這兩個水管工人在另一個陽台上挖了一個大洞，說是水管裂了，要打電話叫老闆來。「老闆什麼時候來？」「五分鐘。」這兩個工人放下工具靠牆而坐，所謂的老闆一個小時後來了，三個人搖頭晃腦一陣子，又要借電話：「要叫老闆來。」

我正在考慮要不要讓更多人進來之際，洗陽台外牆的工人總算完工走了，真是萬幸。好吧，來吧。這三個水管工人在小陽台上席地而坐等另一個老闆，然後說：「太太，要喝水。」這時裁縫因為是整天工，要喝奶茶，於是大家一起喝奶茶。

等了好一陣，又來了兩個「老闆」外加大樓管理員。這六個人盯著陽台上的大洞唧唧咕咕，搖頭晃腦，過了許久：「太太，明天再來。」他們再來是兩個星期以後的事了。

和這群人折騰了幾個小時之後，終於可以回到客廳看看沙發套的進度。胖裁縫很驕傲地指著已經完成的長沙發套，我豎起大拇指稱讚，卻忽然發現白色沙發套的拉鏈是……深咖啡色！我告訴胖裁縫：「錯了，白色。」他搖頭晃腦：「太太，沒問題！」我跟著他搖起頭來：「不不不，問題很大，咖啡色，不要！」胖裁縫拉一拉布邊，試圖遮住拉鏈：「看，沒問題！」我放棄了，找來愛爾卡，告訴他們白色沙發布必須用白色拉鏈，否則不付錢。愛爾卡和胖裁縫搖頭晃腦，抑揚頓挫唱歌般地討論了好一陣子，終於說服胖裁縫同意把拉鏈換成白色。

現在我坐在白色的沙發上，十分滿意裁縫的手工，也許過兩天再到布料行瞧瞧。

弟弟餓了，爸爸是酒鬼

南孟買面對阿拉伯海，二十六公尺高的印度門（Gateway of India）在一九一一年開始建造，是為了歡迎當時的英王喬治五世和瑪麗皇后蒞臨殖民地，一直到一九二四年才完全竣工。當時也計畫要開一條大馬路直通市區，但卻因為經費不足而作罷，造成今天在這個具有歷史意義，建築宏偉的印度門周遭全是彎彎曲曲的小路。

在孫中山推翻滿清之際建造的印度門在我看來簡單大方，綜合了印度教和伊斯蘭教風格，還好印度獨立後，沒有不必要的民族主義要把這個殖民時期留下的證據給拆了，如今是觀光客來孟買必到的景點，賺進不少外匯。

印度門前的廣場上總是滿滿的人，除了外國觀光客，更多的是來自印度各州的遊客，從外地到孟買來，對許多印度人來說就像是出國一樣。除了他們，還有一群手拿拍立得的小販，不管你是背著專業的單眼相機加上鏡頭腳架，還是手機或傻瓜相機，就是纏著要幫你拍張快照。我不懂這個邏輯，是認為有相機的人也許不會用相機，還是認為觀光客無論如何就是願意花錢？

除了賣汽水、賣冰棒、賣花生、賣紀念品，還有人賣超大型氣球。他們拿著一串巨型氣球亦步亦趨跟在身後：「太太，買個大氣球吧。」「不要。」他繼續說：「買一個吧，太太，大氣球，買一個吧。」「不要。」「太太，大氣球，買一個吧……」即使完全不理會，他們還是可以跟上十分鐘也不死心。

每每走在印度門前都覺得十分有趣，很想知道這些人的兜售策略究竟是什麼，也許認為死纏爛打就可以讓顧客不得不買，不過他們卻從來沒有賺過我一毛錢。我曾經坐在一旁鎖定一個賣大氣球的年輕人，一個小時之內他光是跟在外國人身後碎碎念，一個也沒賣出去。

除了觀光客和小販，還有許多在廣場上閒逛的孩子。衣著破破爛爛打赤腳的，想當然耳就是小乞丐，但是也有一些穿戴還算整齊，手上拿了一串串小花串成的手環，看到觀光客就跟在旁邊：「先生，這是我們印度的習俗，給您戴上，歡迎您來印度，這會帶給您好運的。」遇上心生戒心的觀光客，他們急忙解釋：「別擔心，我不是乞丐，您不要給我錢！」

搬到孟買不久我就明白街上很多乞丐被黑道控制，完全拿不到要來的錢，電影《貧民百萬富翁》（*Slumdog Millionaire (2008)*）裡演的是真的！在無法確認之下，我一概不給，因為我一定要知道錢到底是進了誰的口袋。但這些穿著乾淨、梳了兩個麻花辮的小女孩，究竟是誰？

問了朋友才知道她們也是被控制的，藉口歡迎或是單純地表示友善，先給外國觀光客在手腕上或是戴一串花，或是繫一條紅繩，然後解釋她們不是乞丐，不要錢。看來毫無惡意的小女孩接下來就陪著卸下心防的觀光客散步聊天，介紹印度的風俗民情，不多時自然而然就會聊到家庭狀況了。

標準的身世是「我有一個、兩個，甚或是三個弟弟，爸爸是酒鬼，媽媽跑了，我不要錢，因為爸爸會把錢拿去買酒喝，我的弟弟們已經餓肚子很久了。」外國觀光客不敢置信，張大嘴巴、看著這個手無縛雞之力的瘦弱女孩：「她爸爸真沒良心，可憐的孩子啊！」

女孩眨著無辜且泛著淚光的大眼睛：「不如這樣吧，買些奶粉和米，這樣我們就不會餓肚子了。」接著女孩就帶著觀光客到印度門廣場旁一個小巷子，進了一家髒兮兮的小雜貨鋪，開始選她們四姐弟要吃要用的東西，這點在西方世界根本不算什麼錢，可以讓這些可憐的孩子吃好幾個星期！

於是這頭心軟的肥羊二話不說拿出錢包，自以為初到孟買已經花小錢做了件大善事，心甘情願數錢交給雜貨鋪老闆，交代女孩要好好照顧弟弟，心滿意足地繼續接下來的行程。

可想而知，女孩根本沒有把這些吃的用的帶回家，一轉身再回店裡，把這些東西放回架上，運氣好店家給幾個零錢，然後回到印度門廣場上尋找下一個目標，但是可千萬要眼尖，別傻傻地找了同一頭肥羊宰！也許是父母或是親戚派她們出來，也有可能她們是黑道控制的魚餌，專釣外國人上鉤。不管這個錢到哪兒去了，反正一定不是進了小女孩的口袋！

之後每次經過印度門廣場就會留意，果真老是一些眼熟的小女孩，在給外國人綁上小花串成的手環後，跟著他們在廣場上散步，細數印度風土民情，然後消失在廣場的另一端。

一位路透社同事剛搬來孟買，我義不容辭帶著她第一次來亞洲的丈夫彼得熟悉環境。走到印度門前我還來不及告訴他這些「弟弟肚子餓，爸爸是酒鬼」的小女孩，電話響了，我站在港邊接電話，一直到講完才發現彼得不見了！我四下張望，心想他可能趁我講電話進了旁邊的泰姬瑪哈旅館（Taj Mahal Palace Hotel）去瞧瞧，於是就在原地等他。

不一會兒彼得回來了，跟著小女孩去買米、買奶粉回來了！我很抱歉地告訴彼得我沒來得及警告他，他倒也想得開：「如果妳聽說的是真的，至少小女孩也從雜貨鋪掙了幾個零錢。」

不久又有一位從倫敦來出差的同事邁克，就住在印度門旁的泰姬瑪哈旅館。我問菲爾是不是要警告這位同事，菲爾認為邁克是老路透了，派駐過中美洲的第三世界國家，給他這些建議似乎有點瞧不起人。我想想也是，於是沒有在第一次見面時警告他。

邁克離開前，我們找了幾位住在孟買的同事請邁克到溫德米爾聚餐，他姍姍來遲，一群人等了老半天，擔心他走丟了，還好最後終於出現。大家相談甚歡，一直到酒過三巡，邁克才說晚餐之前因為時間還早，就在酒店外的印度門廣場上逛了一回。大家面面相覷不敢說話：「不會吧？」邁克說他遇上了一位小女孩，在他手腕上綁了一條會帶來幸運的紅繩。我看著他手腕上的紅繩頭心想：「完了完了，然後呢？」

這個女孩帶著邁克到附近一個教堂參觀，正好裡面有活動，信仰虔誠的邁克和小女孩於是留在教堂和眾人一起禱告。出了教堂，邁克可能感覺心靈澄淨、頭頂發光，恨不得能拯救全印度的可憐人，分手前問小女孩有沒有什麼他可以幫忙的。

「千萬不要給我錢，我爸爸會把錢拿去買酒喝，我弟弟餓了，不如買奶粉吧……」

大家七嘴八舌告訴邁克雜貨鋪和小女孩設下的騙局，邁克吃驚之餘十分尷尬，竟然栽在一個小女孩手上！我問邁克花了多少錢，邁克不好意思搔搔頭：「我不會告訴妳的，我只能說，皮夾裡的錢全掏出來了，她說弟弟還是個小嬰兒，所以我買了比較貴的嬰兒奶粉。」

從那天開始，我告訴菲爾，不管是多麼經驗老到、見過世面的同事來出差，沒有例外，一定要先告訴他們這些「弟弟肚子餓，爸爸是酒鬼」的小女孩的故事！

紅包拿來

印度新年是一年當中最重要的節日，各地過年時間不同，其中全國都過的排燈節（Diwali）是眾多新年之一，顧名思義就要點許多的油燈。此時各個店家的店員，家家戶戶的傭人全出來了，蹲在地上用彩色粉末畫出各式各樣美麗的然古麗圖案，小油燈或在中心或在周圍，成日點著，讓人很有過節的氣氛。

然古麗是印度極為古老的民間技藝，節慶時置於門口或是客廳。我看見一樓鑽石商鄰居門口的然古麗金碧輝煌，每日不同，心裡十分羨慕，回家立刻問愛爾卡可不可以也在門口畫個然古麗過年。愛爾卡搖頭晃腦：「當然可以。」然後把這個差事交代給亞莎去執行。

第二天我從外面回家看見亞莎已經畫好的然古麗不禁會心一笑：早該知道亞莎住在貧民窟裡，畫出來的然古麗一定和鑽石鄰居家是不同的！亞莎的然古麗像是小孩畫的，一點也不花稍，連排燈節也拼錯，卻自有一種質樸的美感。

菲爾回家後大大稱讚了亞莎的然古麗，於是從那一天起，亞莎天天幫然古麗換花樣，愈來愈花稍，一直到愛爾卡出聲，要她不要每天花一個小時蹲在門口畫然古麗她才收斂一些。

既然是過年，當然免不了要給紅包，愛爾卡和亞莎除了一人一件新紗麗之外，也領了一個月的薪水紅包，至於信基督教的尼爾生則是得到一盒乾果，他的紅包在聖誕節。

一日我到樓下與伊格保喝茶，街上鑼鼓震天，信奉伊斯蘭教的伊格保皺起眉頭：「真是吵死人了，又不是什麼好聽的音樂，真不知道他們為什麼要這麼大聲。」我答道其實印度新年對我這個台灣人而言是很有意思的。

伊格保扶了扶眼鏡，抬眼看我：「有趣？那些厚臉皮的人來向妳要錢了嗎？」我聞言大吃一驚，他怎麼知道我們發紅包？連忙解釋錢是我們自己要給愛爾卡和亞莎的，她們沒有向我要！伊格保搖搖頭：「送信的、送報的、送肉送蛋送雜貨的，他們來了嗎？」驚！

接著伊格保照例再給我上一堂印度教育：「要是郵局的人來了，他們最壞了，要妳的僕人看清楚，送信有固定的人，不認識的別給。我一年收到一封電報，連收電報的也來要錢，有人給妳發電報嗎？」「當然沒有！」「那妳可千萬別給送電報的紅包。」

老先生嘮嘮叨叨一陣子，我也喝了兩杯茶，於是起身告辭，臨走前又把我叫住：「千萬別給這些人太多錢，我知道你們家給錢很大方的，時間不到就讓僕人回家，他們根本不需要做事還付了一大筆錢……」我跟他扮了個鬼臉後就一溜煙上樓了。

朋友打來電話，說她家大樓管理處送來一張紅包名單：祕書、管理員、水電工、警衛，紅包價格不一。她住在一個有三棟幾十層大樓的高級社區，每一棟樓都有這些人，已經付了幾十個紅包，而這還只是大樓員工！

此時十分慶幸溫德米爾只有自己一棟樓，只需給四個警衛、一個門房、門房的女婿園丁、門房早上幫忙洗車的十六歲大兒子，還有門房沒上學也沒事做的十歲小兒子，大樓清潔工，一共只有九個人！

接著送報的來了、送瓦斯的來了、送雜貨的小弟來了，這些都容易，給了紅包就打發。一日門鈴又響了，亞莎進來報告：「太太，送信的來拿排燈節紅包。」我已經考慮過這個問題了，派亞莎和愛爾卡一起出去認人！愛爾卡進來回話，平日有兩個送信的，來要紅包的是其中一人，此人聲稱他是來取四個人的紅包。

哈！伊格保已經警告我了，我再讓愛爾卡出去問來代領紅包的人：「另外二人是何方神聖？」愛爾卡再進來回話：「太太，他說另外兩個人也送信，不過我們沒見過。」至此我想不要再折騰愛爾卡了，跟她一起出去，亞莎也緊跟著在後面湊熱鬧，她絕對不會錯過過任何看人出糗的機會。

送信的英文不錯，一見到我立刻滿臉笑容：「太太，祝您和先生排燈節快樂！」「另外兩個只在新年出現的人是誰？」「哦，太太，他們是拉虎爾和雷迪。」我看著愛爾卡和亞莎，她們一臉莫宰羊：「太太，這個人是格帕爾，另一個我們認識的是馬度。」我看著格帕爾：「你讓馬度、拉虎爾、雷迪全都自己來領紅包吧，我需要認識認識他們。」他搖頭晃腦，跟亞莎要了一杯水喝後訕訕然離開。

隔了兩天格帕爾帶著馬度來了：「太太，排燈節快樂！」我給了一人一個紅包後，格帕爾說：「太太，拉虎爾和雷迪的呢？」「他們人呢？」格帕爾心虛地說：「回鄉下老家了，我們幫他們領吧。」亞莎一副看好戲的表情站在一旁，愛爾卡則決定這是個爛戲碼，這兩個人是絕對鬥不過太太的，兀自進廚房煮茶去了。

此時馬度可能是已經拿到紅包，不想再繼續下去，扯了扯格帕爾的衣角暗示他走人，但是格帕爾還是不死心：「太太，是真的，您不會不給他們紅包吧？送信很辛苦，而且我們的薪水很少……」

我知道我給了印度人會給的兩倍紅包，所以一點也不覺得需要付出額外的同情：「我一定會給，他們下回來送信時我親自給。」就這麼他堅持要幫另外兩個人領紅包，我堅持要見到這兩個人之際，愛爾卡已經把茶煮好了，端了兩個紙杯出來遞給格帕爾和馬度：「喝了這杯奶茶你們走吧，太太是不會再給你們紅包的。」然後轉向我：「太太，您的奶茶在陽台上。」

明年，會有多少人來要紅包呢？

尼克和琳娜的印度新年

住在倫敦的好友尼克和琳娜到印度旅行，從孟買到新德里前我一再告誡：不要吃醬菜、生菜等生食，吃壞肚子事小，壞了旅行興致可能怨嘆終身。不要買路邊兜售的英文書，因為真空玻璃紙包裝看似精美、價格便宜，裡面可能出現空白頁。買火車票要小心，一定要再三看清時間日期和車次，錯過了在印度新年期間可能很難再買票。

他們高高興興出發前往新德里去了，計畫停留兩天後搭火車前往齋普爾（Jaipur）過印度新年。聽說過許多警告恫嚇，他們請旅館代訂火車票，一方面省時間，再一方面德里火車站人山人海，不熟悉印度的外國人想自己去買車票，有一定的難度。

火車票到了，兩人謹遵高人指示：看了日期，沒錯；中午出發，沒錯；從德里到齋普爾，車次號碼，沒錯。坐在旅遊櫃檯前舒適的沙發上確認，一邊喝著旅館送上冰涼的飲料，這樣的安排，真是太順利了！

當天德里火車站裡裡外外一如往常，被或坐或臥的人還有他們的大包小包全面占領，尼克和琳娜背著行李寸步難行，進入萬頭攢動的大廳，好不容易穿越重重人牆找到月台，十分慶幸出發得早，否則錯過火車就糟糕了。

火車進站，跟著其他乘客依序上車，找到位子。不是旅館人員告知的四人座，是六人座，但是車次、車廂、座位號碼全沒錯，兩人也不在意，認定多半是誤會。放好行李，來了兩位乘客，大家搖頭晃腦微笑示意，總是幾個小時的車程要相看兩不厭。不一會兒又來了兩名乘客，六人面對面坐著，各自拿出飲料小吃，等著火車出發。

又來了兩位乘客，抬頭看座位號碼，低頭檢查車票，抬頭再盯著座位號碼，接著眼光轉向尼克和琳娜：「這是我們的位子。」一樣流著亞洲血液的琳娜和我英雄所見略同：「真是印度沒錯，一票兩賣，還好我們先上車坐下！」

掏出車票，日期時間車廂座位號碼，和對方的一模一樣。大家面面相覷不知如何是好，定奪生死的票務員適時出現，拿著兩造車票左看右看，轉向尼克和琳娜：「先生，太太，請下車，車票不是今天的。」

尼克揉了揉眼睛，再看一回已經看過不下數十遍的車票：沒錯，就是今天，就是這班火車，就是這節車廂，就是這兩個座位！票務員說：「請趕快下車吧，火車馬上就要開了，您的車票是明年的。」

雖然不敢相信自己的眼睛，但千真萬確是明年此時的車票！

這下子怎麼哀求也沒用了，兩人被以迅雷不及掩耳的速度趕下火車，提著行李站在月台上目送火車離站，開往今晚要放煙火慶祝印度新年的齋普爾。

拿著車票到票務室認錯：「是我們的錯，怎麼也沒想到再三檢查所有細節，卻不知要確認年份，很明顯也是開票的疏失，可以退票重新再買嗎？」不太靈通的站務員不知是懶得和外國人周旋，或是根本沒搞懂尼克的問題，十分為難。

你來我往僵持了一陣，尼克本著不屈不撓的記者精神，沒有答案絕不罷休，終於皇天不負苦心人：出了這個月台，左轉、右轉、穿越地下道、上天橋、再往左、再往右，一棟粉紅色的建築，到那裡去退票、再買票。

兩人開始無頭蒼蠅似地在人滿為患的德里火車站內四處碰壁，再問其他人只是讓路線更複雜。費盡千辛萬苦，終於抵達傳說中可以退票、再重新買票的粉紅色建築，雖然在多年風吹日曬雨淋之後，它已經不再是粉紅色。

非粉紅色建築內的大廳裡擠滿了人，還有許多蜿蜒曲折的隊伍。問清楚該填寫什麼表格、排在哪個窗口後，尼克和琳娜迅速按表操課，開始排隊，否則今天是到不了齋普爾的！排隊期間不忘再三與穿制服看似車站工作人員的過客確認：是這個表格沒錯吧？是這個窗口沒錯吧？

隊伍緩緩前進，不時有穿著制服的人，跳過隊伍，直接走到窗口，是公是私不得而知，但時間就這麼毫無疑問耽擱再耽擱。約莫過了一個世紀那麼久，歷史性的一刻終於到來，前面沒人了！

尼克遞上填寫工整清楚的表格，附上護照證件，連大頭照都準備好了以備不時之需，畢恭畢敬先認錯再解釋原委，窗口內的男人搖頭晃腦聽完被告申辯，仔細看了一眼：「先生，這個表格不對。」

尼克回到孟買敘述這段經驗時活靈活現，我們聽得津津有味，但可以想像效率至上的新加坡太太琳娜，當時一定是覺得活見鬼了。

尼克這下子怎麼也不肯離開櫃檯，不達目的，絕不走人：「這是你同事給我的表格，他告訴我在這裡排隊，過去一個小時內我問了好幾個穿制服的人，他們全告訴我沒錯，我不會離開的！」

如何死纏爛打不再詳述，最後印度大哥終於法外開恩，拿出另一份表格還令人跌破眼鏡替尼克填好資料，往外一推：「簽名。」尼克認為這和他第一次填寫的表格根本是一模一樣的，但是可以退票換當日票，二話不說畫押簽名。

菲爾認為，被退回的表格之所以不對，可能是去年印的。

言歸正傳，尼克拿到票之後再度仔細檢查，年份日期車次時間，這次全都對了，只是變成了便宜許多的三等艙慢車。罷了，再怎麼慢至少今天可以抵達齋普爾！

夜幕低垂繁星點點之際，打了場大戰累得說不出話來的尼克和琳娜終於抵達齋普爾，從前往旅館隨時要抛錨的電動三輪車內，看見遠處絢爛的煙火在宮殿式建築上方的夜空綻放，頓時忘了一天下來的荒謬和疲累，一切在此時此刻，全都值得了。

沒有被火車票打敗的兩人抱持凡事一笑置之的正確心態，遊畢齋普爾金三角，造訪了浪漫的泰姬瑪哈陵（The Taj Mahal）後，心滿意足搭機返回孟買。恪遵教戰守則不在路邊買書的尼克，到底忍不住在機場書店買了著名旅遊作家布萊森（Bill Bryson）關於歐洲的旅遊雜記，十分受教洗撲克牌般前前後後檢查了沒有空白頁，方才付錢。

等飛機、搭飛機，一頁一頁津津有味往下讀，內容是一個接著一個有連貫性的歐洲城市，忽然覺得時空錯亂了！這麼比方吧：從台北，經過台中，才能到高雄，可是台中不見了！明明在台北結束時預告台中，怎麼就到了高雄？比對頁數真相大白，其中一個章節，完完整整不多不少，憑空消失。

令人防不勝防的印度，不論如何沙盤演練，一而再再而三地反覆確認，不管是誰，終究還是要失算的。尼克和琳娜，肯定如此認為。

瓦斯桶的收據呢？

瓦斯桶的收據不見了！這可是天大的事！

話說家裡一直有兩個瓦斯桶，一大一小，大的在廚房，小的在從澳洲飄洋過海跟著我們落腳孟買的烤肉架上。在塵土蒼蠅漫天飛揚的印度，加上在吃素的印度肉質極差，烤肉的次數屈指可數，所以小瓦斯桶一直是備用，因為打電話叫瓦斯快則當天、慢則數星期，才能從距離我們住的溫德米爾大樓後門三百公尺處的瓦斯行送達。

一日我發現小瓦斯桶空了，於是要愛爾卡打電話叫瓦斯。愛爾卡在電話上和對方交涉了許久，時而平和，時而激動。放下電話她說：「太太，他們說沒有小瓦斯桶了。」「沒有是什麼意思？現在沒有？還是以後都沒有了？」愛爾卡楞了一下，再度拿起電話，和對方又是好一陣子抑揚頓挫的印度話。平日還好，但是我急著出門，完全不能理解這個問題為什麼需要費這麼大的勁跟瓦斯行說明，不停用手勢告訴愛爾卡快點。

好不容易愛爾卡放下電話：「太太，他們說以後都沒有了。」「為什麼？」愛爾卡又要拿起電話，我連忙阻止她：「算了，我讓尼爾生去問。」尼爾生對每個問題都有一個我可以接受的答案。

結果是這家瓦斯行不再供應小瓦斯桶了，雖然孟買還是有許多人用小瓦斯桶，瓦斯公司還是繼續灌小瓦斯桶，但是偏偏就是我光顧的這一家，不再供應小瓦斯桶了。很多事情在印度是不需要有原因的，也不需要追究。尼爾生說瓦斯行要我把小瓦斯桶的收據給他們，收回小瓦斯桶，換一個大瓦斯桶。

問題來了，收據在哪裡？

翻箱倒櫃找了好幾天，找到一張寫著印度文看似瓦斯桶的收據，尼爾生也看不懂。在印度，印度文是全國通用語言，多數人能說，但是各地寫下來的文字就不是人人看得懂了，比方來自南方的尼爾生能說好幾種方言，卻只能讀泰米爾文。愛爾卡拿著這張紙看了又看：「太太，這是瓦斯桶收據沒錯，不過我不清楚上面究竟寫什麼。」我不怪她，這寫得亂七八糟的紙誰看得懂啊！罷了，只好鼓起勇氣，出發前往三百公尺遠的瓦斯行。

進了瓦斯行，一股濃濃的瓦斯味撲鼻而來，還有淡淡的印度咖哩味，大概店員剛吃過午飯吧，當然一定還夾雜了一點我認為是印度人吃了大量的薑蒜洋蔥後發出特有的體味。坐在電腦前眉心點了朱砂痣的年輕人看起來知書達理：「午安，太太，有什麼事嗎？」哈！講英文的！我稟明來意，奉上我僅有的一張收據，畢恭畢敬地站在他的面前等待宣判。

朱砂痣很快看了一眼收據：「太太，這是大瓦斯桶的收據，您是想把小瓦斯桶換成大瓦斯桶是嗎？」「是的，可是我只有這張收據，你可以幫我嗎？」朱砂痣很為難：「太太，一切都得按照規矩來，小瓦斯桶的收據呢？」我很委屈地看著他：「我知道，我最不喜歡的就是破壞印度的規矩，你可以看看你的電腦裡面有沒有我的紀錄好嗎？」

朱砂痣嘆了一口氣，轉向電腦查了好一陣子，核對了姓名電話地址之後，確定我的紀錄上的確有一大一小的瓦斯桶：「太太，您明白我們不再供應小瓦斯桶對吧？」我看著地上幾個小瓦斯桶，絕望地點點頭。朱砂痣以十分體貼的眼光看著我：「太太，大瓦斯桶比較划算的，您現在開始就拿兩個大的吧！」

結論是我必須找出小瓦斯桶的收據，瓦斯行的電腦裡有紀錄是不行的，請瓦斯行高抬貴手補發一張是不行的，我立據、按血手印、發毒誓我真的把原來收據搞丟了是不行的，我請路透社為我作保以資證明，也是不行的！那怎麼辦？

朱砂痣很同情地看著我：「太太，您到法院買一張有印花的公證紙，然後在上頭寫著您把小瓦斯桶收據搞丟的細節，再把印花公證紙張拿回來交給我們。」至少是個辦法，我向他道謝後就打電話要尼爾生到法院去買公證紙。

走回溫德米爾的路上，我很驚訝自己竟然沒有對收據一事動怒，大概已經變成半個印度人了吧，再怎麼樣的官僚對我而言已經是見怪不怪。朱砂痣最起碼十分友善，身為店員的他的確也幫不上忙，如果他給了我方便，說不定就要丟工作了。

隔了兩天尼爾生買來有印花的公證紙，我用最謙卑的口吻加上最工整的字體，在法院公證紙上自我批判丟了小瓦斯桶收據的重大錯誤，因為瓦斯桶登記在菲爾名下，我附上菲爾的護照影印本，假造了他的簽名，再度前往瓦斯行。

朱砂痣看我進門很熱絡地向我打招呼：「太太，您好，喝茶嗎？」「謝謝你，不必了，這是我的公證紙和證件影印本，你就幫我把小瓦斯桶換成大瓦斯桶吧。」心裡很擔心要是還辦不成，眼見家裡剩下唯一的瓦斯就要用盡斷炊了。

朱砂痣接過公證紙眉頭馬上皺了起來：「太太，手寫是不行的。」「為什麼不行？已經簽名了，還有護照影本。」「就是不行。您必須打字。」什麼時代了誰還有打字機？朱砂痣很快地從電腦裡列印出一張範本：「還有要按照這個範本寫清楚……」我開始感到不耐：「那你為什麼不早告訴我？我沒有打字機，你說怎麼辦？你有嗎？」

範本上除了菲爾個人的細節，還要填上當事人父親的名字。內容大致為：

我，菲爾史密斯，父親為羅伊史密斯，出生於某年某月某日，在此鄭重聲明，本人於某年某月某日向貴瓦斯行訂購瓦斯桶大小各一，如今遺失小瓦斯桶收據，以上所言千真萬確，絕無將收據移作枉法勾當，懇請取消小瓦斯桶，改發大瓦斯桶……

「太太，」朱砂痣好心地把幾乎是在讀世紀奇案的我叫醒：「路邊有很多幫人寫信的打字員，您就花點錢請他們按照範本上的字打在公證紙上。」在印度寫信員是個特殊的工作，坐在一台破破爛爛的打字機前專門替文盲寫信，我萬萬沒想到自己也得去請他們寫信！我很快想好我的對策，跟朱砂痣道謝後再度離開瓦斯行。

瓦斯行外許多沒穿鞋的小孩在路旁嬉鬧，送各式各樣雜貨的送貨員熙來攘往，一個穿著紗麗的女人頭上頂了一大落的鐵桶穿梭在車陣之中。如果是個不識字的人掉了瓦斯桶的收據怎麼辦？

首先他沒有尼爾生可以幫他去法院買公證紙，那麼就是得花大半天親自去。我沒去過法院，但是可以想像肯定是必須經過重重困難，才可以找到正確的窗口，然後再跟幾十個人擠成一團去買這張珍貴的公證紙。如果他很幸運地已經有了遺失收據悔過書的範本，他只要找個路邊的寫信員。可是如果寫信員寫錯了一個字，這個不識字的人是不可能察覺的，等他到了瓦斯行發現錯誤，這個過程就得從頭再來一次……我站在路邊想這個過程，想得幾乎要失神了。

再過兩天，我拿著尼爾生買來空白的印花公證紙，進了瓦斯行，朱砂痣很熱情地問候：「太太，很高興又見到您了。」「是啊，你好嗎？」「我很好，謝謝，資料都準備好了嗎？」我把空白的公證紙遞給他：「放在你的印表機上，把範本直接印在這裡，然後我拿回家給先生簽名。」朱砂痣大吃一驚：「不行的，太太，您得去找寫信員。」我說什麼也不肯，我知道這麼做朱砂痣不會丟工作。就這樣來來回回僵持了十多分鐘，他終於投降，把我的第二張公證紙放進他的印表機，印出完美無瑕的遺失收據悔過書！

我拿了悔過書離開瓦斯行，在瓦斯行轉角處再度假造了菲爾的簽名，站著看了一會兒路上的車水馬龍之後，再度進入瓦斯行：「先生簽名簽好了。」朱砂痣很仔細地檢查了所有的細節，終於宣布：「太太，這個紀錄我會放進電腦裡，明天就把另一個大瓦斯桶送到您府上。」我的收據呢？朱砂痣笑著露出一口白牙搖頭晃腦：「哦，太太，已經電腦化了，全在電腦裡，不需要收據了……」

一出瓦斯行，我給愛爾卡打電話：「麻煩妳現在就煮奶茶好嗎？我馬上到家了！」

帕西糕餅店的奇幻之旅

離開孟買幾年後因為菲爾出差，再度回到這個讓我日思夜想永不停歇的喧鬧城市。我在車水馬龍的市中心漫步，享受喇叭聲、叫賣聲和隨時隨地毫無距離感的擁擠，大口呼吸孟買空氣中混雜著香料、咖哩還有一點垃圾的特有氣味，無來由覺得感官再度因孟買而復活。

此時菲爾已經結束離開孟買後在北京四年的北亞總編輯職務，再度返回印度的班加羅爾（Bengaluru）擔任路透社南亞總經理。

正當我準備進入這家招牌寫著一九五〇年開始營業的帕西糕餅店歇歇腳，一輛黃黑相間的計程車在我面前停了下來，後座出來的年輕人開了前座的門，費盡千辛萬苦把一位行動不便的老先生扶下車。

是個念舊的帕西族老先生來喝茶了，我想，於是站在一旁等他們花了好幾分鐘緩步爬上兩層階梯，進入店內後我才隨後進去。老先生已經坐在櫃檯後的椅子上微微喘氣，原來是店家的長輩。

老先生眼光隨著我入座，或許這樣東亞臉孔的外國人不常出現在他店裡吧？他伸手巍巍顫顫拿起一個塑膠容器指著我的方向，扶他下車的年輕人連忙接過放在我的桌上，是一盒挖了一半的奶油，上面有些麵包屑，在孟買的熱氣中奶油呈現半融化狀態。

我點了店裡的招牌，一個西式餐包橫切後抹上厚厚的奶油，再直切三份，麵包裡有零星幾顆葡萄乾，加上一杯奶茶，三十五盧比。老先生多半是要我多抹點奶油，才給了我那盒挖了一半的奶油。是他專用的嗎？

雖然納悶，我朝著他點點頭致意，櫃台旁一個中年人和老先生說了幾句話後，也對著我微微點頭後離開，可能是父子老闆，但這個老先生怎能坐櫃台？他連路都走不穩！

老先生打算站起來卻無能為力，已經開始在店裡幫忙的年輕人看來有幾分無奈卻連忙過來攙扶，把他移坐到我的對面。這時我的奶油、麵包、奶茶來了，老先生對著送茶來的男人說了句難懂的話，看他舉止言談，我猜他可能曾經中風。男人轉身打開一旁裝了餅乾的玻璃立櫃，拿出一小塊餅乾，老先生點點頭，男人把餅乾放在我的盤子上：「這個送的。」

「妳從哪裡來？」老先生開口問。「台灣，可是我現在住在班加羅爾，以前住在南孟買，離這裡不遠。」也許很開心我住在印度不是遊客，他笑了笑：「什麼名字？」我告訴他，他看著遠方繼續說：「我有帕金氏症。」我一時不知怎麼回答，尷尬地吃著奶油麵包，奶茶太甜了。

他又招手叫年輕人拿來一個塑膠袋，然後從裡面拿出一本孟買藝文表演中心的節目表：「我要去聽音樂會，妳喜歡這個作曲家嗎？」我不明白他究竟想說什麼，被動地點點頭，告訴他我知道那個表演中心：「那裡有許多很好的音樂會。」

老先生很滿意地伸出手來要握手，我趕忙也伸出手來，想起溫德米爾的伊斯蘭王子伊格保。

老先生又要換位子了，年輕人過來攙著他回到櫃檯，我的視線一直跟隨。他打開抽屜，花了許久時間找出一張起了毛邊的紙，又要回來坐在我的對面。一個稍微年長的店員對他說了幾句印度話，我猜是要他不要打擾這位客人，但是老先生執意要再回來與我同坐，誰也奈何不了他。

坐定後，他把這張歷史悠久、折了又折的紙推到我的面前：「妳讀一讀。」是打字機打出來的幾段文字，才開始看，他又開口了：「唸給我聽，大聲一點，我耳朵不好。」於是我開始了，以下為約略翻譯：

我還是個童子軍的時候去過泰姬瑪哈陵，年輕時又去了兩次，但我從來沒見過月光下的泰姬瑪哈陵。上個星期我又去了一次，看見月光下的泰姬瑪哈陵，她是如此美麗，我彷彿被人狠狠擊中一拳，怔怔地看著月光下的她無法動彈……

店裡兩個店員忽然在一角說起話來，老先生大吼一聲要他們安靜後轉向我：「繼續唸，大聲一點。」

直到我的兒子拍拍我的肩膀，我才發現一群人站在我的背後，我的孫女推著輪椅帶我進入泰姬瑪哈陵……英國永遠無法從我們這裡拿走的一顆鑽石就是她。

我花了很長的時間，一字一句、清清楚楚、慢慢在他面前讀完，他僵硬的臉上擠出一絲笑容，掙扎著起身重複一次慢動作返回櫃台，拿了一張白紙再回到我的對面坐下，把紙筆推向我：「寫下妳的感想。」

在一個孟買午後，我坐在這個有六十年歷史的糕餅店，讀了一篇我讀過最好的泰姬瑪哈陵文章。我和坐在我對面的作者，渡過了一個愉快的下午。

老先生費盡千辛萬苦從襯衫口袋拿出老花眼鏡，很明顯除了移動位置他不要任何協助，因此沒人靠近幫他。他戴上眼鏡，讀完我寫的幾個句子，滿意地收好紙筆，沒頭沒腦冒出一句：「妳要不要和我去玩滑翔翼？」

這會兒我是完全無法理解了，直到年輕人過來翻譯，才知老先生會以高價請教練帶他飛一飛過癮，問我要不要參加？年輕人英文十分有限，我無法確定他說的是多年前還是現在。驚訝不已的我雖然想親眼目睹，但因為另有安排只能婉拒。在印度什麼事都有可能，即使經過多年，令人驚訝的事還是一直出現。

老先生巍巍顫顫回到櫃檯接手收錢的工作，我的視線自始至終沒有離開他，店裡的客人看來許多是常客，吃完麵包、喝完茶，他們把錢交給老先生，告訴他需要找多少，一點不著急等著他慢條斯理算錢找錢。

輪到我了，我拿好三十五盧比省得他費工夫找錢，他把我的手推開，嘴裡嘟噥了兩句話，在他身旁年長的男人不作聲轉身走開。再回來時手上拿了塊小蛋糕遞給我：「這個免費，三十五盧比他也不要。」

離開後，走在南孟買市中心滿是人車叫賣小販的街上，感覺彷彿做了一場不可思議的夢。

幾個月後我再度隨著菲爾出差回到孟買，照例漫無目的在街上閒逛，空氣中瀰漫著熟悉的味道：一點點印度香料，一點點油炸小食，一點點發臭的垃圾，一點點女人頭髮上的茉莉花香，混在濕熱的空氣中彷彿鴉片似地把我纏住。

經過大排長龍、剛開幕不久的星巴克，有警衛拿著警棍把關的自動門開關之間，屬於印度上層社會的咖啡香氣和諾拉瓊絲（Norah Jones）緩緩的低聲吟唱，隨著陰涼的冷氣飄了出來。我站著吹了一陣子冷氣看了一回進進出出的人之後繼續向前，才想著要不要到帕西糕餅店看看老先在不在，一轉眼已經在店門口了。

天花板下的大吊扇咿咿呀呀轉著，沒有達到涼爽的效果，倒是把糕餅的甜味加入已經味道太多的空氣中。老先生獨自坐在一張桌子前專心地看著一本帳簿，顫抖的右手拿著一支筆，彷彿是要讓目光能夠跟上。

坐在櫃檯的店員——事後知道是老先生的外甥——見我微微點頭，應該對幾個月前來和老先生喝茶、聊天、唸文章的東亞臉孔女人還有印象吧？他往老先生方向出了聲，老先生抬起頭試著對我微笑沒有成功，只能挑起一邊嘴角，是小孩看了要害怕的笑容。我上前與他握手，在他對面坐定，照例點了奶油麵包和奶茶。

他的狀況和幾個月前一樣沒有改變，我一邊喝茶、一邊看著他逐行對帳，也不知道他是懂還是不懂，倒是有模有樣按著計算機，偶爾在帳簿上畫上一筆眉批似的。待他告了個段落，抬起頭來又對我一笑，掙扎著想說話沒有成功。

年輕人過來翻譯：「今晚要不要去俱樂部吃飯？」我搖搖頭：「這回在孟買的時間還是太短了，已經有別的計畫。」老先生又嘟噥了幾句，年輕人繼續翻譯：「明天這個時間，太太您還來嗎？」我點點頭，老先生滿意地露出扭曲的微笑。

隔天再度進到店裡，老先生似乎有備而來等著我，在準備好的小紙條上寫呀寫，年輕人過來翻譯：「太太要不要去打網球？」收到這個連走路都走不穩的人的打球邀請，實在是太超現實了！可能他認為上次邀我去玩滑翔翼太驚人，這次換成地面活動？我無法控制笑了出來：「不了，我不會。」

吃飯時間已過的午後，店裡沒什麼人，店員們看著我們兩人互動笑成一團。老先生露出捉狹的眼神，純粹是娛樂自己也娛樂他人吧？他顫抖著掏出一張皺巴巴的十盧比紙鈔交給年輕人，年輕人再回來時手上拿了一份報紙，看報時間到了。

老先生忽然又從口袋裡掏出一個塑膠袋往我面前一推，我摸了摸袋子裡完全軟掉的糖，不能決定要不要拿出一顆。就這樣坐著過了一陣子，老先生腳步不穩由人攙著回到櫃檯，專心看起報紙來了。

我喝了第二杯茶，印度人的午睡時間到了，年輕人在糕餅店後方打開一張躺椅，拉著老先生往後走去，安頓他躺下休息，在他的眼睛上蓋了條小毛巾，自己就坐在他的腳邊玩起手機來了。

下次再見，我想。

第4部

彩色印度

奇妙的印度新聞

我喜歡讀印度報紙，雖然嚴格說起來，許多印度記者的新聞寫作或是英文造詣令人不敢恭維，不過報上有許多令人嘖嘖稱奇甚至噴飯的新聞，就像是毒品一樣，讓我不得不看。每天早上我坐在陽台上，喝著又甜又膩的奶茶，一邊琢磨某一則報導應該怎麼寫，但更多時候純粹是在享受這個奇妙的印度世界。

住在孟買很久，才知道《印度時報》（*Times of India*）平日兩塊半盧比，星期天三塊，這絕對是物超所值！

一日報紙斗大的標題：「孟買是全世界最不適合居住的城市之一！」仔細讀完，天哪，在這個全球調查中，從飲水、衛生、房租到公共設施、人文素養，孟買樣樣不及格，差不多是死當的地步，的確不適合人住！

不過再想想，愛爾卡在廚房裡，馬上就要端上一杯熱騰騰的奶茶，然後把一塵不染的廚房繼續擦得亮晶晶，接著出去買菜，下午準備晚餐。亞莎正在給已經黃澄澄的銅器打蠟，接著要掃地、拖地、擦窗戶、燙衣服。尼爾生去繳電費，之後回到樓下等著我隨時可以出門。如果不出門，可以到樓下和伊格保王子喝個茶，談談他的皇室點滴。

從小就被教育必須自己做家事，認識的朋友全和自己一樣是尋常老百姓，我怎能說孟買不適合人住？孟買的硬體大環境的確有待改進，但我深信魚與熊掌不可兼得是亙古不變的道理，所以真不適合人居住嗎？平心而論，有待商榷，而對我這個懶人，滿適合的！

過了幾天，同一家報紙又登了另一項全球性調查，當然又是斗大的標題：「笑吧！我們是全世界第四快樂的民族！」嗯，這倒是有道理，至少我在孟買街上看見的人，不論男女老少，有錢沒錢，大多數全都是一口白牙笑嘻嘻的。頭條下面還有個小標題：「不適合人住又如何？印度的快樂指數比英國和加拿大還高！」哈哈，拿兩個大英國協的第一世界國家來比，肯定沒錯！

我弄不清楚孟買人究竟是聽天由命或是天生樂觀，但是不管是前者後者，他們倒是從英國人那兒繼承來一些自娛娛人的幽默感。

有一天愛爾卡來問：「太太，晚上要吃紅豆泥、黑豆泥還是綠豆泥？」我放下報紙自己在心裡嘆了一口氣，如果非選不可的話：「黑豆泥吧。」印度人餐餐要吃的各式豆泥當然有它們的名字，不過愛爾卡在教育我一陣子之後很快就放棄了，這個台灣人對豆泥有天生的排斥感，用顏色來分辨就行了，不必記住名字。

其中綠豆泥是真的用綠豆做的。沒錯，就是台灣人夏天當甜點的綠豆！這個印象中一定是加了薏仁、麥片和冰塊的綠豆湯，換了場景在印度被煮的稀巴爛之後，加上薑、蒜、洋蔥、蕃茄、香料，此時已經不是綠色的了，在我眼中是髒兮兮的泥巴色，顏色不對、味道不對、口感不對，我吃過一口之後就發誓絕不再吃第二口。

當晚我向菲爾重複著我說過數十遍「印度人完全不知道該怎麼煮綠豆」時，他告訴我一條今天的新聞。印度某個鄉下，有個人跟太太吵架後就住在樹上，已經好幾年了，當記者去採訪他時，他說看他可憐的鄰居偶爾會煮點豆泥給他吃，反正這個豆泥比他太太煮的要好吃多了，而且鄰居不介意常給他煮豆泥，所以就這麼在樹上住下來了。

為了好吃的豆泥住在樹上？從此我開始注意有關樹的新聞。一日報紙標題：「學生從樹梢保護總理安全！」咦，難不成這些學生也喜歡鄰居的豆泥？這標題倒是下得好，深得我的贊許，因為立刻吸引了讀者的注意力，一定要讀！

這樣的文章自然是要配上照片的，照片裡一個中學生爬到樹上看來是在站哨，說明是：「總理的安危操之於孩子手中。」原來印度總理要出訪某個鄉下地方，由於近來恐怖攻擊事件時有所聞，當地警方於是在總理蒞臨期間，以每天一百二十盧比的價錢，僱了二十個中學生，分別坐在總理預計經過的樹上盯梢。

文中訪問了一個當班的十年級學生達斯，他說警察告訴他們爬上樹後要小心躲好，如果看到可疑的人事物，立刻用力搖晃樹枝，提醒在附近的警察。一個受訪的當地居民說：「我們的警察都是中年人了，而且個個都有啤酒肚，怎麼可能爬樹？」所以他們就找靈活的學生爬上去盯梢，平時早上十點到下午一點半，吃過午飯三點再繼續到晚上十點。星期六比較輕鬆，早上十點到下午三點就夠了。

我樂不可支自己大笑起來，亞莎好奇過來問我笑什麼，我很快說了這條新聞，亞莎翻白眼嘆了一口氣：「印度警察真丟臉，我最討厭他們了，只會在我們住的地方欺負我們。」亞莎念念有詞走開，我接著讀，希望這條新聞永遠不要結束，最好可以讓我讀一整天！

這個追根究柢的記者面面俱到，顧及新聞平衡，雙方都得採訪。當地一位負責總理到訪安全事宜的行政官員表示，當地警察不知道這些孩子是學生，所以才僱他們當臨時工。這個官員接著說，在一個學生打盹從樹上跌下來以後，當地警察馬上接到指示，現在已經把所有的學生從樹上撤下來！

這樣日復一日，我津津有味讀著各地的奇聞軼事，多半令我撫掌大笑，但偶爾也會令人心酸不已。

一日讀到一則特稿，是關於坐在路邊專門幫文盲寫信、面前擺了一台古董打字機的寫信員。這是一項極為特殊的行業，因為印度有許多文盲在城市裡工作，他們跟鄉下家人聯絡的方式就是找個識字的人寫信，因為老家是連電話也沒有的，即使有，即使打電話不貴，郵票總要比電話費便宜多了。

這篇特稿裡提及寫信員的操守，就是他寫過的信件內容，全部會跟著他進墳墓，不會透露半個字給任何人。生活稍稍過得去的人當然不需要這種服務，因為打電話是輕而易舉的事。在城市夾縫裡生存的人，在把微薄的薪資寄回老家之後，附上一封信，問候家人，交代不要亂花錢，要家人不要為自己操心，一切都很好。

偶爾有些到城市尋夢卻淪落為阻街女郎的鄉下女孩來寫信，寫信員甚至會不收費寫下她們在故鄉家人面前編織的故事：「我在一個寶萊塢片場找到工作了，經常為一些大明星伴舞。」最後還是同樣一句：「不要擔心我，一切都很好……」

這些信極有可能是寄到老家某個寫信員的家裡，因為收信的家人也不識字，讀了信之後，再口述回信，寄回給城市裡的寫信員。

從此每每經過坐在路邊的寫信員，心裡總有一種特別的感覺，也說不上來是什麼，不過當他們面前坐了一個衣衫襤褸或是一臉疲憊的顧客時，那麼我很清楚那種感覺是心酸了。我相信寫信員有一定的操守，但是要求寫信的人，完全不知正在振筆疾書的人，是不是真實寫下他說的話，或是他苦思多日想出來讓家人不擔心的善意謊言。

如今我已經學得不再為這些事感到有罪惡感了，我繼續強迫口語英文流利但完全不識字的亞莎每天認幾個英文單字，繼續到納格帕達教貧民窟的孩子幾個英文字母，也許有那麼一天他們其中一人不會需要寫字員，那就夠了！

史特安德書店

南孟買市中心一條綠意盎然小街上的史特安德書店（The Strand Book Stall）可能不到十坪大，進門後四面牆從地板到天花板都是書，地板上也是到處成堆的書，不知是等著分類還是因為書架上放不下了。

我覺得是後者，因為在我看來這書店裡的書根本沒有分類可言，肯定是看似認識英文字母的店員隨手往任何有空間的架子上一放。這些穿著西式襯衫的店員在小小的書店裡有好幾個，或坐或站分布在各個角落，多半是怕有人拿了書就跑，我想。

靠大門處有張小書桌，桌上也是堆滿了書，戴著眼鏡、長相斯文的收銀員總是微微笑著，拿著一個小計算機在他面前只剩三本書大小的桌面空間，替坐在面前的顧客結帳買單。然後一個看來像是沒上過學，穿著傳統白色印度衣褲的中年人默默拿個塑膠袋把書裝好，接著提著袋子走在顧客面前去打開大門，把袋子交給顧客後微微哈腰送行，再走回小書桌旁站著。

漸漸地，和印度許多事情一樣，在這個看似雜亂無章的書店裡我找出了一點邏輯。書店右手邊盡頭的角落是印度作家的書，前方則是旅遊書。左手邊是經典西方作家，例如莎士比亞、詹姆士・喬伊斯，中間進門處是些當代暢銷的硬皮書，後方則是工具書。上了狹窄的樓梯，二樓堆滿了藝術、攝影、食譜，還有兒童書。

這些書在他們各自的範圍內究竟如何分類上架，我至今還沒理出頭緒，不過可以確定的是肯定不是按照字母排列的。

搬到孟買前我從未讀過任何印度作家的書，到了之後經朋友介紹讀了帕西族作家米斯崔（Rohinton Mistry）的《微妙的平衡》（*A Fine Balance*），才讀到一半我中邪似地馬上到史特安德書店，站在書店右手邊最盡頭的角落，把架上所有米斯崔的書全搬到小書桌上。

管帳的店員——不久之後成為朋友的史諾伊先生——抬眼從眼鏡上方看著我，帶著讚許的眼光微微笑著：「太太，您喜歡米斯崔？」

那是個安靜的下午，書店裡沒什麼顧客，由於雨季即將結束，不再是嘩啦啦整天的傾盆大雨。經過幾個月的大雨清洗，空氣中少了垃圾的腐臭味，太陽甚至露了臉，午後的陽光從窗外樹葉間爭先恐後進了書店，洋洋灑灑落腳在史諾伊先生擺滿了書的書桌上，不知怎麼地讓人覺得信心十足。

此時的我初到孟買，對一切事物充滿熱情，立刻把我讀了一半的書在史諾伊先生面前做了心得報告，外加班門弄斧對孟買下層社會生活的看法，史諾伊先生一邊聽、一邊搖頭晃腦很欣慰地說：「很好，太太，非常好。」

《微妙的平衡》一書主人翁是一個住在孟買窮困的帕西族女人和她的三個房客，包括了從鄉下來的大學生和屬於賤民階層的裁縫叔姪二人。故事就在這四人之間打轉，生動而真實地描述在這個有兩千萬人的城市裡討生活的窘境。我絕非多愁善感之輩，但在讀這本書時，我幾度放下書深呼吸幾口之後才能再繼續。

史諾伊先生在他看來幾乎要壞了的計算機上算好了總數：「太太，米斯崔還有幾本書我們現在沒有，您有興趣的話過一陣子有空再來，我們會把所有米斯崔的書給您全部找來。」

一個星期後再到史特安德書店，史諾伊先生很熱情地招呼我：「太太，真高興再度見到您，您上回沒買到的米斯崔的書全來了，看看吧。」就這樣我成為史特安德書店的常客，各個角落的店員見到我總是點頭微笑，然後讓出他們的板凳：「太太，坐著慢慢看。」

這就是孟買的魔力了，這樣一件事可以把之前令我髮指、血壓升高的好幾百件事一筆勾銷。

史特安德書店裡的書各式各樣，史諾伊先生在店裡沒什麼顧客時會離開他算帳的小書桌，站在我身邊跟我介紹他喜歡、認為有價值的書。一次他從成堆的書裡拿出一本關於印度電影歷史的精裝書：「太太，這本書已經絕版了，昨天我們剛拿到十來本，好書。」於是我買了五本，送人自用兩相宜！

一日在報上讀到了一部電影《水》（*Water (2005)*）的評論，敘述的是印度寡婦的生活，場景在瓦拉納西（Varanasi）。根據印度古老的傳統，丈夫過世後的寡婦全部住進類似修道院的收容所。在現代的印度社會這個習俗已經極為少見，不過當時的寡婦必須理平頭，過著深入簡出的生活，外出時必須避開人群，因為她們是不吉利的象徵。

在電影拍攝完成之後，一位著名的女作家把電影寫成了小說。想當然耳我讀完這篇報導立刻驅車前往史特安德書店，進了門往右手邊的角落衝，無奈在幾百本書中就是找不出這本根據電影寫成的小說。站在一旁的店員觀察一陣子之後，很清楚我是在找某一本特定的書：「太太，能告訴我您在找什麼書嗎？書名是什麼？作者是誰？」

側著頭找書的我幾乎要扭到脖子了：這是印度，客服的觀念幾乎不存在，這個店員居然在我發問之前問我要找什麼書！我所去過各國的書店從來沒遇過這種事，而且立刻慚愧起來，我以為他只是個懂幾個英文字母的店員！

我告訴這個向來笑容不多的店員，我要找一本根據一部電影寫成的小說，電影名字叫《水》。他若有似無地微笑：「太太，作者？」我愣住了：「不知道，是個印度女作家。」他不發一語默默開始在書架上搜索，一本又一本拿出好些個書名裡有「水」字的書，全不是。

他在雜亂無章的書牆上找了好一陣子徒勞無功，忽然抽出一本書來：「太太，你喜歡米斯崔的書是吧？這也是個帕西族的作家，您可能會喜歡。」我接過來翻了幾頁，道謝之後拿著書走向史諾伊先生的小書桌，接下來幾個星期我把這個作家所有的書全買了。

一日我又站在書牆前側著頭找書，有人拿了一本書毫無預警地往我眼前一擺，硬生生擋在我和書牆之間：「太太，我想這是您上回要找的書。」我接過一看，封面果真是電影裡被理了平頭的小寡婦！我看著要笑不笑的店員：「謝謝，就是這本！」他的笑容多了一些：「沒問題，太太，不過司德瓦（Bapsi Sidhwa）不是印度人，她和米斯崔一樣也是帕西族的。我想您可能也會對她的作品感興趣。」

不等我回過神來，他從書架上熟練地抽出好幾本在不同方位中司德瓦的書遞給我，再把一個板凳往我身邊推，用眼神示意我坐下，然後一言不發又回去站在他在牆角的老位子。

就這樣我在史特安德書店度過無數令人透不過氣來的孟買盛夏午後，書店裡超強的冷氣中瀰漫著新書夾著舊書的味道，買書的人、算帳的史諾伊先生、默默幫客人找書的店員，沒有人提高聲調總是輕聲細語，和門外喧囂的街頭形成強烈的對比。

某次出國回孟買後，不知為何兩個月沒有踏進史特安德書店，再度進入書店時史諾伊先生吃驚地看著我：「太太，好久不見，我們還以為您離開孟買了！」我們輕聲寒暄，彷彿是多年不見的老友，之後我照例前往書店後方定位在印度作家區。不愛笑的店員向我微笑示意，我則報以搖頭晃腦。他轉身從書架上拿出一本書：「太太，這個作家不是帕西族的，不過他的文風類似米斯崔，我想您會喜歡……」

孟買，教我怎能不愛妳？

伊爾凡的印度神像

第一次見到伊爾凡的印度神像是在朋友家裡。

一進《華爾街日報》記者約翰家，他立刻帶著我們進了書房，指著書架上的兩個石雕佛像頭很得意地說：「剛買的，至少有好幾百年的歷史。」約翰的韓籍太太智陽皺起眉頭重申立場：「我們韓國人不喜歡砍下來的頭，約翰居然還想把他們放在床頭櫃上，想都別想！」

幾天後我獨自依照指示，在賊市（Chor Bazaar）裡找到坐在小店門口和鄰居聊天的伊爾凡，年輕高大的伊爾凡一口流利的英文，一聽我是約翰的朋友，十分熱絡帶我進了他只有三人寬度的狹長店面。左右各一尺寬的架子上全是沾滿厚厚一層灰的小東西，從印度神器到刻了英國皇室徽章的鐵質大鎖，很多一看就知道是工廠大量製造再泡到化學藥劑裡仿古的。

深而長的店面盡頭是個小房間，擺滿石雕的印度眾神，有些缺手缺腳，還有好幾個佛頭。伊爾凡開始敘述各個石雕的歷史，我半信半疑，不過很快看上了一座斷了一隻手的石雕印度女神像，長相兇神惡煞：「她是誰？」

伊爾凡不可思議地看著我：「太太，您不知道她是卡利（Kali）？虧您還住在印度！」我不好意思吐吐舌頭，跟這個長相嚇人的卡利女神像一樣：「我才搬到印度不久，只認識象神，你告訴我吧。」

伊爾凡叫小弟買來一瓶可樂，我坐在滿是蒼蠅的路邊小板凳上汗流如雨，他給我上了印度神話另一課，我在回家的路上停在史特安德書店買了本有關卡利的書。

有四隻手的卡利斷了一隻手，手肘以下的斷手很可憐地靠在牆角，伊爾凡說：「沒問題，太太，我修一修保證沒人看得出她的手斷過！」伊爾凡言出必行，三天過後我再到賊市迎接六肢完整的卡利回家，成為菲爾在孟買的第一個生日禮物。

網上有一篇文章討論卡利到底有幾隻手，印度網友各說各話，卡利到底有幾隻手我認定是不可考，但多數意見是四隻手，最多則有十八隻。其中有人引經據典之後一本正經寫下：「這完全看作畫或是雕塑的藝術家心情而定。」此時的印度，讓我會心一笑。

印度眾神多半是因為要打擊惡魔拯救世界而產生，卡利也不例外。有一說是戰神之母杜佳（Durga）在大戰惡魔羅乞多毗闍（Raktavija）時，用她各式各樣的兵器砍傷了羅乞多毗闍，怎知每一滴從羅乞多毗闍身上滴到地上的血，居然立刻複製成另一個克隆惡魔！

說時遲那時快，杜佳毫不猶豫從她的眉毛衍生出驍勇善戰的卡利，為何從眉毛衍生出來谷歌令人失望沒能給我答案，不過毀滅之神卡利大開殺戒戰勝惡魔後，高興地手舞足蹈欲罷不能，接著卡利極具爆發力的舞蹈幾乎要摧毀這個剛從惡魔手中拯救出來的世界了！

濕婆神見狀奮不顧身躺在卡利腳下，終於拯救世界免於被卡利踐踏摧毀，當卡利發現她居然踩在濕婆神身上時，驚訝地伸出舌頭，這就是為什麼卡利的畫像或是雕像總是吐舌頭，踩在濕婆神身上。

目光赤紅的卡利膚色黝黑，代表黑暗、毀滅和死亡。一手拿著一把大刀，象徵萬能的知識；一手提著一個她剛剛割下惡魔的頭顱，代表凡人無知的自我。我一邊讀一邊讚嘆不已：說得真好！另兩隻手則張開庇佑她的信徒，其中之一捧著一個小碗，用來接著這個惡魔頭顱流下來的血。卡利脖子上有串用一〇八個骷髏頭做成的項鏈，腰間圍著她砍下來敵人手臂做成的圍裙。

我屏氣凝神讀完卡利的傳說：真是太了不起了！伊爾凡領我入了印度眾神的大門，也開始了我們幾年的賊市情誼。

卡利進駐溫德米爾後的週末，我和菲爾照例到賊市報到，伊爾凡問我們要不要到他的倉庫看看，於是我們跟著他穿越街上賣喇叭、賣舊木頭、拆汽車的重圍，進入洗衣店旁鐵捲門拉下三分之二的店面。

伊爾凡把鐵門往上拉了一點，我們彎下腰跟著他鑽進去，牆角幾隻看似老鼠的動物一溜煙從鐵門旁跑了。伊爾凡神閒氣定轉身把鐵門拉下一點，啪啪啪打開天花板上的大日光燈，霎時我們彷彿進入了阿拉丁的世界：沒有窗戶的大房間裡，擺滿了各式各樣的石雕木雕，兩個工人坐在半開的鐵門旁修補石像。

伊爾凡的神像來自印度中部的神廟，下了火車還得開好幾天的車才能到達的荒郊野外。伊爾凡說他在當地有些關係，找到這些沒人管的神廟的當地農民會和他聯繫，或是他親自去取貨，或是有人會送到孟買來。我要他下回去取貨帶著我一起去開眼界，他滿口答應，不過可想而知是不可能的。

我猜這肯定是極度不合法的行為，但是印度政府無力保護，多半也不想管到處都是的神廟，幾百年的歷史算什麼？全印度放眼望去，多的是幾千年老的神廟！於是這些神廟在人跡罕至的印度鄉下就這麼被解體了。

我們要他小心別被逮著了，伊爾凡老神在在：「我不是隨便帶人到倉庫裡來的，再說你們這些外國人買了之後，保存得比印度政府還好，不見得是壞事。」我自欺欺人認為他這個歪理其實還是有點道理的，我想哪天印度政府蓋好了像樣的博物館要我交回卡利，我一定會雙手奉還，至於現在，還是讓卡利跟著我們吧。有一次參加一個聚會，倫敦《泰晤士時報》的記者大聲批評印度非法古董買賣，我十分心虛不敢開口趕緊走開。

伊爾凡說他是讀商的，從他做生意的態度方式可見一斑，不過就算是我們熟識之後，怎麼進入這個買賣神像的行業他總是含糊帶過。熟了之後他不再稱呼我們先生太太，讓人感覺十分親切，常常給我們看手機裡兒子的相片。

賊市裡的伊爾凡喜歡討論世界大事：「我喜歡和你們這些記者聊天，太有意思了。我最討厭古董掮客上門，不過沒辦法，我的東西只能賣給他們再轉賣到歐洲。」他拿出好幾本蘇富比（Sotheby's）拍賣雜誌，要我們仔細對照裡面的照片和店裡的神像：「要是我能直接賣到蘇富比就好了，但是誰會相信我呢？」

是真是假我不知道，但是外行的我看來，伊爾凡的神像和蘇富比雜誌上的還真的沒兩樣。

於是我們在他的店門口坐著，喝了一瓶又一瓶的可樂，上至天文下至地理無所不談，伊爾凡則是以他的古董知識教育無知的我們，加上一些賊市祕辛：「你看看這頭羊，多可愛！可是一過了齋戒月就要被宰來吃。所以我們會把牠的羊角鋸掉一隻，這樣牠就不是頭完美的羊，不能宰來祭神了！」

伊斯蘭教一年一度的齋戒月期間白天嚴格禁食，一個月結束後則是大吃大喝盛大慶祝，羊肉是祭典主要的食物。

伊爾凡和百分之九十九的印度人一樣是個板球迷，當他知道我們是板球俱樂部的會員時，眼睛亮了起來：「真的？那麼你一定見過好多板球明星了？」我很慚愧地說，除了喜歡板球投手投球時優雅的姿勢之外，我對板球沒什麼興趣，也沒有任何知識。

伊爾凡很可惜地搖搖頭：「這個世界就是這麼不公平啊，妳對板球沒興趣是會員，有多少印度人連俱樂部的大門也進不了！」於是我們邀請伊爾凡有空到板球俱樂部喝茶，他也很爽快地答應了：「一定，一定。」

可是他總是說沒空，要不就是在約定的時間打來電話說臨時有事。我們下了自以為是的結論：伊爾凡不確定是不是要把自己放在和他是兩個世界的板球俱樂部上流社會裡，不願在他不熟悉或是不認同的環境裡不自在，於是幾次之後我們也就不再邀請他了。這和伊爾凡沒有邀請我們參加兒子滿周歲的慶祝會可能是一樣的道理吧，不過我們很安於彼此的交情僅限於賊市這個事實，從來不須討論。

伊爾凡有時會阻止我買他店裡的東西：「教了妳這麼久，怎麼還看不出這個不怎麼樣？我勸妳別買。」但有時又會推銷不是古董的東西，一次他指著兩個超大木雕神像頭：「這個濕婆神和帕華蒂不是老東西，不過不是很多人做，喜歡的話可以買。」於是濕婆神夫婦倆不須太多推銷，很快就跟著我們回家了。

又有一回伊爾凡問起我們先前買的一個婀娜多姿的跳舞女神像：「要不要賣回來給我？一個歐洲的客人看了我以前照的相片喜歡。我說賣了，他非買不可，妳要願意原價賣還給我，我高價轉賣給他，多的錢我們平分。」我瞠目結舌說不出話來，萬萬沒料到自己也成為賊市古董買賣的一環！

在孟買住了十年的朋友凱伊嗤之以鼻：「別太天真了，他用這個伎倆讓妳相信他賣妳的是真貨！」姑且不論伊爾凡對我們真心與否，我由衷欽佩他的生意之道，即使受騙也沒有怨言，雖然我寧願相信他是因為朋友，才要我們買或是不買。

一回我們抵達他的倉庫時，有兩個法國人正在和他交涉兩塊有耆那教神像圖案的木頭，三人口沫橫飛說了老半天談不攏，最後法國人說回去考慮轉身走了。

耆那教是源自古印度的宗教之一，創始人筏馱摩那（Vardhamana）出生於西元前五九九年，比釋迦摩尼還早，教義主張非暴力。耆那教神廟以細緻繁複聞名，令人嘆為觀止。

菲爾拿起木頭左看右看很是喜歡。伊爾凡出聲了：「這些顏料都是天然植物提煉的，一輩子都掉不了，真不知道以前的人怎麼會這麼聰明！這是耆那教神壇旁的裝飾，菲爾你要是喜歡就買，不常見。」我要還價，伊爾凡搖頭晃腦笑了：「喬伊斯，我們是不是朋友？妳聽見我最後開給法國人的價錢吧？」

這下我可是無言以對了，討價還價半天他最後給法國人價格是告訴我的兩倍。伊爾凡接著說：「因為我知道他們會拿回歐洲用二十倍的價錢轉賣給藝廊，當然不能便宜賣給他們。你們不要沒關係，我確定他們過兩天會再回來買的。」

這是伊爾凡的邏輯，我們是因為喜歡而買，古董掮客是因為暴利而買，而伊爾凡從深山農民手裡取來的神像成本極低，於是他可以偶爾根據自己的心情好惡，愛多少錢賣給誰就賣給誰！盜亦有道大概就是這麼回事吧？

於是喝完小弟買來的可樂，這兩塊畫有耆那教神像的木頭又是不須太多推銷，跟著我們回溫德米爾了！

開車去神廟

從賊市裡的伊爾凡處對印度眾神有了一知半解的認識後，一直想親眼見識印度神廟，朋友推薦了位於孟買北方奧蘭加巴德市（Aurangabad）附近的埃洛拉（Ellora Caves）和阿旃陀石窟（Ajanta Caves）。

「尼爾生，你去過奧蘭加巴德嗎？」「沒有，太太，那裡有很多石窟，裡面全是好幾百年前的神像，您可以搭飛機，一個小時就到了。您也可以搭火車，晚上睡一覺就到了。到了以後找輛車，您可以住在那裡的泰姬瑪哈旅館，所有的外國人都住在泰姬瑪哈，就是溫德米爾樓上塔塔大爺家開的旅館。」

尼爾生為前一個雇主華格納先生工作前在旅遊公司開車，真是一點不假。但就這麼搭飛機去，那豈不是太無趣？

我打斷他：「開車呢？」尼爾生眼鏡下的眼睛亮了一下，搖頭晃腦更厲害了，露出一口白牙：「沒問題，太太，『我們』可以開車去。」我也笑了：「是的，『我們』開車去！」

菲爾到出發前一天還在問已經問過許多次的問題：「妳覺得尼爾生真的知道路嗎？」我口氣堅定地回答：「路長在嘴上！」其實心裡並不那麼踏實，因為尼爾生沒去過，卻也不需要地圖，這樣到得了嗎？

出了孟買往北走，在高速公路上很是無聊，但是下了交流道進入國道就有趣了，三不五時有牛群在馬路中間散步，我們不趕時間，就這麼慢慢跟著。

漸漸地我覺得不對勁了，尼爾生似乎有些著急又有些疑惑。經過一個沒有英文的大路標時我按捺不住：「尼爾生，這條路對嗎？」他一邊開一邊說：「應該對，太太。」「路標上說什麼？」「我不知道，太太，寫的是馬哈拉斯特州（Maharashtra）的文字，我看不懂。」

印度全國通用的語言是印度話，但是方言有幾十種，許多方言有自己的文字。尼爾生雖然會說多種方言，卻只看得懂他家鄉的泰米爾文和印度文。尼爾生此話一出，菲爾立刻提問：「有沒有地圖？」我翻了翻白眼：「就算有肯定也不管用。」其實是因為認為路長在嘴上的台灣人不太相信地圖，買了也是浪費錢。

尼爾生搖下車窗，雙唇吹氣發出「噗滋，噗滋」的聲音，路旁一個赤腳賣香蕉的小販立刻小跑步上前。這是我不能理解印度的千百件怪事其中之一，若是有人用這種我認為十分無禮的聲音叫我，目的是要問路，我一定不管。

但在印度這似乎是個約定俗成的習慣，坐在車裡的人只要發出一種特定的聲音，路旁的人就會很快上前，站在車窗外不知是接受質問還是指點迷津。

兩人開始冗長的對話，照例抑揚頓挫，比手畫腳。眉心點了朱砂痣的小販不時歪著頭注視車裡的兩個外國人。菲爾看我：「妳覺得這個人知道嗎？」我搖搖頭：「看他樣子，肯定不知道。」

尼爾生把車窗搖上，繼續上路。「這個人知道路嗎？」「是的，太太。」接著在馬路上無預警地來個大回轉。我們對看一眼：要是在台灣或是英國，這種行為不被開罰單才怪，但這是印度，沒什麼是不可能的。

接著在不同的路上回轉無數次，尼爾生終於很抱歉地回過頭來：「太太，我下車去問路。」這回印度谷歌地圖是個坐在店裡看報紙的店員，看來很有希望。兩人步出店門，站在路旁再來一陣比手畫腳，從表情看來，很有希望。

再上路尼爾生似乎信心十足了，開始嘰哩呱啦說起印度的風俗民情。我們停在風景如畫的路旁，打開保溫箱拿出熱水瓶，開始三人野餐。尼爾生對我準備的西式火腿三明治十分滿意：「太太，這個肉很好吃。」但是只加了一點牛奶的紅茶，他喝了一小口後就不作聲了。

我知道因為這不是印度甜膩膩的香料奶茶的緣故，故意問他：「尼爾生，這個茶怎麼樣？」他不好意思笑了笑：「跟我們印度人喝的不一樣。」哈，真是當外交官的料。

我們走走停停，包括跟在一輛載滿甘蔗的卡車後面。等紅燈時，路人紛紛爬上卡車自己拿甘蔗，還不忘跟卡車後面探出頭來的外國人打個招呼。傍晚抵達旅館，第二天帶了旅館準備的簡單三明治午餐就出發了。

埃洛拉石窟是世界遺產，建於西元五到十二世紀之間，最令人嘆為觀止的是這三十四座石窟包括了五到八世紀的佛教石窟、七到十世紀的印度教石窟，以及九到十二世紀的耆那教石窟。

這顯示了印度歷史上宗教的演變，從佛教到稍後的印度教以及耆那教，在雕刻這些石窟時，每個宗教都要超越前一個宗教，所以雕刻的神像和神廟內的壁飾也愈來愈繁複。

看見牆上的卡利，想到向伊爾凡買來的神像，不禁有點心虛。一群跟著我們好一陣子的男孩和尼爾生聊起天來，嘰嘰喳喳一陣子：「太太，他們想要跟您照相。」於是大家排排站，拍完了再爭先恐後看相機裡的自己，開心不已。

我讀著旅遊書，對前人鬼斧神工的雕刻技巧簡直到了五體投地的地步，五百年之間在這個山谷裡雕刻了三十四座石窟，涵括了三種宗教，不可思議啊！怎奈這個英國人的見解完全令人氣結：「我很好奇，這些和尚五百年期間吃飽沒事，為什麼在這鳥不生蛋的地方挖這麼多洞？」

尼爾生看得出十分興奮，拿著他老式的膠卷相機左拍右拍，當然許多是我和菲爾的畫面，回去給鄰居朋友看！我想起多年前，尼爾生跟著前公司一位蘇格蘭來的老闆去孟買旅遊勝地象島（Elephanta Island），老闆卻因外國人與本國人票價不同，憤而拒絕進入象島石窟（Elephanta Caves）。多年以後，尼爾生總算進了石窟，而且是全印度最著名的石窟。

野餐之後我們前往阿旃陀石窟，尼爾生對旅館準備的三明治很是滿意，因為裡面有一層厚厚的、非常甜的美乃滋，非常適合印度口味。

旅遊書上說，這些石窟是在十九世紀殖民時期，一群英國軍官在獵老虎的時候發現的。讀到這裡，立刻浮現腦海的竟然是伊格保王子和他太太獵花豹的畫面。那個時候的人獵老虎、獵花豹，現在的人釣蝦、撈金魚。

阿旃陀一共有二十九座石窟，比埃洛拉石窟歷史更悠久，建於西元前二世紀到西元六世紀之間。這些完全徒手鑿出來的石窟由來眾說紛紜，大部分是僧侶的起居空間，只有幾個是神廟。

一般認為，這些起居空間是僧侶為了躲避每年幾個月的雨季開鑿的，漸漸有了規模變成了修道院，接著也有了神廟，曾經同時住了二百多位僧侶。令人驚訝的是洞穴內十分陰暗，在一千多年前，靠著油燈和人力，他們是怎麼辦到的？

拜訪完兩處石窟回旅館的路上，尼爾生發現新大陸似的：「太太，這個餐廳賣的是我家鄉的食物！」於是我們停車，菲爾和我各要了一杯印度奶茶，尼爾生開心地吃起有家鄉味的小點心，比三明治好吃。

這趟神廟之旅，我們自然是非常開心，但是最開心的，絕對是尼爾生！

雨季來了

在新加坡工作五年期間，我特別喜歡東南亞的雷陣雨，跟新加坡政府一樣乾淨利落的雨嘩啦啦下了一兩個鐘頭就停，一轉眼又是艷陽高照，走在路上雨和泥土、青草混合的味道強烈極了。接著到了雪梨，雖然位於港邊，但大陸型氣候明顯，天氣乾燥異常，下雨的機率極小，也不再是嘩啦啦的傾盆大雨，有點失望。

孟買呢？一年八個月不下一場雨，連毛毛雨也沒有，然後是從六月開始的雨季，就像是台灣的梅雨季，幾乎每天下，一下整整四個月！鞋櫃裡的鞋、櫥子裡的皮包皮衣，一不注意就長了一層白茫茫的黴。此時近乎神經質的我，擔心千里迢迢從台灣背來的食物在這種天氣下要壞了，連醬油都得放進冰箱裡。

雨季降臨之前的五月悶熱難耐，空氣裡沒有一絲風，淨是黏膩的濕氣，就算是文風不動也要渾身是汗。愛爾卡和亞莎所在的廚房沒有冷氣，她們謹遵主僕份際，絕對不會願意和我一起坐在大的不像話的客廳吹冷氣，於是我本著愛護地球的原則，不到生死關頭堅決不因一人開冷氣。

天花板下掛著的大吊扇死命地轉，地上站著的立扇對著我拚命地吹，此時是連椅子也坐不住的，我成日坐在冰涼的大理石地板上處理所有的事，盡量不要活動，希望能把流汗的情形降到最低。整個城市陷入一種半昏厥狀態，中午休息的時間更長了，我不再喝熱騰騰的奶茶，不停灌下一杯又一杯的冰水。朋友見面時的問候語總是：「好熱呀，雨季怎麼還不來？」

愛爾卡和亞莎在整理家務時只能用慢動作進行。廚房的吊扇是不能開的，這是印度令我百思不解的千百件事之一，為什麼會把吊扇裝在瓦斯爐的正上方？愛爾卡在做飯時不能開吊扇，我搬來兩座電扇，卻只能稍稍降低烤箱般廚房裡的溫度。

尼爾生說，雨季開始的那一天，所有的人都會高高興興上街在雨中跳舞，迎接八個月來的第一場雨：「如果雨季的第一天是星期天，我也會帶著我的兒子在雨中跳舞！」我腦海裡浮現平日街上常見或是婚禮、或是宗教慶典的打鼓跳舞，總是讓人覺得很興奮，不過在傾盆大雨中慶祝下雨？孟買人的確有他們可愛之處。

終於下雨了！我必須承認在八個月不見一滴雨之後，這真是令人興奮的事，但是由於溫德米爾靠近沙遜碼頭（Sassoon Docks），這雨的味道不似新加坡或是雪梨，混著陣陣若有似無的魚腥味，讓我想起下雨的基隆漁港，居然有點似曾相識的感覺。

和台灣中度颱風風雨不相上下的雨就這麼開始下個不停，所幸孟買什麼東西都是一通電話就送來，所以倒也沒有在生活上造成什麼困擾，一直到一天亞莎慌慌張張跑進書房：「太太，餐廳進水了！」趕忙一看，果真偌大的餐廳三分之一進了水！由於風勢的關係，雨就從窗框和牆壁的隙縫不停地滲進來了。

找了房東，不久兩個落湯雞般的工人來了，兩人左看右看、交頭接耳，會英文的把他們的決定告訴我：「太太，只不過是雨水罷了。您看看這雨，現在絕對沒辦法修，雨季過了再說吧。」四個月以後？

不過他說的也有道理，只不過是雨水罷了！只不過是我們請朋友來吃飯時才派上用場的餐廳，有什麼關係呢？孟買有一半以上的人口住在貧民窟裡，他們的漏水情形不是我可以想像的，我抱怨一個月用一回的餐廳漏水，的確沒道理。

於是我仔細觀察水到底從哪裡進來，就在那裡放條毛巾，下面放個水桶，用毛巾把滲進來的水引進水桶，隔一陣子再把水倒掉，也把餐桌椅搬離窗戶，這麼一來雖然窗戶下方還是有點濕，餐廳地板不再積水，我對自己的妙招十分滿意。

我看愛爾卡和亞莎每天打著把破傘來溫德米爾，於是拿了錢讓她們各自去買一把傘和一雙塑膠拖鞋。結果錢領了，她們還是每天撐著原來的破傘，塑膠拖鞋倒是買了。尼爾生則是興高采烈買了他認為最好的雨衣，方便他在雨中萬一車壞了得下車處理。

我站在屋裡向外看，滂沱大雨形成一層白色布幔，幾乎看不見不遠處的世貿中心大樓，心想今天的雨可非比尋常，接著菲爾電話來了。孟買南北交通全斷，沒有公車、沒有火車，南孟買有些低窪地區水深已經及膝，孟買機場全面停擺，飛機完全無法起降。

我打開電視，不得了，淹大水了！趕緊打電話給尼爾生：「告訴你太太今天回不了家了，住在溫德米爾。」

雨季前我跟尼爾生打探雨季的威力，他說之前的德國雇主雖然是好老闆，但是一絲不苟，每天早上尼爾生到了之後才能領車鑰匙和老闆給的手機，回家前再把鑰匙和手機交還給老闆，十數年如一日。幾年前孟買淹大水，他下班到了火車站才發現所有陸路交通全斷，無計可施之下跟著路上的人群開始步行回家。這個平日一小時的車程，他整整走了六個小時。怎麼會？

「是這樣的，太太，一路上全是水，我必須很小心，您知道孟買的街上有很多洞，淹水看不見洞在哪裡，一不小心就會受傷。」第一個浮上我腦海的畫面是不下雨時滿街的垃圾，淹水時呢？如果受傷了，甚麼樣的細菌會進到傷口裡？

尼爾生比手畫腳十分興奮，「我離開維多利亞火車站時淹水只有到這裡，」他指著小腿。「過了兩個小時，水就到這裡了，」他指著褲腰。「然後有一個地方水到這裡，」他指著脖子下方！我不敢相信：「尼爾生，現在你二十四小時有手機，再碰到淹大水，知道該怎麼辦吧？」他搖頭晃腦笑了：「是的，太太，我先給您打電話，然後給我太太打電話，然後回溫德米爾睡一晚！」

我讀過一篇報導，氣象專家指出孟買一整年百分之八九十的雨量集中在雨季，而整個雨季百分之七十的雨量集中在七、八月，而七、八月的雨量有一半就只集中於幾場傾盆大雨！最糟糕的是，如果一場超大的雨和阿拉伯海的漲潮正巧在同一時間出現，沒有其他的可能性，淹大水就是了。淹水的嚴重程度不一，但是每年總是得來個幾次淹大水。

孟買原來是七個小島，有些考古學者認為其中的一些小島遠在石器時代就有人煙，經過時代變遷，漸漸形成今天的狹長的孟買半島。孟買在十七世紀時由英國東印度公司承租，奠定了日後商業首都的基礎，但是即使是印度的經濟命脈，每年氣象預報準確到哪一天會開始下四個月的雨，由於沒有現代化的下水道系統，許多地處低窪的地區還是年年淹水，就連高架橋上也淹水！

當然政府十分腐敗無能是事實，但是哪裡來的經費整修這個古都的下水道系統？從何修起？可以住人的地方全都蓋了貧民窟，他們是死也不走的。結果就是孟買的兩千萬人視雨季為家常便飯，不過是下雨嘛！

雨愈下愈大，這下已經到了台灣強烈颱風的地步了，餐廳裡兩個水桶滿的速度愈來愈快，亞莎不一會兒就得去倒水，雖然只是住在十分鐘腳程對街的貧民窟裡，我還是要她們趕緊回家。愛爾卡用一種她慣有的「你們這些大驚小怪的外國人」的眼神看著我：「太太，沒問題的，我們把事情都做完了就回家，您不必擔心，沒問題的。」

是啊，愛爾卡人生四十多年來年年都有的四個月雨季，這些外國人，大驚小怪！

再不多時菲爾電話又來了，辦公室有八個女孩今晚住溫德米爾！南孟買是金融商業所在，房價自然是高得驚人，多數的上班族和尼爾生一樣，住在離南孟買一小時車程的北孟買。現在交通全斷，男同事就近在辦公室附近有限的小旅館擠一擠，住不下的女同事：總機、祕書、記者，全到溫德米爾來了。雖然是睡傭人房，不過當晚尼爾生是唯一一個自己睡一間房間的人！

荷蘭籍的朋友艾瑞克在這次大水前任期屆滿，準備離開印度回歐洲。身高近兩米的艾瑞克在淹大水當天，也就是他離開孟買的前一天，在辦公室和同事做最後的道別，不多時發現：回不了旅館了！他在辦公室待了一夜，第二天決定效法其他印度同事，開始涉水回離辦公室不遠的旅館。他和尼爾生有類似的經驗，水深從小腿到腰際、到胸口，不同的是尼爾生對淹水一事習以為常，但是對有潔癖的艾瑞克，可就不是這麼回事了。

根據艾瑞克事後形容，在水深過腰之後，他把筆電頂在頭上，屏住呼吸，不去想不去看周遭漂浮的垃圾，在孟買貧民窟裡當然沒有廁所，加上公廁不足，隨地大小便的情形處處可見。但是在看見離他只有幾公尺處一頭漂在水裡的死羊時，他幾乎要暈厥了。在餿水般的水裡走了一個小時之後終於回到旅館，他把所有衣物丟棄，在浴室裡洗了又洗，幾乎要刷下一層皮之後，太太告訴他機場已經第二天關閉，不知何時才能離開孟買！艾瑞克從不喜歡印度，在這次的經驗之後，更加怨恨印度，發誓有生之年絕對不會再踏上印度的土地一步。

我聽說了一個在印度門旁的泰姬瑪哈旅館只有雨季才有的特殊景觀，於是找了雨下不大的良辰吉日，穿上菲爾父親送給我英國人蒔花養草在野外散步時穿的威靈頓橡膠鞋，出發前往泰姬瑪哈買麵包兼看熱鬧。下車前我把雨鞋換了，雖然這雙我原來嫌難看的雨鞋已經是我雨季的最佳拍檔，還是不能跟著我進旅館，否則門童可能不准我這村婦進入金碧輝煌的大廳！

果真發現了比平日要多出許多穿著阿拉伯長袍的客人，珠光寶氣的太太頤指氣使，嬌縱任性的孩子橫衝直撞，在一旁照料的菲傭追著他們滿大廳跑。原來在經年不下雨的阿拉伯世界，傾盆大雨可是個奇觀，於是有錢的阿拉伯人就攜家帶眷還有保姆，住進宮殿般的泰姬瑪哈旅館，租下一晚好幾百甚至好幾千美金、正對阿拉伯海的頂級海景套房，賞雨來了！

也來說寶萊塢

印度的全民運動是板球，全民娛樂是看寶萊塢電影。在仍然被階級制度籠罩的印度，看寶萊塢電影、八卦寶萊塢明星時人人平等，不分男女老少富貴貧賤，全都可以把寶萊塢情節融入日常生活。

剛搬到孟買和尼爾生開車上街，滿街廣告看板代言人全是同一個灰白落腮鬍的老男人，有些一本正經，有些幼稚可笑，從電信到房產到巧克力，想得到的廣告幾乎全可以看到他的落腮鬍。不論廣告主題風格為何，他深邃的眼睛和雕刻出來似的五官在我看來，真是太迷人了！

我問尼爾生他是誰時，尼爾生幾乎要撞上前面的車了：「太太，您不知道Big B?」他驚訝的程度就好像我不知道吃素的人不吃肉一樣。接著他十分興奮一一細數阿米塔・巴強（Amitabh Bachchan）的每部電影，當時我既沒有研究寶萊塢的電影，也還沒習慣尼爾生提及板球和寶萊塢時的連珠炮英語腔調，鴨子聽雷般只知道巴強是個巨星，而且是地位非常崇高的超級巨星。

後來才知道，巴強在印度的暱稱是Big B，獨一無二、舉世無雙的Big B！巴強從影半個世紀，一九八〇年代期間曾經從政，但是在短短三年後離開他稱之為糞坑的政壇，真是太酷了！偶像的名字「阿米塔」的意思是永不熄滅的光，更是讓我這個粉絲敬佩不已。

在一九九九年英國國家廣播公司的一項世紀超級巨星排名調查中，巴強的排名甚至超過馬龍白蘭度、勞倫斯奧立佛和喜劇泰斗卓別林。不過巴強事後淡淡地表示，這是由於印度人口眾多的關係，他的調查排名才會高高在上。當然他說的也是事實，但是這麼一說，他在我心目中的地位又提高了。

巴強的兒子阿比協克（Abhishek Bachchan）和爸爸一樣高大英挺，也是寶萊塢當紅的演員，媳婦則是曾經摘下一九九四年世界小姐后冠，一度被稱為全世界最美麗的女人艾許維亞・雷伊（Aishwarya Rai）。我讀著報紙看著他們三人一起拍的印度版教父宣傳照，心裡十分不平，怎麼所有長得好看的全給他們一家占去了！

起初不好意思透露我是巴強的粉絲，覺得跟著幾千萬人當粉絲一點也顯不出自己的眼光與眾不同，但是幾次不經意提起竟然立刻看見印度友人兩眼發光，並且對我和印度尋常老百姓品味一致表示贊許，從此再也不隱藏我喜歡巴強這個事實了。

若要比較，年事已高的巴強的地位也許可說是相當於好萊塢的勞勃狄尼洛。不同的是好萊塢還有艾爾帕西諾、柯林伊斯威特、勞勃瑞福等等繁不及載。而在印度，只有一個巴強！

雖然曝光率高得嚇人，巴強受歡迎的程度卻從未稍減。並非印度沒有其他舉足輕重的演員，而是沒有任何一個演員可以和巴強相提並論，他在印度的地位在我看來，幾乎是半神半人了！一日愛爾卡很憂傷地問我：「太太，您知道Big B生病了嗎？」我答道聽說了，愛爾卡嘆了一口氣：「真希望他快點好起來。」我看著愛爾卡慢慢走開的背影，彷彿看見整個擔心的印度了。

印度各大報連續幾天頭版刊登了巴強生病住院的消息，即使國難當前應該也不過如此。醫院附近交通天天被從全國各地來的影迷癱瘓，巴強經常去的印度廟宇設置了專門為巴強祈福的定點。

期間影迷在全國大小廟宇為他祈福，有一個在孟買開餐館的死忠影迷為了能讓巴強早日康復，從巴強住院開始，每天免費供應五十名窮人三餐，唯一的要求他們必須為巴強祈禱，一直到這個萬世巨星康復出院為止。結果當然就是每天引來好幾百名窮人每天在他的小吃店外排隊，本來就是偶像，本來就會為他祈禱，還有飯吃，何樂而不為？

就連《紐約時報》也專題報導，詳細描述了巴強住院引起印度舉國上下瘋狂的行徑，包括兩個從北方徒步幾百公里到孟買來的影迷，只為了給巴強送來恆河裡的聖水治病。全國最大報《印度時報》在巴強出院之後，送給他一份特製全開二十四頁的報紙，裡面有超過一萬則手機簡訊，還有一張有一萬兩千多則手機留言的光碟，全都是祝偶像早日康復的。

巴強在印度十多億人口裡的影響力，絕對遠遠超過任何一個他口中「糞坑」裡的政治人物，這是寶萊塢不可思議的力量。

網上的數字眾說紛紜無所適從，但是不難看出寶萊塢在印度的地位：每年拍七百到超過一千部電影，每年賣出三十億到四十億張電影票，每天有一千四百萬人買票看電影。這些數字即使打了對折還是天文數字。

寶萊塢（Bollywood）一詞源自一九七〇年代，把好萊塢第一個字母改成孟買（Bombay）的第一個字母就成了寶萊塢，這個名稱如今已經在牛津字典裡占了一席之地。寶萊塢電影基本上是歌舞劇，沒有歌舞的電影少之又少，票房通常也不好，因為印度觀眾希望他們花錢買的電影票物超所值，所以電影裡一定要載歌載舞，劇情一定要高潮迭起，親情、愛情、警匪、驚悚之中一定也要令人捧腹大笑，如果能再加上點印度神話，那就是完美的經典寶萊塢電影了。

這類寶萊塢電影也被稱為香料電影，各種辛香料都來一點！由於內容豐富，每部電影長達三小時，於是印度電影院也有國家劇院音樂會時的中場休息，正好可以喝杯印度香料奶茶再繼續。

一次開車經過一處高級住宅區，尼爾生沒頭沒腦地說：「太太，亞莎住在這棟樓裡。」「亞莎不住在這裡，她住在溫德米爾對面的貧民窟。」尼爾生又是不可思議：「太太，您最近不是常說寶萊塢電影嗎？不是我們家的亞莎，是唱寶萊塢電影主題曲的亞莎！」言談之間對我的孤陋寡聞甚是不屑。

只好很慚愧地不恥下問虛心求教。尼爾生說比巴強出道還早的亞莎（Asha Bhosle）和姐姐拉塔（Lata Mangeshkar）是寶萊塢電影的主要幕後主唱，幾乎所有的電影主唱都是她們兩姐妹。「那麼，她們比巴強還要老？」「是的，太太，可是唱歌還是一樣好聽！」

維基百科說，根據一九八七年的金氏世界紀錄，拉塔是有史以來錄製過最多歌曲的歌手，在一九四八年到一九八七年期間，用二十種印度方言錄製過三萬首歌。拉塔很謙虛地說，她不記得錄過多少歌，所以這個數字怎麼來的真的不知道。其他一些世界紀錄組織則是說亞莎為超過一千部寶萊塢電影錄過幕後歌曲，錄製的歌曲總數超過一萬兩千首。

和印度朋友談及此事方知在寶萊塢電影裡各個因素都很重要，但是如果電影歌曲不好，劇情再怎麼引人入勝也是沒有用的。電影原聲帶通常在電影上映之前就早早推出，如果賣得不好，電影一定不賣座。

早期電影歌舞部分通常在風景如畫的喀什米爾（Kashmir）拍攝，但是在喀什米爾動亂之後外景轉移陣地到歐美。男女主角前一個鏡頭在巴黎鐵塔前卿卿我我，下一個鏡頭馬上跳到紐約自由女神像前熱歌勁舞。目前最受歡迎的寶萊塢歌舞場景則是在瑞士和奧地利。

這就是寶萊塢了，有錢的可以邊看邊回想某次的歐洲假期，然後回到三個司機、五個傭人的家計畫下一次。沒錢的可以進入電影院逃離現實三個小時，編織永遠不能實現的白日夢，然後回到家徒四壁的貧民窟，開始存下部電影的門票錢。日復一日，電影市場永無翻黑的一天。

一位美國朋友知道我開始看寶萊塢電影之後，很熱心地要引我到多數孟買外國人加入的布瑞吉坎迪俱樂部（Breach Candy Club），上專為外國太太開的寶萊塢舞蹈課，但我有自知之明同手同腳完全沒有韻律感，婉拒了她的好意，還是安安分分地坐在板球俱樂部的草坪上喝茶吧！

賤民

在孟買我最不願意見到的除了沒鞋穿、渾身髒兮兮、衣不蔽體的小乞丐之外，就是皮膚黝黑、頭上頂個小鐵盆、在工地裡裡外外搬運泥土廢棄物的婦女。

同情女人從事這類的勞力工作聽來似乎有點歧視男性的心態，倒也不是，看見男人頭頂小鐵盆、赤腳穿梭在工地一樣覺得難受，但總是比不上看見穿著紗麗的婦女在做同樣的工作，尤其在讀到一則新聞提到這些以勞力討生活的女人，每天的工資竟然比不上永遠不會喊累的驢子之後，再看到她們就更難受了。

這些在工地裡幹活的人許多屬於印度種姓制度裡什麼階級也排不上的「不可碰觸」之人，顧名思義，他們髒得令人不願碰觸，中文翻譯成特別難聽充滿歧視，但某種程度上又十分貼切的「賤民」。

之後他們有另一個名稱「達利特」（Dalit），雖然不再是不可碰觸，還是有破碎和被壓抑的含意。稍後印度聖雄甘地則把這些名稱改為「哈里江」（Harijan），意思是上帝的子民，但是這個名稱一般說來不普遍。

印度的種姓制度把社會分成四個階層：從事祭師工作的婆羅門是最高級的，接著是戰士階層的刹帝利，然後是商人地主所屬的吠舍，和農工階層的首陀羅。這四個階層之外（outcaste）是賤民，他們的社會地位非常卑賤，或者嚴格說來，他們根本沒有所謂的社會地位，被排斥於印度社會的框架之外。

一位婆羅門階層的朋友告訴我，不僅他本身謹遵印度教的禮儀，他住的公寓更是一絲不苟，調查了住戶的祖宗八代，身家高尚清白夠格才准入住，還得寫下切結書保證連肉也不會帶進公寓大樓一步。我當時只是納悶：那麼如果賤民不吃素，可以進入大樓打掃廁所嗎？

見過網路上一張人形圖很清楚地解釋了種姓的階級：婆羅門是頭，刹帝利是雙手，吠舍是雙腿，首陀羅是腳掌，而賤民則是被踩在腳底下，不屬於人身範圍。

膚色黝黑的印度人不見得是賤民，可能是任何階層，但如果從事的是撿垃圾或工地打雜的工作，多半就是賤民了，膚色一般而言比較黝黑。雖然印度憲法已經明文禁止種姓制度，但幾千年下來的傳統，不是說不存在就不存在的。

搬到孟買後，時有耳聞賤民在鄉下地方如何被歧視，這種情況在都市裡比較少見。一日在報紙一角看見一則新聞，只有短短幾段，簡單敘述屬於賤民階級的一家四口因為土地糾紛，在離孟買七八百公里遠的一個小村莊被謀殺了，警方正在調查。過了一陣子和幾個印度記者聊天，才知道這並不是單純的土地糾紛，而是牽涉到根深柢固的種姓制度。

原來這個賤民家庭因為拒絕讓村子裡的上層階級毫無道理地從他們擁有的土地上開路，一天晚上一群人衝進他們家中，當場殺死兩個兒子，再綁走母親和十七歲的女兒，她們接著被五花大綁全裸遊街示眾後加以殺害。屍體就被丟在路邊的大水溝旁，這種近乎石器時代的野蠻行為在報上只占了小小的一個角落。

一些媒體開始調查，發現在這個只有一百多戶人家的小村落裡，風聲鶴唳沒人敢說話。社工拍下的照片中，顯示兩個女眷在被五花大綁全裸遊街之後，竟然還在大庭廣眾之下被凌虐輪暴後才被殺害。村民指證歷歷偷偷告訴記者這一家人被謀殺的經過，但是法醫鑑定卻表示強暴完全是無稽之談，警方很快逮捕了一些人後草草結案。

不久後印度最大報《印度時報》一名女記者做了深入採訪調查報導，標題是：「不過是另一個強暴案件罷了」，強烈諷刺遇害的賤民受到非人對待，而他們的冤屈在印度卻永遠無法獲得平反。

和尼爾生談及此事，他告訴我南部家鄉的真實情況。在路邊的飲料攤，賤民有錢可以去買，但是他們不能用一般人用的玻璃杯或是不鏽鋼杯，必須用椰子殼，喝完就丟。這種極端的歧視雖然在城鎮已經漸漸少見，在偏僻地區卻還存在，例如不能經過印度神廟，即使是祭師的家也得繞道而行。

一回在史特安德書店找關於賤民的書，問了戴眼鏡的店員，他轉過身抽出一本薄薄的書遞給我，微微點頭一言不發又回到他的老位子站著。

《不可碰觸之人》（*Untouchable*）是著名作家安南（Mulk Raj Anand）在一九三五年出版的第一本書。有著英國劍橋大學博士學位的安南是印度最著名的英文作家之一，著作以描述印度下層生活居多，有印度狄更斯之稱。

這本書的主角是賤民階層的廁所清潔工巴卡，書中描述巴卡一天的生活，他必須邊走邊喊話，好讓大家知道「不潔之人」來了，趕緊避開。在宗教至上的印度他不僅不能進神廟禱告，還必須繞道而行。除此之外，也得毫無怨言全盤接受任何人對他的辱罵或是冷嘲熱諷。

安南為本書做了令人心酸的結束：巴卡在一天結束之後，發現只有現代科技可以解救賤民悲慘的命運：抽水馬桶。如果家家戶戶有了抽水馬桶，印度就不需要專門打掃廁所的賤民階層了。

就在《印度時報》深度報導賤民全家被謀殺的慘劇之後，孟買所在的馬哈拉斯特州陷入一種淡淡的不安氣氛，每隔一陣子就要聽說某個地方有賤民聚集抗議。來自印度底層的憤怒，終於在安貝卡博士（Bhimrao Ramji Ambedkar）銅像在街頭被污損之後爆發了。

出身賤民階層的安貝卡是印度早期少數接受大學教育的賤民之一，還在英國和美國拿到法律、政治、經濟等等的學位，終其一生為爭取賤民應有的人權而努力。安貝卡由於父親在英屬東印度公司工作的關係，得以在公立學校上學。他曾描述上學的情形：如果學校裡的打雜工不在，他就沒有水喝，因為賤民是不允許直接接觸飲水和裝水的容器的，以防水和容器被污染。

儘管安貝卡在學術上有優秀的表現，在他學成歸國任職的學校裡，同事們還是不願意和他共用一個水壺。在一九二七年他終於忍無可忍，踏上漫長而艱苦為賤民爭取人權之路，從呼籲賤民可以在公共飲水站飲水，可以進入印度廟宇禱告開始。

一九三五年安貝卡宣布他打算離開種姓制度的印度教改信佛教，並且呼籲追隨他的民眾也改變宗教信仰。一九四七年印度從英國殖民獨立，安貝卡成為印度獨立後的第一任法律部長，參與制定印度憲法。一九五六年安貝卡正式離開歧視賤民的印度教成為佛教徒。

雖然在安貝卡的努力下，賤民可以在公共飲水站喝水，可以進入印度神廟祭拜禱告，但根深柢固的觀念還是存在，偏遠地區還是有神廟不准賤民進入。奧里薩州

（Orisha）一座神廟在一位出身賤民階級的部長造訪之後立即關閉，舉行印度教淨化儀式來清潔被賤民部長拜訪過的神廟。

安貝卡終其一生爭取賤民人權和他孜孜不倦的做學問精神，贏得來自不分階層的敬佩，尤其是人口上億的賤民階層家中，安貝卡的相片常常和印度神像並列，公共場所更是隨處可見戴著眼鏡的安貝卡一手拿書、另一手指向前方的銅像。由於安貝卡在孟買接受高等教育，孟買所在的馬哈拉斯特州對安貝卡的崇拜更是不可言喻，因此不難想像安貝卡的銅像一旦被污損，會引起什麼樣的民眾情緒了。

我坐在電視機前看著各地被燒毀的火車公車，憤怒的民眾眼露凶光、手持木棍石塊，攻擊政府單位甚至路過的無辜車輛行人，心情十分複雜。我是絕對反對暴力的，可是我連賤民階層幾百年來受到的千萬分之一的歧視都沒有經歷過，我能發表什麼意見？

不久前新聞報導裡那個在抵抗被強暴之際，眼睛被硬生生戳瞎的十四歲賤民階層小女孩，不是我的親人朋友鄰居，我怎能體會他們在做出這種不理性的暴力行為之下，是何等不為人知的絕望？

這起持續三天的暴動，在警方派出數千名警力在各地維持秩序，逮捕了上百民眾之後終於落幕。警方稍後宣布滋事的是幾名賤民青少年，他們向警方承認是在喝酒之後，酒醉鬧事污損了安貝卡的銅像，以至引起一連串的暴動，是真是假不得而知。至於殺害賤民一家四口被逮捕的八名冷血村民，幾年官司下來，兩人無期徒刑，其餘六人二十五年有期徒刑，沒有一個人被判印度並不罕見的死刑。

這件喧鬧一時、驚天動地的賤民一家四口被謀殺一事，很快就被媒體遺忘了。接著每過一段時間，又要在報紙的一角讀到短短的幾段：賤民女孩慘遭強暴、賤民土地被強占、賤民堅持進入神廟被聚眾毆打。

再怎麼熱愛印度如我，此時我對她是心存怨恨的。

火車快飛

有些畫面對我而言是和印度畫上等號的。

穿著鮮豔紗麗女人的背影；街上打赤腳、打板球的青少年和圍觀的路人；破舊洋房外叫得淒慘的烏鴉；路邊衣衫襤褸卻笑容滿面的小乞丐；留著大鬍子、頭髮打結、眉心點了朱砂痣、身上隨便披了一塊橘顏色布的修行者。

再來就是人滿為患的火車。

車廂裡滿滿是人，車廂頂上坐滿了人，車門、車窗外面更是掛滿了人，讓人觸目驚心之外也不得不佩服印度人視死如歸的勇氣。光是孟買每天就有六七百萬的火車通勤族，火車發車次數頻繁，靠站的時間有時不到一分鐘，火速上下車，趕不及的連跑帶追、跳上沒有門的車廂，導致孟買每年大約有四千人因趕車跌落月台，或是從急駛的火車上一個不留神沒抓緊掉下來，或是坐在車廂頂誤觸鐵道旁的高壓電線而喪命。

一天大清早尼爾生打了電話：「太太，今天要晚到，您趕快讓先生搭計程車去上班吧，我被警察抓起來了！」原來尼爾生下火車之後，跟著人群抄捷徑跳下月台穿越鐵道，逮到機會的警察怎能放過這個賺錢的好機會？不過尼爾生不久就抵達溫德米爾，我問他怎麼這麼快，他說交賄款三百盧比可以馬上離開，他趕緊交了錢走人。「那沒錢的呢？」「我也不知道，太太，也許他們關到下午可以交比較少的錢。」

我掏了三百盧比給尼爾生，警告他再有下次絕對不會替他交買路錢了，尼爾生搖頭晃腦露出一口白牙：「謝謝，太太，以後我一定走天橋！」朋友凱伊知道以後再度堅定她的信念：「替司機交罰款？妳這個台灣人真的沒救了。」其實是最近在報上讀到個小專欄，專門採訪從事奇特工作的人。其中讓我印象最深刻的就是專門在火車軌道上收屍的人，移走每個屍體二十盧比。我可不想他們認識尼爾生！

火車在民風保守的印度還有個特色，就是有女士專用車廂。一位印度火車族朋友告訴我，上班時間在車廂內會出現賣小飾品的大嬸，而下班時間大嬸賣的東西換成青菜，專門服務職業婦女！吃素的她並不反對這種方便的服務，除了有一回竟然有人在車廂裡賣起魚來，讓她一下車就到站長室去投訴。

雨季前悶熱難耐，於是我們計畫在一個週末搭火車到孟買近郊的避暑勝地馬泰蘭（Matheran）去瞧瞧。位於山上的馬泰蘭從殖民時期開始，就是孟買人的最佳避暑勝地，從市中心出發大約一個小時車程，然後搭計程車到山腳，繼續步行或是騎驢子上山。

尼爾生要開車帶我們到山腳下，我要搭火車他十分不贊成但也無可奈何，只好讓步提議：當天早上從他家出發花一個小時到溫德米爾，然後開車送我們到十分鐘車程遠的維多利亞火車站。我不可思議盯著他：「尼爾生，我認為我們絕對可以自己去火車站，沒問題！」他很為難地搔搔腦袋：「那麼我直接到維多利亞火車站等您和先生，我先買好票，送您和先生搭上正確的火車。」

因為我是太太，尼爾生只能聽我的，待在家裡放假。我很清楚他對我們的關心，是我代他付的三百盧比罰款買不到的。

我們週五出發避開上班時間人潮，買票、上車、下車十分輕鬆容易，我沒有上女士專用車廂，加上是難得一見的東亞臉孔，引來不少矚目。我們在殖民時期的大房子迴廊裡，度過了安靜涼爽的週末。

有了這次經驗，我信心十足安排搭夜車到南部的果亞州（Goa）海邊度假。我費盡千辛萬苦，才在人潮洶湧的火車站裡找到專門服務外國人買州際火車票的窗口，售票員說要看護照時，我幾乎要在沒有空氣的火車站裡昏倒了。但在印度這不是沒道理的事，是自己沒想好，只好摸摸鼻子回家拿了再來。再回到火車站時，一群髒兮兮的背包客和售票員不知道為什麼爭得臉紅耳赤，又等了許久。

等啊等的，又有一個孟買新發現：原來不只是去逛賊市，到火車站買票也得噴防蚊液。好不容易終於輪到我了，我滿心歡喜遞上護照，售票員連翻也沒翻就還給我，然後面無表情地看著他的電腦，好一陣子才說：「太太，頭等臥鋪沒有了。」「那來兩張二等臥鋪吧。」他看也不看我：「沒有。」「頭等坐鋪？」「沒有。」「二等坐鋪？」「沒有。」我提高聲調：「那到底有什麼？」「三等臥鋪，沒冷氣。」「好，買！」

數了錢放在櫃檯上，售票員終於抬頭看我了：「外幣換盧比的換匯證明在哪裡？」此時熟悉的感覺馬上出現，怒火中燒、血壓上升，不多時就要失去理智了。所幸為了這兩張就在眼前的車票，我乖乖低聲下氣解釋我是住在孟買的外國人，不是旅客，不必換匯，在冗長地說好話，還要語帶威脅胡說我的朋友在政府當官，終於賣票大爺同意收下盧比把票給我。

出發當晚到了火車站找到月台，菲爾很疑惑地看著我：「這真是我們要搭十二個小時的火車嗎？」「是啊，這是我唯一可以買到的票。」我興高采烈上了車，開始有點懷疑自己的決定。百味雜陳此時是可以運用在這裡的，因為各式印度咖哩的味道瀰漫了整個車廂，還加上脫了鞋之後的腳臭味。

面對面各有三層臥鋪，像是記憶中廉價綠色塑膠皮坐墊。我們兩個床位在底層，樓上芳鄰看著兩個外國人一點也不想睡，兩眼直視坐在我們的床位上。

我明示暗示，總算樓上的上床睡了。才剛躺下，菲爾一坐而起，指著身邊牆上的大蟑螂，我跟著坐起來。此時一個可能沒買票、有也是站票的路人甲說時遲那時快，拿起腳上的拖鞋啪的一聲，蟑螂應聲落地。我看著他還沒反應過來，他老兄搖頭晃腦、露出一口白牙：「沒問題，太太。」

火車搖搖晃晃前行，咖哩的味道還是沒有散去，我半睡半醒之間忽然覺得床腳有東西，一躍而起，一個穿著紗麗的中年婦女坐在我的床角對著我笑！我告訴她這是我的位子，她不能坐，她搖頭晃腦表示聽見了，往床沿移了兩吋。我再度請她離開，她又移了一吋。看來她是打定主意不走了，無計可施只好再躺下，鴕鳥般地覺得閉上眼睛看不見就好了。

天際漸漸亮了起來，此時我和這個中年婦女已經是比肩而坐了，她拿出袋子裡的不鏽鋼便當盒，冷卻的咖哩味再度飄來：早餐時間。她把便當盒往我面前送，裡面有幾塊小麵餅和一團黏糊糊的咖哩。我笑笑搖頭，她也不堅持自顧自吃了起來。

我看著不遠處一位媽媽用手指挖起一團豆泥塞進小男孩嘴裡，心裡想著台灣的蛋餅早餐。賣茶的小弟邊走邊喊：「茶，茶，熱茶。」此時我顧不得是A型、B型還是C型肝炎，「來兩杯！」這時熱騰騰甜膩膩的奶茶下肚，果亞也到了。

這趟旅程之後，菲爾很嚴肅地告訴我：「親愛的，我知道妳有台灣人節儉的美德，不過我們的經濟能力是可以負擔得起好一點的火車的。」

於是下一次的火車之旅我及早安排，在兩人一間的頭等艙內度過了十七個小時。一上火車，笑嘻嘻的火車管家馬上送上報紙、奶茶，不久在我們面前打開折疊桌，從前菜、主餐、甜點、咖啡一道一道上。我喝完餐後奶茶，自己出發到火車廚房裡，再來一杯！

菲爾對於這次的選擇十分滿意，因為車廂內冷氣奇強，沒有蟑螂了。不過結果是必須在半夜起身，拿報紙封住冷氣口，把行李裡所有的短袖衣物層層裹在身上、腿上，一夜哆嗦到新德里！

火車爆炸了

那天是個安安靜靜、沒有新聞的日子，雨季已經開始，我不再老是出門，只能成日沒事開著電視批評印度新聞報導。

菲爾難得六點以前已經到家，愛爾卡和亞莎早已下班。英語電視台裡記者正在極盡誇張地連演帶喊，報導一件微不足道的小事，我開玩笑說這風格和一些台灣新聞台還真像，大吼大叫激動不已不打緊，還要加上蹩腳的現場表演。

我們在客廳裡各做各的事，忽然之間主播的口氣高八度，幾乎是歇斯底里了！我抬頭看：「下午六點二十四分，一個裝有炸藥的壓力鍋在一節擁擠的孟買火車車廂裡爆炸了。」

菲爾的電話同時響起，攝影和電視記者已經趕往現場，還在辦公室裡的文字記者已經發新聞，這可能不是意外而是恐怖攻擊事件！就在菲爾不停以電話聯繫各方人馬之際，又有一個裝在壓力鍋的炸藥在另一節火車上爆炸了，又有一個、又有一個……

從六點二十四分開始接下來的十五分鐘之內，一共有七起爆炸，全是在孟買主要的火車幹線上引爆。這下不必反恐專家也可以知道，一定是經過精心策畫的攻擊事件，否則不可能在這麼短的時間內有七個爆炸點，而且全是在下班尖峰期擁擠的火車上。

尼爾生剛下班，正在回家的火車上！

此時調度新聞的事宜已經是次要，菲爾和聯絡上的同事開始逐一打電話給還沒聯絡上的同事，確定沒有人在這些火車上。菲爾的電話沒停，我則是拚命撥尼爾生的手機卻完全不通。此時孟買全市的電訊陷入空前未有的大癱瘓：這個有兩千萬人口的都市裡，每天有好幾百萬人靠火車上下班，所有的人都跟我們一樣在打電話！

我打了尼爾生家裡的電話，他不會說英文的太太害怕得說不出話來，我問她尼爾生回家了嗎？「沒有。」「他打電話回家了嗎？」「沒有。」我的心直往下沉。尼爾生的太太在電話那頭開始哭泣，我試著用最簡單的英文告訴他：「尼爾生一有消息就打電話給我，知道嗎？」她還是不停哭泣：「是的，太太……」

接下來的兩個小時之內，我不停地打尼爾生完全不通的手機。很幸運地辦公室的記者全數平安，手機不通的也想其他辦法報平安，但是尼爾生呢？我隔一陣子就打電話到尼爾生家裡，會說英文的史薇蒂已經回家，我告訴她一有消息就打電話給我，十四歲的她聲音發抖：「媽媽一直哭……」

我想起一九九三年發生在孟買的爆炸案，當時在兩個小時之內全市有十三起爆炸，造成超過二百五十人死亡，受傷的更是不計其數，是印度史上最嚴重的爆炸事件。起因是一九九二年政府拆遷一座伊斯蘭教教堂，引起伊斯蘭教徒極度不滿，於是原來就有著極深歧見的印度教徒和伊斯蘭教徒在這件事之後，彼此的怨恨更深了。

新仇舊恨交錯之下，隔年就在商業首都孟買發生了連環爆炸的悲劇。印度當局認為是基地位於世仇巴基斯坦的伊斯蘭教激進組織指使，同時也把矛頭指向印度鼎鼎大名的黑社會首腦——和賓拉登有密切關係的伊斯蘭教徒伊布拉汗。

當年的連環爆炸從孟買證交所開始，一輛裝有炸藥的車子在證交所的地下室引爆，當場造成了五十人死亡，接下來在孟買人潮擁擠的商場飯店也陸續發生爆炸。伊布拉汗至今仍是印度的首號通緝要犯，據說是藏身在巴基斯坦。

這次恐怖份子乾脆一不做二不休，專注在孟買的商業命脈火車上，而且是在短短的十五分鐘之內，好讓當局來不及應付。我看著電視上死亡人數不停上升，給尼爾生家裡打電話時愈來愈心虛，在史薇蒂說爸爸還沒消息時我只能無言以對。

電視不斷播出爆炸地點令人驚心動魄的畫面，已經得知消息的親屬呼天搶地，警察帶著警犬開始在各個公共場合巡邏。菲爾一直在書房裡，不是在電腦上和辦公室連線看稿，就是在打電話。我獨自坐在偌大的客廳裡，電視裡記者誇張激動的嘴臉此時特別令人反感，我想把電視關掉，卻又擔心要錯過任何一個細節。

我生平第一次感覺對別人的安危有責任，萬一尼爾生出了事怎麼辦？

終於家裡的電話響了，我趕忙接起來，是尼爾生！我放下心裡一塊大石頭：「你在哪裡？」電話那頭十分吵雜，尼爾生幾乎是用喊的：「太太，我在排隊……公共電話……我太太說……每人只能打一次電話……很多人排隊，我又排了一次……」我打斷他的話：「沒事就好，快點回家！」接著史薇蒂也來電話了：「爸爸打電話回家了，他沒事！」

這是我搬到孟買之後最快樂的一刻。

尼爾生回到家後打電話向我報告，他在爆炸發生後才到火車站，當時以為只是一般事故，於是開始轉搭公車，等他發現事態嚴重，電話已經完全不通了，加上所有的人轉搭公車，路上交通一團混亂，他整整花了三個小時才回到家，包含排隊打公共電話的時間。

我告訴尼爾生這麼多爆炸點，明天火車多半不開了，菲爾可以自己去辦公室，不要擔心如何來上班。尼爾生急著回答：「沒問題，太太，明天我會比平時更早到溫德米爾，先生一定要很早上班的！」

第二天一大早尼爾生就出現在樓下花園，我站在陽台往下看，一群司機手舞足蹈興奮地討論爆炸案。他們是怎麼來上班的？

打開電視一看，箭頭還是指向和宿仇巴基斯坦有關的激進伊斯蘭教組織，昨天的爆炸造成至少二百人死亡。不過火車受損的路段已經全部連夜趕工修繕完畢，其中有一條線甚至在午夜之前就修好了，今天早上火車全線通車如常！接著股市開了，收市時逆勢上漲了百分之三。

此時我不得不對印度佩服得五體投地。十一年前，我在倫敦遇上了愛爾蘭恐怖份子在地鐵裡引爆了三枚炸彈，第四枚則是在一輛雙層巴士上。當時交通一團混亂，不僅是地鐵，連公車、火車全都受影響，還記得當時的我叫天天不應、叫地地不靈，只能完全靠走路，走了好幾天交通也沒有完全恢復，印度是怎麼辦到的？

愛爾卡和亞莎當然按時上班，因為她們就住在對面的貧民窟裡。路透社辦公室裡，記者不用說，連財務、業務、工程各個部門，沒有人缺席，全都準時來上班了。我完完全全地混亂了：這是修個冷氣要三個人，送個瓦斯要兩星期的孟買嗎？

印度記者朋友告訴我他的看法，火車是孟買的經濟命脈，每天有六七百萬的人搭火車上下班，如果火車不走了，整個城市要停擺，這對印度來說是絕對不能發生的事，所以無論如何一定是要在上班之前全修好。至於股市收紅，他認為印度人已經受夠了三年五載就要來一次的爆炸悲劇，再也受不了了，絕對不能示弱，表現在股市上是最直接的！

火車爆炸事件後我對印度有了新的看法，結論是印度的效率是兩極的。我一直認為毫無效率、官僚至上的孟買，她的效率在某種程度上其實無以倫比，哪一個城市可以在幾個小時之內把七處被炸的火車路線完全修復通車？路上的行人、辦公室裡的員工、賣水果的小販，在經歷過這樣大的衝擊之後，依舊努力地讓這個兩千萬人的城市照常運作，印度人特有的韌性對我而言在此表露無遺。

最重要的是火車，至於修冷氣、修瓦斯，這些都是瑣事，先喝杯熱騰騰的奶茶，慢慢再說吧！

第5部

居家

太太，我要借錢

剛搬到印度就有朋友耳提面命，不多時傭人就要借錢，千萬別借，不過我們過了一年多才有這個經驗。

話說印度種姓制度根深柢固，所以家中三個印度成員也有自己的一套。尼爾生幫英國白人先生開車，地位最高；管家愛爾卡負責廚房，排第二；而亞莎在三人中墊底，負責所有的清潔工作，除了我們的浴室。清理衛浴在印度向來是低下的工作，但是我們是外國人，所以愛爾卡決定她要負責我們的浴室。

亞莎不准動用廚房的任何東西，因為清潔工在印度人眼中是不乾淨的，所以形成一種對我而言十分特殊的情況，就是亞莎要喝奶茶時，愛爾卡必須煮給她喝。

平時愛爾卡很有威嚴地差遣她唯一可以使喚的亞莎來問我要不要喝茶，然後亞莎回廚房彙報，愛爾卡煮茶。不過有好一陣子，愛爾卡總是親自來問要不要喝茶，我隱隱約約感覺這是某個事件的開端。

一日愛爾卡很溫柔地問我：「太太有空嗎？我想問您一件事。」我當下就猜到她要問什麼了。果不其然：「太太，我要借錢。」她要借錢在她住的貧民窟裡買下現在住的房子，其實就是一個四面牆的房間，可能有一個窗戶，沒有自來水、沒有衛浴。

愛爾卡要借十萬盧比，房子的價格是十一萬，她的月薪是五千。

愛爾卡曾經很驕傲地給我看她的存摺，在日本工作那幾年存了四萬盧比。「錢呢？」愛爾卡無奈地說親戚借光了，她現有的一萬是過去一年存下來的。我覺得不可思議，她卻覺得借錢給親戚天經地義，因為她曾經在日本工作，現在雇主又是外國人，不幫助親戚是絕對不行的。

我雖然覺得她的邏輯完全不合理，倒也沒有繼續細問，畢竟國情不同，不必試著了解究竟錢是給丈夫喝酒喝光了或是真的借給親戚。我喝了一口茶，腦筋裡很快地計算了一下，問她每個月養家需要多少錢。愛爾卡答道兩千五百盧比，她家裡有三個沒工作的大男人：公公、丈夫、兒子。

「如果我借妳十萬盧比，加上現有的一萬積蓄全用來買房子，接下來的二十個月妳把薪水分期還給我，全家吃什麼呢？」愛爾卡很有威嚴地搖頭晃腦：「太太，您和先生離開印度時帶著我，我繼續工作還我借的錢。」

我可真是沒想到這個令人大吃一驚的方案，我們怎麼可能帶著她離開印度？愈扯愈遠了。這是許多印度市井小民的生活態度，解決了今天的問題，明天的事就明天再說吧。

我鄭重告訴愛爾卡，帶她離開印度是不可能的，不過她可以預支未來一年半個月的薪水，因為她一家四口還是要吃飯。我很清楚一旦沒有飯吃，她的問題又會變成我的。

愛爾卡很快算了一下：「不行的，太太，我需要十萬，三萬不夠。」這回是我很有威嚴地告訴她：「只有三萬，要我現在就去銀行取，多的沒有。」愛爾卡聞言心平氣和地說：「太太，還要再一杯奶茶嗎？」我說不要，她轉身離開，買房子的事就這麼不了了之。從此愛爾卡又是每天差遣亞莎來問要不要喝茶，她繼續待在她的廚房王國裡等著亞莎彙報。

我問了印度朋友，得到的答案是印度人家的傭人薪水極低，比方伊格保王子家裡有五六個傭人，每個人只做固定工作沒有彈性，加起來的薪水可能比愛爾卡一個人的薪水還少。但是他們會在伊格保家裡工作一輩子。他們的子女說不定也會繼續為伊格保的子女工作，所以伊格保當然有義務解決傭人家裡的一些問題。

如此看來，外國人付幾倍的錢僱一個傭人其實也不為過，因為他們的工作只有兩三年保障。

再過不久，愛爾卡又來了，這回是很有威嚴地來替亞莎借錢：「太太，亞莎想要個手機，您先借錢給她買吧。」我叫來亞莎，問她有多少存款，她說沒有。我拿了一個不用的手機，告訴亞莎借給她，借手機總比借錢好，然後再給她上一課儲蓄的重要性。

就這麼平淡無奇過了一陣子，有一天亞莎很興奮地說，愛爾卡的兒子過了雨季要結婚了！第一個閃過的念頭是愛爾卡又要多養一個人，第二個念頭是愛爾卡又要來借錢，第三個念頭是也許她從此會輕鬆點，因為媳婦至少會幫忙做飯洗衣服。

當愛爾卡開始自己來問我要不要喝茶時，我知道時候到了。

「太太，我的兒子要結婚，我要借錢。」我問她需要多少，她胸有成竹地說三萬。這下我不能說太多，因為是我自己訂的數，於是領了錢給她，接著等著去參加婚禮。

當晚我們穿戴整齊，過街到愛爾卡住的貧民窟去參加婚禮。愛爾卡黃澄澄的金飾加上一身鮮橘色的紗麗，比她皮膚黝黑又怯生生的兒媳婦更加年輕美麗。她忙裡忙外，一看見我們，簡直高興得不知所措：外國人來參加貧民窟裡的婚禮！愛爾卡不停地把我們介紹給親戚朋友，整晚我們身邊聚集了比新郎新娘身邊更多的好奇人群。

這個婚禮和之前參加過的鑽石婚禮想當然耳有天壤之別，不過與會的人一樣興奮，不時手舞足蹈，拉著我們要用我們的相機照相。愛爾卡很抱歉地說她先生身體不舒服，所以沒能來跟我們打招呼。

婚禮過後，我把相片洗出來交給愛爾卡轉交給她的親戚朋友，隨口問了一句：「妳先生好一點了嗎？」愛爾卡沉默了幾秒鐘：「他在婚禮還沒開始之前已經喝醉了，根本沒辦法出來接待客人，真是丟臉。」

我一時不知如何接話，愛爾卡接過我手中的照片：「謝謝您的照片，太太，要喝奶茶嗎？」

華格納先生

華格納先生初登場是在尼爾生應徵時的推薦信中，他是尼爾生工作了十三年的德國雇主。介紹信言簡意賅，大意是尼爾生是個負責任的司機，從不遲到，交代他辦公室影印、送件、跑腿等任務從未失誤，最後加上一句：我慎重推薦尼爾生，他是一個好司機。

接下來四年，華格納先生和太太就彷彿是我們和尼爾生共同認識的多年好友，不停介入我們孟買生活大小事。

華格納先生服務於一家德國鐵路顧問公司，派駐在孟買協助鐵路工程。從介紹信中看得出是一絲不苟的德國人，一句廢話也沒有，更看不出任何感情。尼爾生說華格納先生是辦公室裡唯一的外國人，我無法想像效率至上的德國人，管理字典裡找不到「效率」二字的印度人。

第一次領略到華格納先生的用處是在抵達孟買不久之後，菲爾第二次要剪頭髮。第一次是到所有外國人都去的五星級飯店裡的髮廊，菲爾大爺對於造型師必須花一個鐘頭剪他的頭髮極度不滿：「浪費時間，剪頭髮還要調查我祖宗八代，沒有下一次了！」

我建議菲爾嘗試路邊剪髮。顧客脖子上隨便圍了塊不知道哪裡撿來髒兮兮的毛巾，坐在滿是垃圾的路邊板凳上，理髮師嚓嚓兩三下就剪好頭髮。接著是刮臉，然後最重要的是修剪幾乎每個印度男人都有蓄在上唇的小鬍子。

比較像樣的可能有個小店面，理髮椅是幾根撿來的木頭釘成的，也許是桌子腳、也許是壞了的窗戶框，廢物利用玩具似地卻有模有樣，不僅有椅背還有靠頭的地方。人多的孟買理髮生意可是競爭很激烈的，於是腦筋動得快的就在理髮店內兼做點小生意，比方說賣洋蔥──剪頭髮還可以順便買菜！

菲爾嘆了一口氣：「不要再胡說八道了，求求妳幫我找個乾淨不囉嗦的理髮店。」我跟尼爾生提及理髮事宜，他想也不想：「沒問題，太太，我帶先生去華格納先生剪頭髮的地方，華格納先生說剪頭髮的人從來不跟他說話，而且動作很快。」

一日菲爾剪了短髮回家了，十分滿意地封尼爾生為「管家吉夫斯」，吉夫斯（Jeeves）是英國家喻戶曉暢銷小說中的人物，他對主人提出的任何問題總是有解決辦法。

原來菲爾下班之後，尼爾生載著他到火車站旁的涼風男士理髮廳，顧名思義，冷氣開放！根據菲爾形容，窗明几淨，一排穿著乾淨制服的理髮師坐在門口，十五分鐘解決頂上大事！這家理髮廳是工作繁忙鐵路局上班員工的最愛，華格納先生因為工作的關係，也跟著在這家效率高、理髮師不說英文的店裡理了許多年的頭髮。

接下來四年，菲爾繼承了華格納先生的傳統，在回家的路上花十五分鐘剪頭髮，沒人跟他囉嗦半句話。

尼爾生知道菲爾十分滿意華格納先生的涼風理髮廳，接著介紹我華格納太太的美容院：「太太，中國人開的！」結果沒在美容院剪頭髮，卻意外發現美容院老闆娘兼賣餛飩皮！這可是比剪頭髮重要一百倍的資訊，謝謝華格納太太，雖然她不知道可以在美容院買餛飩皮。

華格納太太再度發揮功能則是在買牛肉。我問尼爾生哪裡可以買到牛肉時，他得意洋洋地說：「沒問題，太太，去華格納太太買牛肉的地方！」接著是華格納太太在這裡買罐頭、在那裡買義大利麵。

我抱怨亞莎偷懶時尼爾生說：「太太，華格納太太覺得傭人偷懶時，就拿張白色的衛生紙在角落擦過一回，然後叫傭人看這張紙！」我笑著把這件事告訴亞莎，她吐吐舌頭：「太太，您才不是這種人，不過您放心，我會好好撣灰塵的。」哈，華格納太太另一用處，嚇唬亞莎！

一板一眼的華格納先生給尼爾生一張椅子，就在辦公室門口，辦公室沒事華格納太太不出門的時候，尼爾生坐在椅子上待命。有一次尼爾生坐在椅子上打盹被華格納先生發現了，立刻訓斥他：「你可以喝茶、看報紙、看雜誌，但是絕對不可以睡覺，我不是花錢僱你來睡覺的。」乍聽之下覺得這個德國人可惡之至，但不多時我完全可以體會華格納先生必須在他的辦公室裡定下規矩，否則全部的印度人有樣學樣，一定會跟進沒事就睡覺！

在太太帶著放暑假的孩子回歐洲時，華格納先生一人在孟買，於是帶著尼爾生一家人開車到孟買郊區避暑勝地馬泰蘭度假，之後把照片全部放到一張光碟上送給尼爾生。我十分狐疑地問：「你有電腦嗎？」

尼爾生搖頭晃腦：「當然沒有啊，太太。華格納先生在辦公室的電腦上給我看了照片，他告訴我留著光碟，以後如果我有電腦就可以看了。」兩年後我們的電腦升級，尼爾生接收了舊電腦，終於可以看全家在十年前和華格納先生一起去馬泰蘭度假的照片了！

我喜歡華格納先生和員工相處的態度，界限十分清楚，不似我老在模糊地帶掙扎。

一回一個蘇格蘭老闆到孟買出差，華格納先生問尼爾生是否去過孟買外海的象島，搭船大約一個小時。華格納先生說蘇格蘭老闆打算自己去，不過如果尼爾生也想去，放他半天假陪著蘇格蘭老闆一同前往。

當天尼爾生興高采烈和蘇格蘭老闆從印度門搭船前往象島，根據尼爾生的形容，蘇格蘭老闆在烈日下就跟煮熟的龍蝦一樣。下船後氣喘吁吁爬上小山丘去參觀石窟裡遠古時代的石雕，到了售票處發現外國人居然必須付本地人二十倍的錢買門票！雖然不是很多錢，蘇格蘭老闆堅決不接受不平等待遇。

我聽得津津有味：「然後呢？」「然後我們就在售票處外面的涼水攤休息，蘇格蘭老闆喝了兩瓶啤酒，我喝了一瓶可樂，然後我們搭船回孟買。」「所以你最後還是沒有進去象島石窟？」尼爾先生搖頭晃腦：「沒有，太太，不過我去過象島了。」

一九九〇年代的孟買進口物資十分缺乏，於是團結的德國人利用德國使館和德航的關係，每個月從德國運來物資。抵達孟買當天，所有德國家庭的司機聚集在機場，等著領取專程空運來的家鄉食物。要是每個月有台灣物資前進孟買該有多好！

飛機上都是什麼東西？尼爾生一一數來：德國香腸、起司、牛奶、麵包、雞蛋……我聽得瞠目結舌，連雞蛋都得空運而來？不過再想想，即使在今天的孟買，還是有挑剔的外國太太要用礦泉水洗臉，外國先生西裝只在出差到新加坡才乾洗，十多年前要進口雞蛋牛奶其實也不為過，更何況是使館安排的，不要白不要！

華格納先生離開孟買時把許多家電用品送給尼爾生，不過尼爾生為了省電，冰箱並沒有插電，只當櫃子用。華格納太太留下電動縫紉機，讓會裁縫的尼爾生太太可以多做點縫縫補補的小差事貼補家用，不過為了省電，電動縫紉機也從未插電，尼爾生太太還是踩著她的傳統式勝家牌縫紉機。

而華格納先生太太留下來的孟買求生全紀錄，就經由尼爾生，世代交替傳給我們了。我常想，我對華格納先生的工作態度、處事原則、居家生活幾乎到了知己知彼的地步，也許我該循著尼爾生推薦信上的聯絡方式，和華格納太太交個朋友！

孟買水，大不易

去聽了外國人舉辦的演講，主題是水。演講的外籍女醫師提醒大家，千萬別吃印度人最愛的各式醃菜醬料，肯定是生水做的。放棄外面的生菜沙拉，因為店家不會仔細沖洗。自來水當然不能喝，那煮過的過濾水呢？也是不行，一定要喝瓶裝礦泉水，還得是特定品牌，沒見過沒聽說的，不能喝。小吃店拿上桌的，先檢查瓶蓋有沒有被開過，可能是空瓶再利用裝入生水的……我聽得瞠目結舌，不會吧？

女醫師繼續把家中該注意的事項一一數來：除了吃的、喝的、用來做飯的之外，連刷牙漱口也必須全部是瓶裝水，基本上只要是進入嘴裡的就非瓶裝水不可，這個說法我倒是沒有意見。當時正當肝炎流行，女醫師說孟買的肝炎已經不只是A型或是B型，還有C、D、E、F、G型，孕婦為了安全起見，應該把瓶裝礦泉水煮過十五分鐘再飲用……什麼？

不過我還真是一直以為肝炎只有A型和B型，今天又增長了一智！我看了一眼坐在不遠處一個大腹便便的金髮孕婦，心裡十分同情，肯定被嚇壞了，說不定回家後馬上要收拾行李，逃離孟買。

是不是危言聳聽我無法得知，不過我們倒是真的非瓶裝水不喝，盡量不外食，非不得已在外則只吃熟食，家裡的生菜沙拉一律用消毒嬰兒奶瓶的消毒片浸泡之後才下肚。至於刷牙漱口，也是一律瓶裝水，初到孟買這樣近乎瘋狂地小心了幾個月，沒有許多外國人常見的腸胃問題，在我們的胃入境隨俗之後，開始嘗試小店的食物也就沒什麼大問題了。

一日愛爾卡來報告大樓要停水一天，於是開始在浴缸儲水，不過最後終究照常供水。這水，自然要留著利用，但愛爾卡和亞莎卻不論我如何明示暗示，就是聽而不聞，一定要用水龍頭流出來嘩嘩的水擦地打掃，所以浴缸裡的水只能我們自己用來沖馬桶。

再過幾日菲爾回家後把我叫進浴室，指著浴缸裡的水對我說：「我想公司是要懲罰我才派我們來印度的，真是對不起……」我們四目相望，幸好還能哈哈大笑，我趕緊拿來相機照下這驚人的畫面。

由於樓上進行整修，電鑽威力強大，把窗戶震得嘎嘎作響，這種規律性的震動在浴缸底部震出圖案，而這圖案，就是來自水龍頭流出來的水裡的泥沙所形成的！

孟買的下水道系統是英國殖民時期一八五〇年前後，英國總督埃芬斯敦公爵

（Mountstuart Elphinstone）任內建立的，一百多年來也沒怎麼整修，當時的英國人恐怕做夢也沒想到日後孟買會有上千萬的人住在有一寸蓋一寸的貧民窟裡吧。

這些貧民窟當然沒有設置自來水管路，結果就是市政府每天定時定點派供水車到各個貧民窟。沒有工作、穿著紗麗的婦女提著大大小小的水桶來裝水，她們聚在規定的地點大聲嬉笑怒罵，無所事事的青少年、沒穿鞋的小孩也全出來了。依序裝滿水之後，各自頭頂著彩色的塑膠壺，消失在迷宮似的貧民窟裡，結束日復一日的八卦時光。

印度中上階層人家都有個傭人房，溫德米爾也不例外，愛爾卡和亞莎的傭人房大小與我們在雪梨的客房不相上下，還是個套房。房間有個後門，連接著傭人專用的樓梯：僕人是不能和主人共用出入口的！所幸帕西族房東的塔塔家族從事慈善事業出了名，並不堅持這個規矩，所以愛爾卡和亞莎和我們一樣從大門進出。我知道她們家中連自來水都沒有了，更別提浴室，就讓她們在溫德米爾洗澡，另供應專屬毛巾、香皂、洗髮精。我還記得她們看到全新浴巾時的興奮表情：「太太，這個毛巾好大好軟啊……」

過了一陣子，愛爾卡派亞莎來找我。因為亞莎年紀輕，常常口無遮攔與我胡說八道，愛爾卡稍長我一歲，所以許多她不想直接說的事就差亞莎來跟我開口：「太太，你知道我的頭髮為什麼這麼黑嗎？」「因為你比我年輕許多啊！」「不是，是因為我們洗頭髮之後還要用椰子髮油保養，那就是我們頭髮又黑又亮的祕密，您也該試試。」聊了幾分鐘我才頓悟：要頭髮油！於是家用支出從此就多了椰子髮油這一項。再過不久，不必來問又多了香噴噴的痱子粉一項。

每天下班前，愛爾卡和亞莎輪流在她們的浴室洗澡，偶爾還小聲哼著最新的寶萊塢主題曲，洗頭後及腰的長髮總是上了一層油膩膩的椰子髮油。過了不久亞莎又來了：「太太，愛爾卡老是要我先去洗澡，她憑什麼要我先洗？我也想在回家前才洗澡啊！」

和一位印度朋友提及此事，她哈哈大笑：「妳把傭人都寵壞了，接下來她就要把家裡的衣服拿來洗，然後全家搬進來了！不過妳可以學學我一個外國朋友，讓她們一早來就先洗澡，這樣傭人全天乾乾淨淨，也不會計較誰先誰後，就是妳由著她們回家前洗澡才有這個問題！」

在印度某些看似過分的行為，再想想時可以理解，許多事不是非黑即白只有兩種說法。如果這個外國人的傭人和愛爾卡和亞莎一樣住在貧民窟裡，而家裡有小孩要她們帶，那麼，是小孩的清潔還是傭人的自尊對媽媽比較重要？

但是我的家裡沒有小孩，是絕對不會要她們這麼做，何況她們跟我一樣，是每天洗澡的！於是我另訂一項可笑的家規：兩人每星期輪一次先洗澡，洗澡前要先告知對方時間徵求同意，以免有任何想也想不透、說也說不清的誤會！

不過印度朋友果真料事如神，一日亞莎小聲預告：「太太，您可別說是我說的，愛爾卡想把她家裡的衣服拿來這裡洗，我跟她說我不管。」我陷入天人交戰，我很清楚愛爾卡的作息，每個週末要洗全家的衣服，在沒有自來水的狀況下，可想而知是多麼麻煩的事，而我們偌大的家裡有十幾個水龍頭，只有兩個人。這回不再問印度朋友了，轉問已經第二次派駐印度、打算在南印度退休的英國朋友施薇亞。

施薇亞沒有給我答案，只是問我：「如果她要求用妳的洗衣機呢？」「當然不可以！」「如果她想把衣服晾在傭人房呢？」我無法想像那個房間裡吊滿愛爾卡丈夫、兒子和公公的衣物：「也不准，不過如果她手洗衣服帶回家晾呢？」施薇亞笑了：「如果亞莎也要把衣服拿到妳家洗呢？尼爾生呢？我不是告訴妳該或是不該，但是這是印度，妳必須想清楚後果。」

回家的路上我想了又想，很多事的確不是表面上那麼簡單，雖然心裡還是不能完全肯定最後的決定，終究把愛爾卡和亞莎叫來：「從現在起，妳們兩人的衣服在這裡洗，在這裡晾，我負責妳們兩人從頭到腳的個人衛生清潔，但是不能把我給妳們的清潔用品帶回家，也不能把妳們家人的任何物件帶進來。」

說完彷彿是了一樁大事鬆了一口氣，卻還要一邊不停說服自己：我不要為這些事感到抱歉難堪，我對她們是很好的，我不必負責她們的家人，我還得在這個國家待好多年……

亞莎回鄉下時，找了同住貧民窟的鄰居安潔娜來頂替她的工作。安潔娜年紀很輕，沒有經驗不會英文，不過只是短期擦地、撣灰塵倒也無所謂。奇怪的是只要安潔娜在廚房裡，總是把水龍頭開到最大，嘩啦啦的水濺了她一身一地，她在客廳房間擦地板時水流聲變小了但卻依舊聽見。

我好奇進了傭人浴室，她並沒有把水龍頭完全關緊，水就這麼細細地流著，從水桶裡不停地溢出來，我把水龍頭擰緊回到客廳。安潔娜再進清潔房換水出來，水聲又繼續，我進去再看，水龍頭的水不停流，緩緩地從水桶裡溢出來。

問了愛爾卡是不是安潔娜不知如何使用水龍頭，她笑笑說：「太太，她家裡沒有水龍頭，不過她是知道的，她只是喜歡水一直流著……」

原來如此！愛爾卡和亞莎不似安潔娜，不會放著水龍頭的水不擰緊，但是卻也不喜歡用浴缸裡儲的水，因為從水龍頭裡嘩啦啦流出的水聲對她們而言，也許是一種莫名的愉悅吧。這和她們喜歡用全新的垃圾袋，而不是台灣人一定留下來再用的超市塑膠袋是一樣的道理，不過就是想要一個她們沒法過的日子罷了。

愛爾卡看著我恍然大悟的臉：「太太，喝茶嗎？」

吃在孟買

初到孟買心中大喜，肯定是上輩子修來的福氣，不僅有傭人、司機居然還有廚子！愛爾卡每天做新鮮的咖哩，現烤的麵餅，我心想人生至此，夫復何求？不過在得知愛爾卡沒有例外每天天還沒亮就得起床，為家裡三個沒工作的大男人做三十個麵餅、外加幾樣咖哩之後，不敢再說要吃麵餅。我若是她，肯定一聽到做麵餅就會一肚子火。

美其名是體貼愛爾卡，其實是吃咖哩麵餅吃怕了。

對吃慣了大火現炒青菜三分鐘的台灣人而言，最不能適應的就是一定得煮得又軟又爛糊糊一團、味道還行但賣相很差的印度料理。對我而言最糟的，就非混合生薑、大蒜、洋蔥、蕃茄後搗爛的鹹綠豆莫屬了。

雪上加霜的是，印度人專吃根莖類：馬鈴薯、胡蘿蔔、包心菜、茄子、洋蔥、青椒、四季豆。是因為食物必須煮很久所以要煮根莖類嗎？那為什麼不吃容易煮的？這就像是雞生蛋，蛋生雞的問題一樣，我百思不得其解。

第一次在克勞福德批發市場（Crawford Market）看到我向來不愛吃的空心菜時，幾乎要喜極而泣了。

比我早到孟買的亞洲朋友告訴我一個賣豆腐的中國人，就住在溫德米爾附近的一棟大樓裡，這可是千金難買的求生消息！要了電話立刻就打：「我要買豆腐！」電話那頭是個印度人：「要買多少？」雖然有點懷疑，但此時又目光如豆、胸無大志地覺得我的人生會因為這塊豆腐大有希望！

賣豆腐的住在印度多久不可考，但可以確定他是華人，一句中文也不會卻做得一手好豆腐——板豆腐！他在公寓房子裡神神祕祕賣豆腐，大門上寫了「鄺」的英文拼音，每每去買豆腐要事先預訂：一公斤還是兩公斤？隔天按照豆腐鄺規定的時間去領。

一回去早了，按了門鈴，豆腐鄺將門開了個小縫，用英文告訴我時間未到，碰的一聲門又關上。我在髒兮兮的公共過道上數蒼蠅，罰站了十來分鐘他老兄才又露面，從門縫裡遞出一袋豆腐，數完錢碰的一聲門又關上。

就這樣買了幾年豆腐，除了他姓鄺，我對這位豆腐兄完全莫宰羊：豆腐是怎麼做的、用什麼做的也無所謂，在吃到麻婆豆腐那一刻，人生真是充滿希望啊！

我不是素食主義者，但也不是特別喜歡吃肉，所以在印度這個許多人吃素的國家其實是滿適合的。但是隨著年齡的增長，長年不在台灣，對非中餐的容忍度不但沒有增長，反而愈來愈低。基本上連著兩天吃西餐或是印度咖哩之後，最起碼也得來碗千里迢迢台灣扛來珍貴的統一肉燥米粉，才能再繼續奮鬥下去。

沒肉問題不大，但強烈要吃中餐的欲望這個問題就大了，因為世界各大城市都有的中國城在孟買沒有。原因是在一九五九年西藏事件後印度收容了達賴喇嘛的流亡政府，中印嫌隙漸深，接著在一九六二年為了邊境問題打了一仗，許多中國人就此離開印度，導致如今全印度只有加爾各答還有個小小的中國城。

唯一的解決之道就是所有的醬料乾貨，都從寶島台灣千辛萬苦地帶回孟買。

沒肉問題不大，但是偶爾還是要吃肉的。印度教不吃牛肉，伊斯蘭教不吃豬肉，於是雞隻在沒有宗教意識下，無辜地成為最容易被宰的對象，其次是羊。初來乍到我如初生之犢，勇氣十足到附近的克拉巴傳統市場（Colaba Causeway Market）逛了一圈，看見賣雞的小販坐在門口看報，可憐的雞就擠在籠子裡。

小販一見我放下報紙，彈簧似地跳到籠子旁就要抓：「太太買雞嗎？我現在就殺！」這其實不是什麼大不了的事，但是一靠近時濃濃的牲畜加上垃圾的腐臭味，我在烈陽下幾乎要嘔吐了。現殺的雞固然新鮮，但我決定從此在超市裡買殺好裝好的雞胸肉，眼不見為淨。

菲爾一日很可憐地說，要是能吃塊牛排該有多好！我才意識到忘了他是英國人，麻婆豆腐或是統一肉燥米粉是不能打發的。我在車上提及此事，尼爾生搖頭晃腦說：「沒問題，太太！」接著把我載到了一家大約兩米寬、四米深的小雜貨店門口，前一任德國雇主華格納太太買肉的地方。

這就對了，買豆腐問亞洲人，買牛肉就得問喜歡吃肉的德國人！

這是很階級意識的說法，但是我必須精確地形容，小雜貨鋪的門口擠滿了來買雜貨買肉的傭人，他們應該是在什麼都吃的帕西族人家工作，會自己來買菜的通常是外國人。一見我從車上下來，那些傭人自動在櫃檯讓出一個小縫來，說不要也沒用。

裡頭的年輕老闆——後來成為朋友的法蘭西斯很熱情地招呼我：「來來來，太太，要什麼？」那些傭人退縮在一旁毫無怨言地看著我。在印度如果取了西方名字的多數是基督教徒，比方說尼爾生，法蘭西斯也是，店裡擺了個十字架和耶穌像，四周不免俗地也和象神一樣有好些小霓虹燈閃閃發亮。

小雜貨鋪前半段賣食品乾貨，從本地貨到進口罐頭都有，後方則是個肉鋪，拿著大刀的屠夫使勁地切肉。由於距離太遠，聞不到肉的腥味，也看不見繞著生肉飛的蒼蠅，頓時讓人當起鴕鳥信心十足。

當晚菲爾是全孟買最幸福的人了，不是沙朗牛排但至少有牛肉的味道，外加烤馬鈴薯！

買了一陣子牛肉之後，有一回法蘭西斯問我：「太太，吃羊肉嗎？今天的羊腿特別好，剛來。」就在我還在考慮之際，他拿出一條羊腿，一條完完整整連皮帶骨帶血的羊腿！

法蘭西斯把剛從這頭可憐的羊身上砍下來的腿在我眼前晃呀晃，至此我已身經百戰處變不驚：「可是我的鍋子沒這麼大呀！」法蘭西斯放聲大笑，切肉的蘇拉吉從雜貨鋪後方揮舞著他的大刀：「沒問題，太太！我一定會幫您切好的！」於是蘇拉吉熟練地把大約整條羊腿的三分之一瘦肉小心切下，其餘的三分之二肥肉羊骨，愛爾卡和亞莎高高興興拿回家加菜了！

但是中餐裡最多的豬肉上哪兒去找呢？因為買不到，想吃獅子頭的渴望就更強烈了！台灣朋友艾咪和新加坡朋友艾斯特不知哪裡打聽來有個賣豬肉的大盤商，三人興高采烈浩浩蕩蕩地出發買豬肉去了！

尼爾生在大街小巷鑽來鑽去就是找不到這家店，抵達小巷子時艾咪和艾斯特已經到了，兩人站在滿地垃圾的路邊一臉茫然。我在門口下了車，一陣肉腥味隨著熱浪撲鼻而來，剛剛宰殺的溫體豬肉一塊一塊泡在大鐵桶的血水裡，上頭淨是此起彼落的蒼蠅。

這是我有生以來買肉最恐怖的經驗了，不過三人中了邪似的，不買到豬肉絕不善罷甘休，當下開會決定，既來之則安之，印度所有的肉都是這麼處理的，自欺欺人買了看起來像是里脊肉的肉各自回家，繼續當鴕鳥。

回到家愈想愈不安心，腦海裡不斷浮現水桶上方黑壓壓一片的蒼蠅，但是想吃獅子頭的念頭愈來愈堅定了，於是做了件空前絕後的瘋狂事：把肉仔細清乾淨後，再用洗嬰兒奶瓶的藥片用水泡著消毒。

消毒過後，我把豬肉放進食物調理機打成絞肉，加上好不容易從克勞福德市場找來的大白菜、台灣帶來的金蘭醬油、香油、容易買的生薑和青蔥，我滿心歡喜打開傅培梅食譜，按部就班開始做我日思夜想的獅子頭。此時廚房充滿了做中餐時才有的油煙，先下蔥薑爆香，煎獅子頭，接著加入高湯開始燉，嗯，這個湯頭還不錯，但是有那麼一點說不出的奇怪味道。

上桌了，菲爾很懷疑地問我：「哪裡來的肉？」我跳過蒼蠅的部分，很快地敘述了買肉的過程，英國人堅決不吃。我自知理虧，不能強迫他，但台灣人有得吃怎能不吃呢？更何況花了這麼多功夫！

於是我拿著湯匙，壯士斷腕切下一小塊獅子頭送入嘴裡……一股前所未有的腥味直衝腦門，我連忙吐了出來，菲爾在一旁幸災樂禍：「我告訴妳別吃吧？」這是我在印度四年期間唯一一次的買豬肉經驗。

結論是，印度人吃素是很有道理的。

客人房裡有臭蟲

菲爾多年前的路透社老闆來信，剛從大學畢業的兒子想到孟買找工作。家境優渥的獨子，從小在父母呵護下一路順暢，居然想從倫敦到從來沒來過的亞洲找工作，還是凡事難上加難的孟買！

我們討論了一下，舊老闆和菲爾多年來亦師亦友，所以決定讓這個社會經驗全無的牛津畢業生馬提斯先在溫德米爾住下再慢慢找住處。此時善良熱情的台灣人本質出現了：讓尼爾生去機場接他，否則他一出機場就會被計程車司機和苦力嚇壞了。菲爾反對：他必須自己找著來，他不是來玩的。

馬提斯下飛機已過午夜，出關再到孟買最南端要一個鐘頭以上，我認為應該等門，但是菲爾堅信堂堂牛津大學畢業生，父親是路透社資深編輯，不會是嬌生慣養、不知世事的紈褲子弟，所以不該不睡覺等他。最後我們在沒有上鎖的大門外留了一張字條，交代他自己開門進來。夜半我朦朦朧朧彷彿聽見他來了，不過也沒起身。

第二天馬提斯近中午才起床，說昨天下了飛機就被一個計程車司機綁架到一輛破破爛爛的車子裡，司機看來不是壞人，但車子的外觀讓他十分懷疑是否能發動。哈，孟買第一課！

他告訴司機地址後就往南出發，怎知這個司機可能跟馬提斯一樣初來乍到孟買，除了知道往南走，其他莫宰羊。不過一路上牛津英語和印度半吊子單字倒也相談甚歡。一直到在沒有交通的路上超過一個小時之後，馬提斯開始覺得大事不妙，司機亦然。

司機在路旁停了下來，下車叫醒一個睡在人行道上的人，兩人搖頭晃腦討論一陣，司機回駕駛座，這個睡眼惺忪的路人甲坐進前座，三人繼續往前開。兩個印度人是聊天是找路不得而知，英國人一頭霧水。再過一陣子，馬提斯看見我先前跟他形容的小漁村，如釋重負地告訴司機：「往前往前，再五分鐘就到了。」但是過了十分鐘，還是沒看見溫德米爾。

司機再停，這會兒他探頭出去問了個走在馬路中間的路人乙，搖頭晃腦一陣，路人乙對馬提斯做了個往裡坐的手勢，進了十分狹小的車內，和人高馬大的馬提斯擠在一起，一行四人繼續往前開，現在有三個印度人在找路聊天了。

跟據馬提斯非常紳士的形容，車內的味道不太好。雖然是半夜，他還是很驚訝怎麼有人走在馬路正中間。我告訴他就算是大白天也會有人這麼走的。

我一邊給馬提斯倒咖啡，一邊觀察他的表情，所幸他一點也沒有被嚇到，反而興高采烈加油添醋說個不停。最後這輛味道不太好的破車終於找到溫德米爾，馬提斯付錢下車，和另外三人握手珍重再見，再花十分鐘叫醒溫德米爾的警衛出來開花園大門，上了樓連洗澡的力氣也沒了，筋疲力盡倒頭就睡。

從此我們的生活中多了一個馬提斯，每天回家總是向我興奮地報告他的所見所聞，包括哪個印度女同事眼睛如何大、五官如何深邃、身材如何惹火，活生生寶萊塢電影裡走出來的女主角！

馬提斯在一個印度新聞台國際部實習，和印度人一樣擠公車換火車上下班，從來沒有抱怨看來隨時要拋錨、瀰漫著印度人特有體味的大眾交通工具。他也很快有了許多和他年紀相仿的印度朋友，週五通常徹夜不歸，和朋友喝啤酒跳舞去了！週六凌晨，有時甚至天亮了他才躡手躡腳地回來。

一日亞莎來問我：「太太，客人受傷了嗎？地上有血跡。」我開始有點擔心，不會是和人打架了吧？當天馬提斯回來後趕緊問他，他尷尬地說只是一張紙割破了手。再過幾天，亞莎做錯事般進了書房：「太太，來看！」

我跟著進了客房，濕熱的印度，床上只有一件被單，亞莎指著床沿地上黑芝麻似的黑點，我皺起眉頭：「是什麼啊？」亞莎掀起床單，白色的床單上也看見這些芝麻似的黑點，再仔細一看，還在動！「太太，客人的床上有臭蟲。」我倒退三步，我還真沒見過臭蟲啊！

亞莎這才說在客房地板發現血跡後，她和愛爾卡下結論：血跡是客人抓到臭蟲再壓死的證據，接著她們就發現臭蟲了！接著買了她們口中的「藥」灑在床上殺蟲！我覺得不可思議：「怎麼不告訴我？」亞莎很體貼地說：「因為我們不想把您嚇壞了啊，可是這臭蟲真多，怎麼殺也殺不完，現在只好告訴您。」

我聽得噁心極了，叫愛爾卡打電話給固定來收舊報紙的小販，要他立刻把這個床搬走。小販來收舊報紙時，愛爾卡不准他走大門，規定他得走僕人的樓梯，所以這個從來沒有進過我們家，頭上纏了一塊髒兮兮毛巾的小販，終於得以進到這個大房子把床搬走了！一進門左看又看，眼睛瞪得老大，站在床前考慮了許久，和愛爾卡印度話嘰嘰咕咕講了一大串。我心想哪這麼麻煩，快點搬走就是了，光是臭蟲的念頭就讓我渾身發癢，更何況還看得見！

此時聽見兩人的對話中出現九百這個數字，我馬上打斷對話：「怎麼可能要九百盧比，太貴了，只是把它搬走罷了，這個枕頭床單全給他，床墊枕頭裡有蟲不要了，可是床單洗一洗還可以用的，是全棉的當成抹布也行啊。」就在我對這個一臉茫然的小販用他不懂的英文曉以大義時，亞莎忍住笑說：「太太，他是說這個床很好，是外國的，他用九百盧比跟您買！」

好不容易把這個雙人床加上枕頭、床單、被單全掃地出門，我先要愛爾卡和亞莎用殺蟲劑把房間每個角落噴過一回，再把房間的門緊緊關起來，彷彿裡面有個傳染病病人似的。接著我打電話給馬提斯：「你的房裡有臭蟲？」

他支支吾吾說不出話來，我可以想像這對生性拘謹、禮貌至上的英國人是如何難堪的事：「為什麼不告訴我？」馬提斯這才告訴我，一開始他睡前在身上噴了防蚊液，但是臭蟲的情形愈來愈嚴重，他索性睡到大理石地板上，反正也比較涼快！受不了時就開始抓臭蟲，再咬牙切齒地把牠們擰死，留下血跡斑斑！

我和菲爾的結論是，馬提斯薪水不高，週五晚上和印度年輕朋友去的地方不會是什麼像樣的酒吧，那裡的舊沙發裡肯定藏滿了臭蟲，跟著他的衣服褲子回來了。而他每次玩累了回來不洗澡不更衣，倒頭就睡，就這麼把臭蟲帶上床，從此住在客房的床墊裡。

當天馬提斯一回到溜德米爾，我衝到他的面前：「現在立刻洗澡！全身加上皮箱裡所有的衣物放在一旁，明天全部消毒！洗完澡後到另一個客房睡覺，但是你的東西留在這裡，不准出這個房間一步，因為可能還有臭蟲！」

羞愧萬分的馬提斯低著頭不敢說話，我和菲爾再也忍不住放聲大笑，他抬起頭看著我無奈地說：「對不起，不過我知道我這輩子是絕對逃不過妳用這件事來捉弄我了。」

就這樣馬提斯在搬出溫德米爾前，就過著一進家門必須立刻洗澡，行李放在一號客房，但是卻必須睡在二號客房的日子。而馬提斯和臭蟲的故事也從此不停被我轉述給朋友聽。

馬提斯搬走後不多時，就與我們熟識的印度美女主播伊蘭陷入情網，戀情穩定後在一次聚會中碰面，伊蘭一見到我立刻說：「馬提斯特別交代，我們見面時馬上要告訴妳，我已經知道臭蟲的故事了！」

再過兩年，馬提斯順利考進路透社繼承父志成為駐外記者，也和伊蘭修成正果，在伊蘭的故鄉加爾各答舉行了傳統的印度婚禮，高大的馬提斯穿著印度長袍特別好看。我常想，他在牛津讀書時，一定沒有想到幾年後會把臭蟲帶進別人家中，然後落腳在印度，成為半個印度人吧。

欠我的錢呢？

從雪梨到孟買的前兩年，一直替中央社兼職寫稿，後來台北決定印度需要一位專職的特派員常駐首都新德里。雖然社裡表示還是歡迎我從孟買自由撰稿，我不知為何興趣缺缺，多半是我們每三四年搬一次家，把我也變得沒定性了吧。加上有點想回到老本行寫英文稿，最後決定結束和中央社幾年愉快的供稿合作。

就這樣過了一陣子，朋友問我對印度媒體有無興趣，心想也是個經驗於是應允，隔天一位叫納丁的印度編輯給我打電話，問我是否願意為一家印度航空公司的頭等及商務艙雜誌寫稿。

從路透社到中央社，現在居然替機艙雜誌寫稿！雖然稿費少得可憐，總是件新鮮事。因為隔月出刊，賺的錢連付亞莎的薪水都不夠，不過想想如此一來，我可以了解一下印度除了司機、傭人、送信、收舊貨之外的職場文化！

隔日我依約前往納丁的辦公室與他當面會談，了解我負責的內容。辦公室位於孟買最有名的印度門和泰姬瑪哈旅館附近觀光客最多的地方，離家只有幾分鐘車程。

這家外資出版社在印度的眾多出版品中，包括了這本商務艙雜誌。我和溫文有禮的納丁相談甚歡，一直到他解釋了要我編輯大約五到七頁的內容時，我開始有點猶豫。我負責的是上網查一查這家航空公司國際航線所及的各大城市，當月舉辦什麼大型會議或是展覽，整理介紹內容，基本就是上網一大抄，根本不是什麼寫稿！

路透社十多年的訓練後，我深信抄襲是最最令人不齒的行為，但是再想，不過是匯整這些展覽會議的官方內容，並無任何敏感之處，主辦單位應該也很願意有免費的廣告吧？於是回話給納丁說可以。

就這樣我為這個商務艙雜誌在網上找主辦單位的官方網頁，依版面編排重寫後附上網址，倒也沒有違背新聞道德的大原則。每次輕輕鬆鬆六頁編下來，無需用腦毫不費力，也從來沒人對內容有隻字片語的疑問建議，要不是他們按時寄來出版的雜誌，我幾乎懷疑自己是不是真的在替他們工作。

雖說可以知道世界各大城市有哪些會議展覽，也算增長見聞，但漸漸覺得無趣，於是一年後很委婉地告訴納丁請他另外找人。這差事只要是懂英文會上網有點概念的都能勝任，所以納丁很爽快向我道謝，倒也沒有留我，當下覺得浪費了先前婉轉的說辭。

期間我的稿費一直在出版社欠著，起初因為會計部門的種種原因，後來則是因為稿費實在少得可憐，我入境隨俗也變得凡事滿不在乎，老想著等稿費多一點一起領。終於我不幹了，欠我的錢呢？

納丁由於編輯工作繁忙，看來也真不知付款的細節，透過他傳話可能更麻煩，於是要了會計的姓名電話，拿起電話找負責的伊麗卡：「我已經不做了，可以把我的稿費結清嗎？」彷彿她是總編輯：「是嗎？那真是太可惜了，明天妳到辦公室來請款吧。」

隔天依約前往出版社辦公室，伊麗卡神龍不見尾，還沒上班。我傻傻地坐在沙發上半個鐘頭之後，得知她已經在路上，等一下就到。就這樣等一下、稍等一下、再稍等一下，伊麗卡始終沒有出現。最後一個答案是：「伊麗卡決定吃過午飯再進辦公室，下午再來。」這是什麼態度啊！我血壓上升心跳加速，交代請伊麗卡給我打電話另約時間後，氣呼呼地離開出版社。

再次到出版社時伊麗卡照例不在，我決定給她十五分鐘，謝天謝地她在我準備離開的關鍵時刻出現。見了我沒有一聲抱歉：「來來來，坐這裡，我找個表格給你填。」我問伊麗卡有沒有可能給我現金，反正不多，省得雙方麻煩。「哦，不行的，我們一定要匯入你的銀行，這是一定的程序。」

就這樣我在她的辦公桌旁坐了大半個小時，等她從電腦裡調出我的檔案。接著把表格印出來，填妥之後她仔細檢查，發現新大陸般喊了一聲：「哎呀，這個表格是錯的，妳不是我們的員工，不能填這個表格！」彷彿是我的錯一般，伊麗卡念念有詞，重新回到電腦上再花個十來分鐘找出正確的表格，我沒好氣填妥個人資料後，伊麗卡交代一星期後再來。

想當然耳過了一星期出發前在電話裡得到的答案是：「明天。」過了好幾個明天之後，總算有了答案：「妳的資料有問題。」「什麼問題？」「妳在印度沒有銀行戶頭。」「沒錯，所以妳要我把台灣戶頭給妳。」「是的，可是我們和台灣的銀行沒有往來。」我深深倒吸了一口氣，多說無益：「好，那接下來怎麼辦？」「妳給我們另一個海外帳號吧，重填一份表格。」

再度坐在伊麗卡面前時，我仔細問了出版社要哪個銀行：台灣的第一銀行不要沒關係，新加坡、澳洲、法國，任君挑選。伊麗卡左思右想，可能因為地理位置最靠近的關係，她選了新加坡的星展銀行。我填好資料再三確定沒有問題後，回家繼續等著我幾乎不想要的稿費。

徒勞無功繼續打了兩個星期電話之後，伊麗卡出乎意料主動來電話了：「這個問題比較複雜，有空再來一趟吧。」我正好要出門，於是順道到出版社一趟。這回我學聰明了，買了一杯咖啡帶進去，準備長期抗戰。伊麗卡在約定的時間又不在，我閉上眼睛深呼吸：每次沒有例外遲到甚至不出現也太離譜了吧？就在我極度不滿的情緒瀕臨爆發點時，她總算回來了。

我在伊麗卡的辦公桌前坐下，這個從不為遲到甚至是不到感到不好意思的人面帶微笑，彷彿剛剛解決了一個艱深的物理程式：「是這樣的，我們從來沒有處理過這種例子，妳聽仔細了……這個至今已經延遲了一年的稿費，由於必須匯入新加坡銀行，所以出版社必須把印度盧比換成新加坡幣。」多半是伊麗卡自己憑空臆測想像，決定這盧比必須先匯到位於美國的某銀行去換成美金，再把這美金從美國匯到新加坡換成新幣。

聽到這裡，差點被一口剛喝下的咖啡嗆到：「妳說什麼？」

伊麗卡再度重複一次這個天方夜譚般的換匯手續，加上一句：「所有經手銀行的手續費必須從妳的稿費裡扣。」我突如其來用力把咖啡紙杯往桌上重重一放，所剩不多的咖啡全都濺了出來了：「你們這麼大的出版社為什麼要賴我的稿費？我不稀罕這一點錢，可是你們也別想不給我！」話一出口立刻後悔：我和那些令人厭惡的外國太太有什麼兩樣？但是已經來不及了。

原來在喝茶聊天的全停下來了，辦公室霎時一片死寂，這個台灣女人真凶啊！

在氣頭上的我顧不得寶島台灣的國際形象，開始連珠炮似的把我來請款卻一再被退回的過程高八度批評加注。伊麗卡很顯然嚇了一大跳，不知如何是好。雖然理智經驗告訴我他們不是要賴帳，只是在不知道該怎麼做的情況下，不負責任地信口開河，但是我還是失心瘋似的無法控制幾個星期來的憤怒，反反覆覆把這件事無條無理，幾乎是歇斯底里般扯著嗓門說了一遍又一遍。

沒來由地心裡覺得委屈極了。我為什麼要在這裡和這些人周旋呢？我曾經是堂堂路透社在台灣和新加坡的特派員，採訪過亞洲大大小小的國際會議，成就沒有但是至少是個知識份子，今天居然在這裡為了幾個臭錢，先得看人臉色接著還要把自己貶到潑婦罵街的地步！可憐自己虎落平陽被犬欺，愈想愈傷心，難過得幾乎要放聲大哭了。

結果是沒被人兇過，沒見過抓狂的台灣人，深信管錢就是老大的伊麗卡，驚慌之餘打幾個電話後告訴我：「我們可以開一張現金支票給任何一個有印度銀行帳戶的人，妳只要找這個人代妳領出來就行了。」

就是這麼容易。於是我在另一份表格上，填好和伊麗卡第一次見面就已經建議的菲爾印度銀行帳號，拿起我甩在她桌上的咖啡杯，轉身離開仍然處於寂靜狀態的辦公室。

出版社外盛夏午後的太陽正熱，立刻把人曬得發昏，路上車輛震耳欲聾的喇叭聲此起彼落沒有間斷，遠處泰姬瑪哈旅館的宮殿式屋頂在藍天下如畫一般。我沒有打電話要尼爾生把車開過來，獨自站在樹下調整這堆積已久、如火山爆發般不理智的情緒。

路邊賣水果的小販毫不掩飾地盯著我，蒼蠅在半腐爛的水果上方盤旋，他也懶得揮手趕。不遠處一個連印度種姓制度中最低階級都排不上、皮膚黝黑的「賤民」背著一個破麻袋，兩手伸進人行道上已經傾斜的垃圾桶，試圖找到可以變賣的廢紙或是寶特瓶。對街兩個手牽手的小乞丐站在一家外國人常光顧的咖啡店門外，沒有走過來向我要錢，反而看著我笑了：長得不一樣的外國人啊！

忽然之間對自己這微不足道的小困難感到極度慚愧：不論如何我的生活肯定是玫瑰色的，放眼望去周遭的印度人恐怕連做夢也不敢夢見和我一般的生活，而我竟然會可憐自己可憐得要哭了！此時心裡的難受不是因為請款的離譜過程，而是居然會為了一件對我的生活無關痛癢的小事，就要認為全世界都對不起我的自憐心態。

可是過了今天，明天還是要繼續和芝麻綠豆事奮戰，每隔一段時間我還是會無法克制，對人大呼小叫發洩情緒，然後再充滿罪惡感地埋怨自己，後悔不已。若要問我最恨印度什麼，不是貧窮髒亂，不是毫無效率凡事比登天還難，而是這充滿矛盾的複雜情緒，不論我如何堅決抵抗，過一陣子就要排山倒海而來試探一下，不是一杯熱騰騰的奶茶就可以解決的。

這，就是我又愛又恨的孟買了。

愛爾卡談戀愛

亞莎四下張望，確定愛爾卡在廚房不會忽然出現，小聲地說：「太太，愛爾卡談戀愛了！」她去年結婚的兒子最近剛當爸爸，所以大我一歲的愛爾卡已經是祖母了，她和誰談戀愛？

亞莎繼續壓低聲音：「他們是在準備她兒子婚禮時認識的，而且他比愛爾卡年輕五歲！」原來拉吉是印刷廠的送貨工人，在送喜帖時認識了愛爾卡，於是開始交往。我大吃了好幾驚，一向威嚴十足的愛爾卡竟然發展出婚外情，還是姐弟戀！

我還想再問細節，亞莎卻快步走向陽台開始擦窗戶，愛爾卡進了書房：「太太，要喝咖啡嗎？」愛爾卡剛學會如何用義大利咖啡機，每天總要問一回要不要喝咖啡。亞莎站在愛爾卡身後拚命眨眼暗示我千萬別說溜嘴問了不該問的事，根本不想喝咖啡的我趕緊答好，把愛爾卡送回廚房！

亞莎回到書桌旁，萬般陶醉：「太太，她男朋友好愛她啊，他說愛爾卡是全世界最美麗的女人！」我忍不住笑：寶萊塢電影看太多了！但同時我也不禁擔心，接下來要怎麼發展呢?在每個人的家務事都攤在太陽底下的貧民窟，這段婚外情恐怕無法藏太久，愛爾卡無業嗜酒的丈夫一定不會放她走的。

愛爾卡明顯的心情大好，在廚房裡哼著小調就差沒有拿著鍋鏟翩然起舞，每每和我說話總是笑嘻嘻，一天來問好幾回要不要喝茶喝咖啡，煮出來的咖哩特別好吃，也終於記得我告訴她千百遍，煮飯時不要加油加鹽。許多印度人煮飯總在米裡加點鹽、加點油。

我冷眼旁觀，不知道究竟該為愛爾卡高興或是擔心。從開始為我們工作以來，愛爾卡總是抱怨丈夫一無是處，卻還是認命地賺錢養一家老小，如今總算臉上有了笑容。但是在印度這個保守的社會，尤其是在貧民窟，婚外情會有什麼後果呢?

尼爾生年輕時從南方來孟買工作，父母在家鄉給他找了現在的太太，要他回去見面準備結婚。他告訴我當時工作太忙，沒空回去見面：「我在結婚當天才在教堂第一次見到我太太，然後我帶她來了孟買，一直到現在，二十五年了!」尼爾生深信媒妁之言比自由戀愛要來得可靠：「太太，媒妁之言婚姻的成功率百分之八十，自由戀愛只有百分之二十!」

我不知道他的數據是哪裡來的，不過住在印度幾年後卻也覺得這個說法有其可信度。媒妁之言的婚姻雙方背景事先配對，在家世相當對彼此沒有太多期待的情況之下，認命的經營婚姻似乎比較沒有波折。

不過在鄉下地方，嫁妝不足的新娘在婚後被活活燒死，夫家卻辯稱是因為新娘不會使用煤氣爐才把自己燒死的例子，在報端時有所聞。尼爾生在女兒上小學時就給她開了一個戶頭開始存嫁妝，但是已經十八歲的兒子至今卻還沒有銀行戶頭：「我兒子結婚時我不要女方給嫁妝，不過我女兒結婚時，男方一定會要，我得給她存夠錢，她才不會被欺負。」

愛爾卡和尼爾生一樣，媒妁之言的婚姻超過二十年，雖然時常抱怨卻也沒什麼大問題。但認識了年輕有工作的拉吉之後，酗酒丈夫的一無是處，無可遁形。

現在愛爾卡的手機不時響起，她放下手邊的事接起電話走進傭人房，輕聲笑語不斷傳出，久久不掛電話。亞莎好生羨慕：「她的男朋友真愛她啊！」慢慢地這種羨慕變成投訴：「太太，您看她，每次講電話講那麼久，工作都不做！」

一日愛爾卡來請假：「太太，明天我帶我先生去看病，下午要請假。」我不加思索答應了，愛爾卡的先生的確是有癲癇的宿疾，這也是他不工作的理由。她才轉身，亞莎就來了：「太太，她根本不是要帶她先生去看醫生，她是要去約會！」原來愛爾卡的先生已經耳聞這段婚外情，但是全家生計全在愛爾卡身上，他也無計可施，只能每天到溫德米爾的大門口等愛爾卡下班，這下愛爾卡只能利用上班時間請假約會了。

隔日愛爾卡吃過午飯就洗澡洗頭，一邊哼著小調，平常工作時穿的印度長衫褲裝換成了紗麗，每天挽在腦後的長髮也放下來了，梳了個公主頭還別上一串白色的小花。戀愛中的愛爾卡一點也沒察覺這種打扮，誰會相信她要帶先生去醫院？

隔天亞莎說愛爾卡和拉吉在孟買情侶最愛的濱海大道上度過了一個愉快的下午，所以她決定每隔一陣子就請半天假約會去。我也決定每個月准一次，工作總有病假可請。

接著是尼爾生來報告：「太太，愛爾卡的先生每天來等她，樓下的司機全都知道愛爾卡交男朋友。」接著亞莎又來了：「太太，愛爾卡要和她男朋友結婚了！」我皺起眉頭：「愛爾卡已經結婚了，怎麼能再結婚？」亞莎煞有介事：「太太，她和她丈夫結婚時在印度神廟，不算。現在她要和她的男朋友去市政府登記結婚，愛爾卡在市政府沒有結婚紀錄。」

印度法律我不懂，這複雜的感情我更不懂，決定不管。

再不久亞莎預告愛爾卡又要來借錢。「為什麼？」「愛爾卡說拉吉在印刷廠的工作不夠好，她要給拉吉買輛電動三輪車，自己當老闆，這樣愛爾卡就不必再工作了。」根據愛爾卡對亞莎編織的美夢，三輪車每天可以賺五百盧比。我嘆了一口氣：「三輪車一趟要多少錢？」「十盧比，太太。」「所以他每天要拉五十趟三輪車，還要加油，可能嗎？」亞莎恍然大悟：「不可能呀！」

終於愛爾卡來了：「太太，我要借錢。」「為什麼？」「我兒子要開店做生意，我要借三萬盧比。」我問她兒子結婚時借的錢還沒還清，怎麼辦？「太太，我兒子開店就會賺很多錢，很快就會還您的。」此時我再也忍不住了：「樓下的警衛司機全都在討論妳丈夫每天來等妳下班的事，還有一個每天給妳打電話的人，我猜妳不是為了妳兒子借錢吧？」愛爾卡低下頭不發一語。雖然於心不忍，我還是狠下心來：「不借。」

菲爾十分不贊同我拆穿愛爾卡的做法，認為這是她的私事，我沒有理由質問她工作以外的行為，但是能怎麼辦呢？愛爾卡的丈夫已經進到溫德米爾大廳來等愛爾卡，以防她下班從後門偷偷離開。我們決定要警衛不准愛爾卡的丈夫進花園，只能在大街上等著。

就這樣愛爾卡繼續談戀愛，繼續向亞莎編織她離開酒鬼丈夫後和拉吉雙宿雙飛的幸福美夢，她的丈夫繼續在溫德米爾大門後門碰運氣等她。我不拆穿偶爾准她半天假帶丈夫去看醫生，其實是和拉吉在濱海大道上散散步。

是對是錯我也不清楚，而我們在孟買的日子，就這麼繼續過下去了。

孟買罪惡感

在孟買我最恨的是對人對事的罪惡感，有時和自己無關，有時是由於自己一時衝動造成，不論如何，這種罪惡感出現的頻率很高。

剛到孟買還住在旅館時，常在附近克拉巴大道上閒逛。離印度門不遠的克拉巴大道騎樓下全是攤販，賣衣服、飾品、盜版光碟、從賊市買來十倍價錢再轉賣給觀光客所謂的古董、專門給沒錢進泰姬瑪哈旅館的背包客去的餐廳、酒吧、咖啡店，應有盡有。

一日我進了西雅圖極品咖啡，點了一杯咖啡、一個蛋糕坐在窗口看人。雖然不如台北，但是在滿街路邊攤中，倒也是個時尚的咖啡店，光顧的除了老外還有許多時髦的印度年輕人。金髮碧眼的背包客，穿著印度印花布衫夾腳拖鞋，有些眉心也跟著點了個朱砂痣。我喝了一口咖啡，看見一個外國人邊走邊吃走出咖啡店，入境隨俗把還沾著鮮奶油的蛋糕紙隨手往地上一丟。

咖啡店外兩個髒兮兮的小女孩，看來似乎是姐妹，這張蛋糕紙一落地，年紀比較大的女孩立刻以迅雷不及掩耳的速度撿了起來，先遞給妹妹，妹妹貪婪地舔了幾口，然後交給姐姐也舔一口。姐姐接著把紙上還有的蛋糕屑用藏污納垢的指甲刮下來要妹妹吃，兩個人就這樣把這張紙舔得一乾二淨。

此時擺在面前的蛋糕我再怎麼也吃不下了，這是什麼樣的世界？我身處印度最富有的城市裡最繁華的街道之一，這兩個小女孩連鞋子也沒有，只能在外國人常去的咖啡店外等著，三不五時會有張還有點鮮奶油的蛋糕紙可以舔。我花在一杯咖啡、一塊蛋糕上的錢，或許足夠她們買米至少過一個月！我拿起還沒吃的蛋糕，走出咖啡店交給她們，彷彿做錯事一般落荒而逃，中了邪似地為自己過的生活感到不該。

不過這是剛到孟買時的情形，漸漸地看多了街上的乞丐，我變得麻木了。也許還沒有到不仁的地步，但也學得盡量不為他們的處境感到有罪惡感：不是我的錯啊！

隔了幾天，我從旅館到附近超市買東西，那是在我們找到尼爾生之前。我攔了一輛計程車，談好載我到十分鐘車程遠的小超市，等十分鐘，再回旅館。我很清楚來回車錢只要二十盧比，不過我要他等，說好了五十盧比。

買完東西回到旅館大門，司機要八十盧比，我開始跟他爭執，旅館的門童上前問究竟，我氣急敗壞說我們談妥了五十，現在他要八十。這下連大廳經理都出來了，交代門童把我的東西提上樓：「太太，您別生氣，交給我。」經理接下五十盧比交給司機，然後是一連串的印度話大聲責罵，司機頓時變成縮頭烏龜，拿了錢就一溜煙把車開走了。

經理很專業地向我陪不是：「太太，印度的計程車司機真是太糟糕了，以後再有這種情形，您就叫我們出來處理。」此時門童已經把我買的東西送上房間，我獨自在上樓的電梯中忽然覺得丟臉極了，經理知道我們兩房一廳的房間一個月要多少錢，在旅館喝一杯咖啡遠遠超過三十盧比，而我和一個什麼也沒有的計程車司機計較這一點錢！

雖然不是我的錯，這類事卻沒有例外總是可以讓我難受甚至羞愧好幾天，尤其是在搬到孟買的初期。但有時候就真是我的錯了。

那是一個悶熱的午後。早上買水果時我拿起一顆木瓜，認識我的小販說：「三十盧比，太太。」「木瓜滿街都是的孟買一個只要十盧比，為什麼我得多付？」小販嘻皮笑臉：「太太，您是老顧客了，二十盧比就好了。」我放下木瓜轉身要走，小販把木瓜放進塑膠袋：「太太，十盧比吧。」我怒火中燒：「為什麼認識我還要騙我？」

接著在要把人曬得發昏的烈日下辦了幾件事，全是一樣令人為之氣結的過程，沒有一件辦成，此時呼吸的空氣又多了幾分令人作嘔的腐臭味了。平日多半能無傷大雅與人開玩笑周旋，但是那天實在是太熱了，回家後我的怒氣還是不斷上升，應付這些人簡直是浪費生命！

不久門鈴響了，我找碴似地衝出去開門。收報費的，不過不是我認識每次要推銷過期雜誌的那個，是個不懂英文的小弟。

沒見過面的小弟怯生生地把收據交給我，數學很好的台灣人很快計算了一下一個月的報費：居然連兩塊盧比都要坑我的錢！我耐著性子要他算給我聽，可憐的小弟不知道為什麼這個太太臉色鐵青，說什麼他一個字也聽不懂，只是很疑惑地我說完一句就搖頭晃腦。

我提高音量：「為什麼要多收我兩塊盧比？你難道不知道每次來收報費我給十塊盧比小費嗎？為什麼要騙我的錢？現在你連一塊盧比也拿不到了！」

就在我提高音量之際愛爾卡出來了，我轉向她：「妳告訴他，騙我兩塊盧比的結果就是損失十塊盧比！」愛爾卡接過收據看了一眼：「太太，星期天的報紙比平常多五毛盧比，上個月有四個星期天，一共是兩盧比。」

這時我恨不得有個地洞可以鑽進去，剛來的我為了三十盧比和計程車司機起爭執，現在的我不僅為了兩塊盧比和無辜的小弟臉紅脖子粗，還沒道理地把他痛罵一頓，全是因為我的心情不好！小弟喝了杯涼水領了十盧比小費，無緣無故被罵也值得，高高興興離開，留下十分慚愧的我急著向愛爾卡解釋。

其實為什麼要向愛爾卡解釋呢？只不過是補償心理罷了，覺得只要向一個印度人解釋我為什麼毫無道理罵印度人，就能把所作所為一筆勾銷，就能讓自己好過些。

愛爾卡滿頭霧水：「太太，平時是我在付錢，您本來就不知道報紙星期天比較貴，沒關係的，小弟說從來沒人給他十盧比的小費，他可高興了。」

又過了一陣子，我感到愧疚的對象輪到愛爾卡了。一日我進了廚房發現流理台上放了好幾瓶礦泉水，正想把它們放到一邊，發現全是開過的，叫來亞莎才知道瓶子裡是愛爾卡準備帶回家的過濾水。亞莎說愛爾卡的丈夫有時候錯過了供水站的時間，家裡就沒有水，所以她從溫德米爾提幾瓶過濾水回家，這種外國人還要煮的過濾水在貧民窟裡是可以直接喝的。

我立刻把愛爾卡叫來：「絕對不能把這些裝了生水的礦泉水瓶子就這麼放著，一不小心我們喝了怎麼辦？在孟買不是礦泉水是不能喝的！妳要拿濾水器濾過的水回家可以，煮了再帶回家也可以，但是把瓶子上的標簽撕掉，這樣我才不會搞錯。」我嘮嘮叨叨說了一陣子，愛爾卡只是低著頭不發一語，過了一陣子才說：「對不起，太太，我知道了。」

回到書房我後悔極了，不過為時已晚。聽我說不是礦泉水不能喝時，愛爾卡是什麼感受？她工作一個小時才能買兩瓶我們喝的礦泉水。她喝了四十多年的自來水，嚴格說來是供水車上提回家的水，連自來水也不是，現在只不過是想方便一點罷了，我竟然可以說上一大串！我想到古代何不食肉糜的昏君，自責的難受不是言語可以形容的。

就這樣日復一日，我在須有莫須有的罪惡感之間徘徊，倒也學得了一點應對之道。

一日愛爾卡和亞莎坐在傭人房地上吃午餐，兩人有說有笑，我探頭看她們，亞莎很熱情地說：「太太，愛爾卡今天帶的午餐好好吃，您吃一口吧！」印度人吃飯是不用刀叉湯匙的，就是用手。亞莎撕下一塊麵餅，包了一小撮泥漿色、黃黃糊糊的咖哩遞給我。

這件事的前提是，我相信還是有印度人上厠所不用衛生紙，只用水。雖然他們有嚴格規定左手由於主管比較骯髒的事，所以絕對不會用左手拿食物，不過心理作用加上不理性的偏見，還是覺得不舒服。雖然我百分之百承認不該有這種心理，仍舊不能說服自己這是人間美味，一口把它吞了。

我接過這塊顏色不僅不能令人食欲大增、反而大減的咖哩麵餅，道謝後回到書房，拿出一張紙把麵餅小心包在裡面，雖然比較麻煩必須專程拿到外面丟——因為丟在家裡的垃圾桶亞莎會看見——但至少這麼做，我可以避免傷了任何人的自尊之後再讓自己懊悔不已的情形發生！

亞莎的三角習題

電影《貧民百萬富翁》的人物在最熟悉不過的孟買貧民窟裡穿梭，腦海中浮現的卻是亞莎穿著印度長衫瘦小的身影和一臉的笑容，還有她在對我的所作所為不贊成時拉長的聲調：「太太——」她現在在哪兒呢？

我們去歐洲休假前，亞莎說她要結婚了，姐姐的婆婆安排了人家。雖說在印度家人安排婚事是再平常不過的事，但亞莎個性獨立前衛，她和前夫不顧世俗眼光自由戀愛結婚，怎知婚後丈夫外遇，把供養公婆的經濟重擔全推給亞莎，亞莎於是「離婚」了。至於是真的簽字離婚或是就此離開夫家，我從來沒問過。

我細細問了原委，亞莎說經過前車之鑑，她再也不相信自由戀愛，於是由姐姐的婆婆代為安排。她喜孜孜地拿出一張彩色照片，照片中的男孩看來相貌堂堂，背景則是一個中上家庭、布置現代的客廳。「這是他家嗎？」「是啊，很不錯吧，太太？」「是很不錯，可是妳怎麼知道這是真的呢？」「不會錯的，太太，他的背景我家人全查過了。」

我極端懷疑，因為這是個中上階級的現代化客廳，這個男孩肯定是上過學的，家裡肯定有一兩個傭人外加司機的。亞莎雖說聰明伶俐，從來沒上過學也不識字，是個住在貧民窟裡給人幫傭的離婚女人。在門當戶對為前提的印度相親制度之下，這是怎麼也不可能的，因為男女雙方除了家世種姓，連吃葷吃素都得先說清楚。但是看亞莎對婚姻充滿期待，我也不忍澆她冷水，只能再三叮嚀，一定得親自見了對方，查清楚他是否身心健康等等。

再過兩天，亞莎告訴我結婚的日子已經定了，就在一個星期之後，我問她為何如此倉促，為何不等我們度假回孟買之後再結婚。我十分清楚我們的出席，一定會給亞莎在夫家加分，就如同我們去了尼爾生家，參加了愛爾卡兒子的婚禮，讓他們在鄰里之間十分有面子。亞莎說對方不願張揚，所以就簡簡單單辦個手續，不必麻煩我們了。

回到孟買亞莎已經嫁作人婦，她告訴我她和丈夫還在商量住在哪裡，因為我們在孟買最南端，亞莎住在對面的貧民窟，而她的丈夫住在兩個小時遠的郊區。我才想可得開始重新找傭人了，亞莎卻說絕對不會放棄在我們家的工作。我雖然希望如此，但也了解印度女人結婚後一切以丈夫為主，因此沒有表示意見。

再過幾天，亞莎告訴我，丈夫搬來貧民窟與她同住了。我大吃一驚，什麼人會願意從那個現代客廳搬到沒水沒廁所，又髒又亂的貧民窟？亞莎淡淡地說，那個公寓是丈夫租的，丈夫的老家在印度北方，現在丈夫剛剛丟了工作，只好搬來與她同住。我一顆心往下沉：這個人多半看上了亞莎在外國人家幫傭的背景，弄了張像樣的照片先結婚，然後就可以靠亞莎一輩子賺錢養家！

亞莎接著開始偶爾抱怨丈夫沒有盡力找工作，漸漸地她也陷入了愛爾卡的一人養全家模式。

亞莎在婚前對愛爾卡家裡三個大男人一點也不幫忙家務的批評言猶在耳，如今她也開始了給失業丈夫做早午飯後才能出門工作賺錢，回家還得做晚飯洗衣的日子。又過了一陣子，亞莎丈夫的表弟從鄉下到孟買來找工作，理所當然住在表哥表嫂家。這麼一來，亞莎不僅是我們家的傭人，還得伺候家裡兩個男人，賺來的薪水幾乎是完完全全用來養這兩個失業男人了。

亞莎對丈夫和表弟愈來愈不滿，我雖然為她感到不平和不捨，卻也知道最好不要表示意見，她婚後的生活我是不能參與的。

一天早晨亞莎沒出現，這可是破天荒的大事，因為除了生病無法來之外，亞莎每天都是提前上班，待在我們家可比她在貧民窟的家好上千百倍，還可以逃離家裡兩個沒用的男人，所以她經常是一邊哼著小調一邊做清潔工作。

我正在納悶之際，亞莎打電話來了，電話那頭她邊哭邊說丈夫前一天因為小事動手打她，今天恐怕無法出門。我告訴她印度剛剛通過《家暴法》，如果丈夫再動手，一定要馬上到派出所去。當天晚上我打了電話給亞莎，她已經恢復以往十分專業的談吐，「太太，真是對不起，今天沒法上班，已經沒事了，明天見！」

第二天亞莎又沒出現，我才拿起電話，愛爾卡吞吞吐吐：「太太，亞莎可能出事了。」和亞莎同住在貧民窟的愛爾卡說，前一天晚上亞莎家傳出打鬧叫喊聲，警察也去了，不過愛爾卡不敢上前湊熱鬧，對事情原委說不清楚。此時尼爾生剛送菲爾上辦公室回來，於是立刻要他帶我到亞莎貧民窟的派出所去。

才剛走近貧民窟，立刻有一群小孩圍了上來，十分好奇一路跟著。進了派出所，外頭聚集了更多人盯著我，看來十分腐敗的警察大吼一聲，這些人倒退了幾步，卻也還是不願離開。

我和尼爾生坐在值班警察的辦公桌前，室內充滿垃圾腐臭加上消毒水的味道，好幾隻蒼蠅在我們頭頂盤旋，天花板上的電扇有意無意轉呀轉，我不停擦汗，額頭脖子全身是汗，幾乎連腳底板都濕透了。

印度話給我的印象一直是特別冗長，我說一句，尼爾生得花三倍的時間翻成印度話給警察，這麼一來一往，終於得到我最不想要的答案：亞莎被丈夫的前女友刺傷，今天凌晨已經送到醫院急救了。

和尼爾生步出派出所，我的腦筋一片空白，雨季前的濕熱加上貧民窟特有的腐臭味令我幾乎無法呼吸。尼爾生好像在和我說話：「對不起你說什麼？」「太太，亞莎丈夫在結婚前的女朋友，可能是被溫德米爾二樓人家解僱的女傭亞露娜。」

這時派出所的警察追了出來，和尼爾生又開始另一段冗長的對話，我站在一旁看著他們兩人比手畫腳，只希望警察來說一切都是誤會。結果是警察對我這個恐怕是第一個踏進他管區的外國人充滿好奇，追出來要告訴我更多細節。他告訴尼爾生，亞露娜是印度教徒，趁亞莎丈夫不在拿刀衝進亞莎家時，身上卻是穿了伊斯蘭教婦女從頭蓋到腳、只露出眼睛的黑色罩袍。

這幾乎是寶萊塢電影的翻版了。

回到溫德米爾，我把大樓的司機、警衛、門房全都叫來，這個情殺案不到幾個小時的光景，已經是街坊最聳動的大新聞，大家你一言我一語，總算把前因後果像拼圖一樣湊出一個大概來。

亞露娜在樓下鄰居人家幫傭時和亞莎偶有來往，不知為何被解僱後她要亞莎幫忙找工作，不多時又要亞莎同時也為她的男友留意，並且留下聯絡電話。怎知亞露娜的男友和亞莎竟然開始交往並且論及婚嫁，至於是否因為亞莎和此男子情投意合，或是對方看上亞莎在外國人家幫傭的背景而移情別戀，就不得而知了。

這件事在大樓的司機、門房、警衛之間是個茶餘飯後磕牙的好題材，亞露娜幾番到大樓來和亞莎談判並且在大樓花園裡吵了起來，警衛最後禁止亞露娜再進花園，因為她已離職甚久。亞露娜於是撂下狠話，要警衛告訴亞莎，如果真的橫刀奪愛，一定會把亞莎殺了。

我告訴尼爾生到醫院去，尼爾生有點遲疑：「太太，那個地方很髒很亂的，您真的要去嗎？」看我堅持，他只好開車帶我去位於孟買市區裡的一個公立醫院。

醫院的結構是殖民時期留下的挑高屋頂和寬敞樓梯，雖說可以看出以前歐洲建築的氣派，但是在印度獨立之後從未整修，加上是窮人來的公立醫院，即使有經費也早已被無數貪官污吏拿光了。醫院大廳的高屋頂有許多鴿子飛來飛去，地上則是處處可見鳥糞。再往裡走，走廊地上零零散散坐了看起來幾乎像是乞丐的病人，發出似有似無的呻吟聲。

我在人滿為患的醫院裡走著走著，彷彿和亞莎、她的丈夫和丈夫的女友一樣，進入了一個寶萊塢的電影情節。

尼爾生在詢問台和當班人員糾纏許久，完全沒有辦法得到一點頭緒，決定直接到病房去找。我們小心翼翼穿過充滿或坐或躺的病人和家屬的長廊，除了繞著他們的蒼蠅之外，還得當心頭上飛過的鴿子，終於到了一個女病房，尼爾生自然不能進去。

在這個有幾十個病床的大房間裡，我開始一個病床一個病床找。所謂的病床其實就是一張行軍床，上面沒有床墊也沒有床單，就是一張木板，多半女病人用她們的紗麗把臉遮了起來，也許是擋蒼蠅吧。我在病房走了兩回，決定亞莎不在這兒，這時尼爾生在窗外向我拚命招手，他說問到了，亞莎剛剛從手術房出來。

我們又花了好幾分鐘，才在迷宮似的醫院裡找到手術房。到達時，亞莎已經被推出來應該有好一陣子了吧，這個再簡陋不過的病床就這麼被擱置在蒼蠅亂飛的走廊一角，走近一看，我不禁失聲痛哭。這個乖巧伶俐、善解人意的女孩，現在左腳、左手和胸部全被綁帶胡亂包了起來，身上連塊床單也沒有，她的紗麗上則是布滿了斑斑血跡。亞莎不能說話，只是不停流淚。

這時我們身旁圍了一大群不相干的人，盯著我從頭到腳不停打量，尼爾生大聲叱喝要這些人走開，我才意識到自己已經成為醫院裡最受矚目的焦點了，多半也是因為從來沒有外國人會踏進這個醫院一步吧。

我擦擦眼淚鎮定下來，要尼爾生找來亞莎的母親到醫院大門外談話。亞莎的母親和她一樣十分瘦弱，不停拉著髒兮兮的紗麗一角拭淚，我拿出錢要尼爾生告訴亞莎的母親，這是醫藥費，千萬別給任何人，只能交給醫院付錢。亞莎的母親收下錢點點頭，哭得更傷心了。

這時兩個男人走上前，和尼爾生開始用近乎吵架的口氣談了起來，亞莎的母親低下頭不再哭泣。在冗長的對話中，我只聽懂幾個單字像是太太和電話號碼，我打斷尼爾生要他翻譯，他卻用從未有的嚴肅口吻告訴我：「太太，請您不要說任何一句話。」然後繼續和這兩個男人交涉。接著其中一人拿出一疊收據要交給我，在我不知所措之際，尼爾生用力推開這個男人，轉身向亞莎的母親說了幾句話之後對我說：「太太，我們回家。」

就這麼我像是失了神似地跟著尼爾生往停車場走去，兩人一路無語，一直到上了車，尼爾生才開始說究竟。

原來這兩人聲稱是亞莎姐夫的堂兄弟，要留下我的電話和地址，尼爾生說太太不會說印度話，你們不會說英語，留下電話做什麼？接著他們把醫藥費帳單掏出來，要我買單。我告訴尼爾生醫藥費我會負責，因為我知道亞莎沒有錢。尼爾生搖搖頭：「太太，我們怎麼知道這兩個親戚是誰？我們怎麼知道他們拿了錢之後會不會跑了？」

尼爾生沉默了一陣後接著說：「太太，如果我是您，我也不會把錢交給亞莎的母親的。」我愣了一下，這是多麼悲慘的一個社會！「連母親也不能信任嗎？」尼爾生說：「不是的，太太，您要幫亞莎，就只幫亞莎，等到她可以回到溫德米爾來找您的時候，您愛給她多少錢，就給她多少錢，至於現在，您是不會知道錢會被誰拿走。錢，只能交到亞莎的手裡，不能經由任何人。」尼爾生說他告訴亞莎的母親，太太會照顧亞莎，但是現在誰也別想來拿任何錢。

我們的車子開過愛爾卡和小男友最喜歡的濱海大道，海灣另一邊的夕陽在孟買極端的空氣污染中竟有一種病態的美感。我回想亞莎告訴我要結婚時快樂的神情，而她告訴我一切關於相親、男方租來的房子，全都是假的。現在她躺在醫院裡，因為左手被刀砍得太深，可能會失去功能……

我彷彿打了一場大仗，一句話也說不出來了。

行兇的亞露娜在警察局裡待了一夜，因為早有準備，身上帶了現金，買通警察後現在又是自由之身，並且來到溫德米爾樓下告訴以往熟識的司機、門房：「告訴樓上那個外國太太，如果她還繼續僱用亞莎，我連她也殺！」

其實我一點也不擔心，因為亞莎一年半載內是回不來了，我無法置信的是亞露娜把亞莎砍成重傷，怎麼能隔夜就被放出來？尼爾生不以為然：「這有什麼？太太，如果您對我不滿意，只要給警察一點錢，他們立刻把我抓起來關。」他估計亞露娜付了五千，最多一萬盧比就可以脫身，這個錢就平分到每個警員，每人五百到一千不等。

至此我也沒了方寸，不知道該不該再去醫院探望亞莎，尼爾生說他可以請在醫院當清潔工的朋友打聽亞莎傷勢再彙報，當下決定我們誰也不再去醫院。隔天尼爾生的朋友來消息了，有一位警察到醫院去警告亞莎，告訴她亞露娜已經出了警察局，而且還放話要繼續追殺她。

從事情發生至今，每天都有令人無法置信的發展。是什麼警察拿了賄賂的錢之後，良心發現，所以去警告亞莎？這一切就像是寶萊塢的電影情節，我百般嘗試卻無法找出一個合理的解釋。

之後陸陸續續聽說亞莎好多了，出院了，但是我給她的手機卻一直打不通。幾個月之後亞莎終於來電話：「太太，我還有一些東西在您家裡，我請我弟弟去拿，我和我丈夫要搬到德里去了。」我不知為何狠狠打斷她：「妳為什麼要對我說謊？妳知道我有多擔心嗎？」電話那頭一陣沉默，然後說好一個時間後就掛電話了。亞莎的弟弟來取東西之後，亞莎就消失了。

我常想，是不是自己太過天真，竟然以為可以改變一個人的命運。教亞莎讀書識字，給她建議，以為這樣她就可以過好日子。我回憶起亞莎常說的：「太太，您對我最好了，我真是幸運！」她真的這樣覺得嗎？我過著茶來伸手、飯來張口的玫瑰色人生，我的行為，對她而言說不定只是有錢人家閒來無事的消遣罷了。

事過境遷我和一位印度記者朋友談及此事，她說這一類的情殺事件在貧民窟層出不窮，他們一無所有，只能在寶萊塢電影裡尋求安慰，然後把電影情節移情到真實生活中。一旦這類意外發生，多半會被警方歸類為清官難斷的家務事，加上腐敗，往往花很少的錢就可以殺死一個人，而即便出了人命，還是被歸類為家務事。

現在想起當時聽聞亞莎被砍一事後的驚嚇，彷彿只是一場電影情節。當時我的心情隨之劇烈起伏，但是落幕之後生活很快恢復平靜。偶爾憶及亞莎，不能避免淡淡的哀傷，但也就是這樣了……曾經震撼我的一個印度插曲。

愛爾卡私奔了

亞莎出事後就憑空消失了，彷彿這個人從來不存在。愛爾卡一人默默做了所有的工作，雖然只清潔不必做飯她也不抱怨，我卻很清楚她對清潔一職向來是瞧不起的，於是積極開始找人頂替亞莎。

不久尼爾生來彙報，房東塔塔夫人眾多司機之一找來同住在對面貧民窟裡的年輕女孩凡吉娜，溫德米爾很多司機是看著她長大的。凡吉娜在塔塔夫人司機的丈母娘家每天兩個小時做清潔工作多年，爸爸已經為她安排好過兩年結婚。尼爾生下了結論：「那個男孩也住附近，好幾個司機認識，應該可靠。」我想，這樣的背景應該不會再有情殺事件了。

我安排不會說英語的凡吉娜來家裡和愛爾卡面談，瘦小黝黑的凡吉娜看來十分害怕，不敢正眼看我，連大氣也不敢喘一下。面談結束，愛爾卡很滿意地宣布凡吉娜是個單純的女孩，知道怎麼做家事，就是她！於是凡吉娜成為新的亞莎，不敢和愛爾卡頂嘴、只會默默做事的新亞莎。

凡吉娜每天早上八點來十一點離開，到供水站去扛水回家；吃過午飯後到溫德米爾大樓後方的人家去做兩個小時的清潔工作，下午三點半回到溫德米爾兩個小時。愛爾卡說凡吉娜最近還找了新工作，晚上到附近另一個印度人家裡去洗碗一個小時，存錢為兩年後的嫁妝做準備。

凡吉娜來了之後，愛爾卡繼續她廚子兼管家的工作，偶爾見她在廚房裡交代各項事宜，我大略聽出她在教凡吉娜如何打電話，跟什麼人叫水、叫雜貨，洗菜、洗碗時也把凡吉娜叫到一旁實習。

愛爾卡手機響起的次數愈來愈多，有時笑聲不斷，輕聲細語；有時口氣冰冷，急忙要掛電話。前者是印刷行的小男朋友，後者是酒鬼丈夫。我看在眼裡，心裡已有準備。

一日愛爾卡又在廚房對著凡吉娜說個不停，她從櫃子裡拿出茶葉，我只聽懂兩個字：「大爺，塔塔金牌。」應該是在說茶葉要買菲爾喜歡的塔塔金牌。凡吉娜一走開，我故作漫不經心：「在教凡吉娜嗎？妳對她滿意嗎？」

愛爾卡心虛地說：「是的，太太，如果哪天我請假了，家裡大大小小的事凡吉娜都知道，這樣您就不必操心了。她很聰明，我說一遍她都記得。」

凡吉娜很快就進入狀況，可能是有好幾份工作的關係，她的動作十分利落，總是很快就把該做的事做完。愛爾卡對她十分滿意，常聽見她們有說有笑。再過不久，愛爾卡每天早上端奶茶來的時候，老是欲言又止說些無關緊要的奇怪事。最後我忍不住了：「愛爾卡，家裡一切都好嗎？沒事吧？」

愛爾卡深呼吸了一口氣，停了幾秒鐘下定決心似地說：「太太，以前帶我去日本的那個鑽石商人家又要去日本了，他們要我一起去。」我已經料到這是遲早要發生的事，倒也不驚訝，只問她印度雇主什麼時候要走。愛爾卡答不著急，等找到新的廚子她交接妥當再離職。

我心知肚明愛爾卡根本不是要去日本，因為她已經說過絕對不會再離開印度。在海外幫傭的生活沒日沒夜伺候雇主一家人，尤其在日本言語不通，如同坐牢，她痛恨極了在東京的那幾年。更何況怎麼會有一個要搬家到海外的印度雇主會讓她決定何時開始上班？

我確定愛爾卡是要離開她的酒鬼丈夫和小男友私奔了，但也沒有拆穿她，只說我不打算再僱廚子，她只要交代凡吉娜家裡的一些瑣事，告訴我離職的時間就可以。愛爾卡點點頭：「謝謝您，太太，我一定會把所有的事教會凡吉娜才離開。」

接下來的幾個星期，我看著愛爾卡認真交代凡吉娜家務事時，總覺得處於一種超現實的狀態。想起初到孟買之際，因緣際會找到尼爾生、愛爾卡和亞莎，和他們從陌生到熟悉，我和他們相處的時間比和菲爾相處的時間還多，完完全全知道他們生活中的喜怒哀樂，他們幾乎是我印度的親人了。

如今除了尼爾生，被砍傷的亞莎已經不知去向，不快樂的愛爾卡要離開她一手建立支撐的家，小男友可靠嗎？尼爾生說愛爾卡的丈夫天天站在溫德米爾大門外，等著拉長一張臉的愛爾卡。愛爾卡小男友打電話來的次數更頻繁了，愛爾卡在電話裡有說有笑之後，總是站在廚房看著窗外陷入沉思。

愛爾卡又來了：「太太，所有的事凡吉娜都學會了，您什麼都不必操心，她有問題時會打電話給尼爾生。我兒子結婚時還沒還清的錢，我會交代我兒子拿來還。」我嘆了一口氣：「我不指望妳兒子還錢，算了。」愛爾卡想了想：「太太，我再做一個月吧，這樣可以把錢還清。」

愛爾卡離職前要我寫封推薦信，以後找工作時可以用。我寫了信交給愛爾卡：「愛爾卡，妳看清楚，我寫的是妳要回家照顧孫子所以離開我家，不是去日本。」她心虛地說：「我要到日本工作啊太太，否則我是不會離開您的。」

我看著她：「愛爾卡，妳記得當初妳來面談時告訴我妳曾經在日本工作嗎？」「是的，太太。」「我是不是要看妳的護照，證明妳的確去過日本？」「是的，太太。」「所以如果我在推薦信上寫了妳因為到日本工作而離開我家，妳的下一個雇主可能要看妳的日本簽證，可能要打電話給我問一問妳的工作情形。如果妳不是要到日本去的話，最好還是別寫在信上吧。」

愛爾卡低著頭站在書桌旁一聲不響，過了一會兒我才發現她開始掉眼淚。我一陣難過：「我猜妳是要離開妳的丈夫吧？」愛爾卡哭得更傷心了。我拿了張面紙給她：「別哭了，我不會因為妳要離開丈夫而覺得妳是個壞女人的。」

愛爾卡說謊的原因，就像亞莎第二次自由戀愛結婚卻說是家人安排的一樣，身處印度下層社會的女人，離開丈夫或是自己選擇婚姻是不對的。我猜她們只是不願意我用世俗的眼光判斷她們，所以為自己的行為找了理由，因為對我說謊她們一點好處也沒有。想到這裡，我更難過了。

愛爾卡擦乾眼淚：「是的，太太，我要離開他，我不能再待在南孟買了，這樣下去只會給您添麻煩，那個沒用的酒鬼整天站在溫德米爾門口，我不能再這麼下去了。」我不願意再多了解她的婚姻感情生活，只問她接下來有什麼打算。愛爾卡說計畫搬到北孟買好讓她的丈夫找不到，然後再找幫傭的工作。

接下來一個星期，愛爾卡亦步亦趨跟著凡吉娜，從打電話叫水到用消毒藥片泡生菜，用印度話千交代萬交代。很多朋友說不要浪費時間和印度傭人建立關係，但是從愛爾卡身上我知道自己沒有浪費時間，因為她大可以一走了之，沒還清的錢也不要還了，反正這輩子再見面的機率幾乎為零。我明白愛爾卡對這幾年下來的相處還是有感情的，她沒有一聲不響地離開。

愛爾卡走的那天，我給了她一萬盧比：「這是給妳的，不可以給任何人，明白嗎？妳要知道保護自己。」愛爾卡接過錢，眼眶又紅了：「謝謝您，太太。」我不放心再度交代：「妳聽清楚了嗎？不可以給任何人，存到妳的銀行裡，是給妳的，妳給了任何人我都會很失望的。」愛爾卡邊擦眼淚邊點頭，我只希望她明白我不要她把錢給小男友，就像她幾十年來一直把錢給酒鬼丈夫一樣。

愛爾卡，就這樣和亞莎一樣，也從我的生命中消失了。

第6部

房事

房東求求你

在孟買這個寸土寸金的城市租房是所有外國人的噩夢，我們初到印度時很幸運直接搬進菲爾前任同事租約未滿的溫德米爾，不似多數人必須花兩三個月找到價錢地點都合適的地方。

房東亞璐是印度數一數二建商的女兒，她的丈夫諾爾則是塔塔集團的第二順位繼承人。我們偶爾在樓下大廳遇見，點頭微笑沒有交集，就這麼我們在溫德米爾度過一年無憂無慮的生活。

在我毫無心理準備的狀況下，一天接到一個電話：「史密斯太太您好，我叫蘇利曼，是負責溫德米爾大樓的經理，代表塔塔太太跟您拜個年，送到您府上的乾果收到了嗎？」我看著餐桌上一籃精美的乾果，才想起來其實應該是我給乾果籃上的名片打電話，謝謝他在印度新年還給我們送禮物。

蘇利曼聽來是個高級主管，因為他面對的是溫德米爾裡面除了我們之外有錢有勢的住戶，談吐十分專業，問我在孟買住得習慣嗎？喜歡印度嗎？沒有涉及祖宗八代的調查。寒暄過後他不著痕跡切入主題：「您的租約快要到期了，我們必須討論續約的問題。」

我們搬到孟買之前印度正處於高利率時期，銀行存款利率高達百分之十二，於是造就了一種特殊的房租付費方式。許多房東願意收下幾百萬甚至是幾千萬的押金，附上正式的銀行擔保在租約期滿時全數奉還，而房租則是低得離譜。我們住的溫德米爾就是簽這種合約。

「太太您是記者，一定知道現在的利率只有兩年前的一半，我們必須重新討論租約……」我聽著聽著一顆心直往下沉。蘇利曼繼續：「押金對我們而言一點也不划算，所以我們打算把押金退還，房租改為沒有押金的現金，一次付清十一個月加三個月押金。」蘇利曼接著宣布：「既然鉅額押金退還貴公司，以往的高額利息和通膨都必須一併加在房租裡，房租現在要漲……二十倍！」

的確不可思議但我對天發誓，句句實言！

雖然沒有擔心到茶不思飯不想的地步，但是在看過聽過許多外國人找房子的慘痛經驗後，我著實非常擔心。要公司付二十倍的房租是想都不用想的事，人事部門要我們開始看房子搬家。

看了幾間公寓後，我開始覺得人生無望。孟買的房價是沒有住過孟買的人無法想像的，髒亂不堪的環境，毫無公共設施可言，房租從二十萬台幣起跳，而這可不是想像中的豪宅，雨季時會漏水，屋內設施也必須全面整修。我在無計可施的情況下，厚著臉皮給蘇利曼打電話。

我使出三寸不爛之舌，把自己吹捧成高級知識份子，服務於全球最大的國際通訊社，往來都是有頭有臉的上流社會人士，完全符合入住溫德米爾的基本要求。蘇利曼四兩撥千斤表示房租談不攏沒關係，不要擔心，慢慢找找到新屋再搬，不必限期搬家。

走投無路之餘，我拿出國外帶回來珍貴的頂級巧克力烤了一個巧克力蛋糕，寫了一封文情並茂的信給房東塔塔夫人，信中泣訴我們是如何融入溫德米爾的上流社會，如何在孟買找到溫暖的家，雖然沒有錢，卻很希望繼續住下來……這是什麼邏輯？寫完之後連自己都不敢再看一次，提著蛋糕往六樓去，把蛋糕和信交給塔塔家的傭人後就一溜煙地跑了。

隔天塔塔夫人送來一張謝卡：「謝謝妳送來好吃的蛋糕，至於租約，讓我去問問看怎麼回事。」當天下午蘇利曼電話來了：「史密斯太太，租約考慮得如何了？塔塔夫人很關心。」我心虛地回答他，從事記者工作是沒錢的，二十倍的租金公司不准。蘇利曼在電話那頭笑了起來：「不要開玩笑了，路透社可是大公司呢！您再去跟公司談一談吧，房租多少是要漲的。」掛了電話我知道我們是不必搬家了。

過了幾天蘇利曼的電話又來了：「史密斯太太，怎麼樣了？我昨天晚上在一個酒會上碰到塔塔夫人，她要我趕緊解決您的問題呢！」我趁勢提出加碼押金，不要退還給公司，另外意思意思把每月租金提高，這樣是符合公司原則的。蘇利曼遲疑了幾秒鐘：「最多就是這樣嗎？」「是啊，如果你不能接受，我們只好搬家了。」蘇利曼笑了：「史密斯太太，您真是喜歡開玩笑啊，我什麼時候可以把照您說的合約送去史密斯先生的公司呢？」

租約再續後一陣子在樓下花園遇見諾爾塔塔，我上前謝謝他幫忙讓我們得以繼續住下，他揮揮手：「小事，小事。租約簽了幾年？夠嗎？」

這就是印度，凡事靠關係，甚至是從來沒有過的關係。我猜想塔塔一家人根本不管租約的瑣事，而對於一個印度的頂尖集團，我們一家的房租算什麼呢？畢竟我們是在路透社工作的高級知識份子呢！

又到了午茶時間了，我坐在陽台上欣賞樓下綠油油的花園，再來一杯熱騰騰的印度奶茶吧。

孟買找房記

在溫德米爾住了三年後，一天電話響了：「史密斯太太您好，我是約瑟夫，溫德米爾新來的大樓經理，最近好嗎？公寓裡一切都順利嗎？」我的心立刻往下沉：租約到了。

我按捺住忐忑的心和他打哈哈：「一切都很好，我們住在溫德米爾實在是太開心了！」他乾笑了兩聲：「很好，太太，您大概知道貴府的租約到期了，我們談談續約的事吧。」接著約瑟夫用十分堅定的口吻告訴我印度什麼物價都漲，就是銀行利率一直跌。結論是，路透社付的鉅額押金雙手奉還，房東不要銀行利息錢了，請改付每月現金一萬英鎊。

我聞言差點昏倒，一萬英鎊即使在倫敦市中心也能租到寬敞的豪華公寓還綽綽有餘，溫德米爾在孟買雖屬上流社會，但是水龍頭流出來的水充滿泥沙，冷氣開了之後比卡車還響，餐廳一到雨季就漏水，窗外三不五時傳來沙遜漁港的魚腥味，出門就是滿街的乞丐垃圾，一萬英鎊？

我們很快認清現實，這個天文數字是不必再去討價還價的，從何談起？而且在我厚著臉皮做蛋糕、哀求房東塔塔夫人再續兩年租約後的今天，故技不可能再重施了，只好摸摸鼻子說搬家。約瑟夫倒也挺爽快：「您慢慢找，不必租約一滿就搬家，找到合適的再搬。」

我想起幾年前一位有兩個小男孩的澳洲朋友麗貝卡搬到孟買，一直沒辦法找到價錢、地點都合適的公寓。剛開始她還信心滿滿，一個月過了，公司付的酒店式公寓到期，只好搬到三星級的旅館繼續找，偶爾有朋友出國度假就到朋友家落腳兩星期，朋友回來了再搬回三星級旅館。

一日傍晚我在板球俱樂部的草坪上喝茶，電話響了，是麗貝卡。她先是若無其事地和我話家常，漸漸我覺得不對了，麗貝卡停頓的次數愈來愈多，我問她怎麼了，她在電話那頭很沮喪地說：「我找不到房子，看好了一間再回去跟房東談，他馬上把原來的房租漲百分之二十，錢不夠，怎麼辦？」我由於沒有找房子的經驗，只能言不及義安慰她慢慢來，別著急。

此時電話那頭傳來兩個小男孩尖叫打鬧的聲音，麗貝卡先是叫小孩別吵，接著開始啜泣：「路上全是垃圾，車子橫衝直撞，我沒辦法帶著兩個孩子在路上走……」兩個小男孩尖叫的聲音更大了，麗貝卡開始放聲大哭：「我恨印度這個鬼地方，我恨這個旅館的房間，我快被逼瘋了！」

我放眼望去一片綠油油的草坪，會員悠閒地聊天喝茶，可憐的麗貝卡和兩個要把屋頂掀了的兒子被困在一個旅館的小房間裡，找不到付得起房租的公寓，眼見小孩的幼稚園就要開學了，心虛地覺得自己過的生活實在是太舒適了：「別哭了，明天帶著小孩到我家來吧。」

麗貝卡抽抽噎噎地說：「妳知道我這兩個兒子，五分鐘就把人家家裡搞得天翻地覆，我哪裡也不能帶他們去。」我想起的確已經領教過這兩個澳洲小男孩的功力，於是順勢不再邀請。談了一陣麗貝卡終於恢復正常：「謝謝妳聽我發牢騷，我現在得開始想晚餐要給他們吃什麼。」

三個月後麗貝卡總算找到合適的房子，再過幾個月廚子、傭人、司機、保母全都打點好，日子也就舒服了。我想自己算是幸運吧，三年後的今天，已經適應了孟買之後才必須找房子，問題應該不大。

房屋仲介佩亞穿金戴銀，開著高級的進口車來載我去看房子。我下樓時一樓的達斯瓦尼先生正在和她說話，一看見我達斯瓦尼先生馬上皺起眉頭：「要你們搬家真是太不像話了，大家都是這麼多年的好鄰居了，房東也太貪心了！」接著問我：「房東要收多少錢？」我打哈哈輕描淡寫跳過他的問題：「你和佩亞認識？」「是啊，她是我表妹。」

我倒也不驚訝在孟買兩千萬人口裡我們的房屋仲介是鄰居的親戚，上流社會嘛，達斯瓦尼先生說過只有兩百人。

佩亞先載我到了一棟古色古香類似溫德米爾的大樓：「史密斯太太，我知道外國人喜歡什麼，這棟樓和溫德米爾一樣，最有特色。」上了樓梯我就知道我們肯定負擔不起的，接著佩亞指著一屋子穿金戴銀的家具布置：「這些都是古董，房東人特別好，全部留下來給你們用。」我默默不語，即使菲爾可以接受這些可怕的家具還是免談，因為我們付不起房租。

接下來一個月看了許多各式各樣的公寓，有些在海邊，面對著海景和貧民窟，孟買住久了，這種景對我而言，不是海的浪漫而是貧民窟的沮喪。有些開窗就看見鄰居快要倒了的樓，一舉一動絕對都會在好事的印度鄰居監視中。有些還在趕工，價錢離譜是一回事，混亂的工地看來十分沒希望，加上屋主的生活習慣、品味和我們大不相同，總是覺得不對。

有一間老式公寓遠眺大海，對面也沒有鄰居，站在客廳從寬敞的大窗戶看出去綠樹點點，一望無際的心曠神怡。如果我是孟買菜鳥，可能想都不想立刻簽約，但是如今的我第一個閃過腦海的念頭是：雨季颱風要是從海面往內陸吹，這個客廳就得淹大水了。

我給自己兩個星期馬不停蹄看了幾十間公寓，最後選了離溫德米爾只有一百公尺遠，外部蓋好、內部一團糟，還在興建當中的杜佳瑪塔大樓的八樓。

新式的杜佳瑪塔（Durgamata）若是施工完成，肯定也能躋身孟買上流社會。由於占地不大，每層只有一戶人家，五樓有個孟買極為少見的露天游泳池，整層的健身房、三溫暖，再往上還有好幾戶樓中樓。如果溫德米爾是王公貴族，杜佳瑪塔代表的則是孟買新貴。

新家面積是溫德米爾一半，但對我們兩人已經綽綽有餘。價格合適是因為這個只有二十戶的大樓目前只有一戶人家進駐，是跟我們一樣因為房租漲了好幾倍，沒錢繼續住下去被迫搬家的澳洲夫婦賽門和弗蘭。

整棟樓百分之八十還是工地狀態，兩個穿著紗麗、提個小水桶在大廳擦地板的女人充滿好奇地看著我和菲爾，我不明白為什麼她們在此時此刻要蹲在地上擦地，大樓內外滿地的鋼筋、鐵釘、模板，成日灰塵滿天飛，震耳的機器聲不絕於耳，擦地毫無意義。

房東醜話先說在前面，大樓施工完成至少是半年以後的事了，否則房租肯定再加百分之五十。

我們要搬進去的八樓剛剛把隔間隔好，四面凹凹凸凸的水泥牆上電線外露，衛浴全無，不過帕西族的房東答應派個會英文的工頭跟著我讓我指揮監工，同是帕西族的室內設計師看來很講信用，答應我一個月一定交屋。孟買三年下來，我明白凡事得靠運氣，而且如果真要相信什麼人，我會相信帕西族，就這麼辦吧。

接下來就是一個月的夜以繼日，從零開始不停趕工，看看我們是不是可以如期在溫德米爾租約期滿之前搬家了。

杜佳瑪塔前傳

杜佳在印度文裡有不可親近的意思，是印度神話裡美麗的女戰神，有時騎著一頭獅子，有時則是一頭老虎，手上拿著各式各樣的武器十分威風。杜佳有好多隻手，時多時少，符合印度凡事沒有一致性的大原則，不過多半時候有十隻手。

話說遠古時代印度神話世界面臨一股惡勢力的威脅，濕婆神應眾神要求，下令三名女神創造一股新勢力以相抗衡。三名女神合力創造出來的杜佳外表自然分外美麗，加上眾神紛紛賦予她強健的手臂，終於成功地驅逐惡魔拯救地球。

傳說中的杜佳從此保護世人免於邪惡勢力的迫害，例如自私、怨恨、憤怒和自大等等，她手上的各式武器就是用來打擊林林總總的惡勢力。這在印度應該是挺有用的，一隻手拿一個兵器打擊一件令人抓狂的事。

我很喜歡印度神話裡的眾神，雖然膚淺的我看來他們全部都有七手八腳大同小異，卻各自有各自的傳奇故事，老是打打殺殺十分熱鬧。隨時開電視至少兩三台播著神話故事，基本上就是雲州大儒俠史艷文大戰藏鏡人之類，但全是真人穿著神仙、道士、妖魔、鬼怪的戲服，在布景蹩腳、滿是乾冰的攝影棚裡演的。

言歸正傳，我們即將搬進去的杜佳瑪塔大樓就是以杜佳命名，瑪塔在印度文是母親的意思，所以杜佳瑪塔可以算是戰神之母吧，多神氣！

澳洲朋友介紹了大樓裡唯一的住戶給我們認識，賽門是西澳州政府派駐孟買的商務代表。我打了電話給他的太太自我介紹，弗蘭在電話那頭爽朗地笑了：「歡迎成為我們唯一的鄰居，過來工地喝一杯吧！」

於是一天傍晚我從溫德米爾步行前往拜訪弗蘭。一個穿著整齊沒見過我的警衛站在杜佳瑪塔深鎖的大門前：「太太，有事嗎？」「我是這裡的住戶。」他很懷疑地看著我：「真的嗎？這裡面只住了一對外國人。」我解釋之後他明白了，不過還是要我在大街上等著，他進去裡頭通報，確定我不是恐怖份子後才領著我踏進沒有花也沒有草，只有水泥模板和一堆堆廢土的花園。

我小心翼翼不要踩到鋼筋穿過如同廢墟的花園進了大廳，前一次見到兩個穿紗麗的女人還是蹲在地上擦地板，看到我抬頭很親切地笑了，然後繼續毫無意義地在塵土飛揚中擦地。我一走過，她們忙不迭跟在身後擦我和警衛沾滿了灰的四排鞋印。

電梯裡四面都是木板，應該是怕工人搬建材刮傷了，因為還沒有裝空調，電梯裡充滿了沒洗澡的工人味道。帶我上樓的警衛說不久就會把這些木板拆掉，因為已經有第二戶人家要住進來，這會是住戶專用電梯，工人運貨專用的電梯就快建好了。

為什麼不把運貨電梯先安裝好，或是至少跟一般電梯同時安裝？這是印度邏輯，無須解釋沒有答案。

上了十四樓，總算是到了文明社會，每層只有一戶的電梯間十分乾淨，後來才知道每天大樓派人蹲在地上擦，唯一的住戶還是要照顧。弗蘭和我想像相差不遠，標準的直爽澳洲人，笑起來震天作響，讓人覺得很開心。弗蘭家裡望出去，就是遠處一望無際的阿拉伯海：「我把門一關，倒杯啤酒坐在陽台上，立刻忘了我住在工地了，哈哈！」

於是我們坐在陽台上喝著冰涼的印度啤酒，看著遠處的阿拉伯海，緬懷水龍頭出來的水可以直接喝的澳洲，如果沒有樓下機器施工隆隆作響，杜佳瑪塔倒也是個不錯的居住環境。

賽門和弗蘭和我們一樣，原來在一棟殖民式建築的老公寓裡住了兩年，近一年前房東無預警地宣布，如果原來已經是天價的房租不漲兩倍就得在兩個月內搬家。找到了沒有半個人住、工地般的杜佳瑪塔大樓，新房東答應在一個月內裝潢完畢，價錢還算合理。一個半月以後，賽門和弗蘭就像難民似地搬進來，成為第一個受印度戰神之母保護的住戶，接著就是我們了！

杜佳瑪塔多數的屋主買了是要自己住的，只有少數幾層用來出租。弗蘭告訴我頂樓是三層的樓中樓，往下則是好幾戶兩層的樓中樓，全都在裝潢中。她下了個結論，等到鄰居全都裝潢完成搬進來，這棟有游泳池、健身房的現代化大樓肯定是南孟買數一數二的頂級豪宅，不過到那個時候我們大概也都要任期屆滿離開印度了。

半年多來與工人為伍進出大樓，賽門和弗蘭已經習慣了身旁的灰塵和噪音，至少房租負擔得起而且位於精華地段。一聽我每天自己來監工，弗蘭瞪大眼睛：「妳瘋了嗎？妳知道這兒的灰塵有多大，沒冷氣有多熱嗎？」弗蘭家的水電費全由西澳政府買單，所以冷氣除了他們出國之外全年無休，灰塵擋在全年密封的門窗外。

但是她很快地認為我的決定也許也不是件壞事。

由於賽門和弗蘭完全沒有介入施工，搬進新家以後發現了一些問題。浴室裡的衛生紙架在淋浴蓮蓬頭的正下方，就算淋浴時可以把衛生紙拿開不讓它跟著洗澡，可是坐在馬桶上根本搆不到遠處的衛生紙架！

號稱乾濕分離的浴室只是掛了張浴簾，糟糕的是淋浴處的地板高於另一端洗手台的地板，中間沒有間隔，於是洗澡時水往低處流在浴室的另一方形成了個小池塘。弗蘭不知是樂天知命還是聽天由命：「客房浴室地板是沒問題的，淋浴的部分比較低，所以我們都在客房洗澡。」

面對阿拉伯海的夕陽再喝一杯啤酒，弗蘭想到件大事：「來來來，這個很重要。」我跟著她走到沒有窗戶、一片漆黑的客房浴室門口，開關呢？開關在往裡開的門正後方角落，所以必須進了浴室關上門，摸黑找開關開燈。

我認為這些完完全全是監工工頭的錯，施工的工人怎麼知道西式的浴室是怎麼回事？捲筒衛生紙架在蓮蓬頭正下方，一樣是不銹鋼的鐵製浴室用品，一直線放在一起對家裡連廁所也沒有的工人而言絕對合理，而且為了他們眼中的美觀，把開關放在門後眼不見為淨也不難想像。

接著進了廚房，弗蘭的房東十分大方給了整套進口廚具，但因為工人不會安裝，弄壞了烤箱至今還沒人會修。聽她敘述我很慶幸我們的房租便宜，房東給的設備十分陽春，我們要用自己的舊烤箱。

客廳天花板從東到西有一條長長的裂縫，弗蘭說是正在裝修的樓上震出來的。房東說等樓上裝修完畢換全新的天花板，弗蘭說只要不會掉下來，說什麼也不會再讓工人進家門的。

兩杯啤酒下肚我也該走了，弗蘭很認真地說：「來監工時，罵完人就上樓來喝杯冰水再下樓去繼續，否則妳會瘋了。」開了大門，一個工人就大剌剌地躺在電梯口睡覺！弗蘭大聲叫醒他：「起來，起來，這是我家，到別處去睡覺，不要再來了！」工人睡眼惺忪看著我們，慢慢起身走進樓梯間下樓去了，可惜了這個又乾淨又涼快的好地方。

弗蘭看著我嘆了口氣：「我不必再說什麼了，妳很快就會過這種日子的。」

我停在八樓進去探望新家。電梯門一開我幾乎走不出堆滿建材的電梯間，好不容易側身進了大門，一群工人灰頭土臉全停下來看我，穿著十分整齊的工頭臉上堆滿了笑：「太太，您來了，工作進行得很順利。」

客廳落地窗前，三年來每天回溫德米爾都得經過的小漁村現在就在眼前，船影點點、樹影婆娑充滿異國風情，另一頭廚房窗外橘紅的夕陽即將落入我看不見的阿拉伯海。此時眼前的景致少了嗅覺、聽覺、觸覺，穿著紗麗、眉心點了朱砂痣，不按牌理出牌的印度浪漫異常。

我看著亂七八糟的客廳，堆滿建材工具的水泥地，外露的電線還是一樣在牆上張牙舞爪，一個工人坐在搖搖晃晃用幾根木板臨時隨便架的鷹架上，一個不小心一定要立刻摔下來的。很順利的定義是什麼？

這就是印度了，永遠不會改變的印度。明天，再繼續奮戰吧。

當台灣太太遇見印度工人

新家簽約後第二天我前往杜佳瑪塔一探究竟，才出電梯門就聽見帕西族的室內設計師安傑尼爾（Engineer）先生在大聲指揮工人，讓人十分有信心。

帕西族姓氏非常有意思，不似一般印度教姓氏有些歷史種姓的含意，許多帕西姓氏是根據行業而來，所以安傑尼爾先生，顧名思義他的祖先是工程師，現在他從事設計裝潢，也算是勉強有點相關。

一次在印度朋友家的大型酒會中，和一位初見面的帕西族老先生相談甚歡，過了好一陣子才請教他大名，老先生慢條斯理掏出名片，我接過來差點忍俊不住：勤瓦拉（Ginwala），他的祖先是賣杜松子酒（gin）的?瓦拉（wala/walla/wallah），印度文的意思是做某件事的人，比方說賣茶的就是茶瓦拉（tea walla），在廚房裡打雜的人可稱之為廚房瓦拉（kitchen walla）。

帕西族的朋友一點也不介意我覺得他們的姓氏有趣：「除了勤瓦拉，我們還有蘇達瓦拉（Sodawala，蘇打水?），我的鄰居是達科特爾（Doctor，醫生?）太太，大學同學裡有人姓瑞斯特朗（Restaurant，餐廳？）、羅伊爾（Lawyer，律師？）、雷迪歐瓦拉（Radiowala，收音機？）、瑞迪馬利（Readymoney，錢莊？）。」

言歸正傳，滿頭白髮、慈眉善目的安傑尼爾先生一看見我臉上堆滿了笑：「喬伊斯妳來得正好，我正想打電話問妳浴室瓷磚要用什麼顏色。」不等我回話他立刻大聲吆喝會說英文的工頭路帕克：「把瓷磚目錄拿來。」路帕克小跑步拿來目錄，遞給我之前很盡責地用襯衫袖子抹去目錄上的灰塵。

放眼望去整個客廳沒有可以走動的地方，滿屋子建材七橫八豎疊在地上，連水電都還沒接上，已經到了選瓷磚的地步了嗎？還沒學會走路就要跑是不是會跌倒？不過我二話不說，以迅雷不及掩耳的速度選了三間浴室的地板和牆壁瓷磚。「牆壁顏色呢？」「不必選，全部白色。」安傑尼爾先生再問：「壁櫥木板的顏色式樣？」路帕克很快又拿來一本櫥櫃目錄，不忘擦去上面的灰塵。

我完完全全不認為現在問這些問題有任何意義，不過我很快選了所有安傑尼爾先生要我決定的項目，只要在一個月內完工，讓我可以如期搬家，什麼都可以！安傑尼爾先生接著帶我走過戰場般的各個房間，邊走邊解釋每個房間的櫥櫃在什麼位置，交代我去燈飾店選吊燈，然後他會去付錢。

難得見到這麼果決有效率的印度人，信心再度往上提升。迅速討論完畢，安傑尼爾先生說他還得趕到另一個正在裝潢的公寓，留下我和一屋子的工人。

廚房流理台已經大致成型，就在我拿著傻瓜相機左照右照之際，幾個工人盯著我交頭接耳，我對他們笑了笑。不多時，膽子大的要看相機裡照了什麼，膽子再大一點的就要我幫他們照張相。路帕克見狀大聲阻止，工人們伸伸舌頭，繼續工作。

隔了幾天，我辦事回家路上停在杜佳瑪塔再度上樓視察，工人看到我全都開心地打招呼，只有幾天工夫我發現大有進展，居然有一間浴室開始貼瓷磚了，從浴室窗戶還可以遠眺泰姬瑪哈旅館的大洋蔥屋頂！龍心大悅的太太立刻打電話給在樓下等的尼爾生：「叫賣茶的送茶上來！」

於是工人開開心心喝茶：「台灣太太人真好！」送茶的小弟開開心心倒茶：「明天這個時候還要在杜佳瑪塔樓下等台灣太太，二十杯茶呀！」

我謹遵弗蘭的指示，一一確認每個房間的開關位置，不會讓它們躲在門後的角落。再三吩咐路帕克要他交代工人注意浴室地板，水千萬要往低處流。還有很重要的，捲筒衛生紙的架子要在馬桶旁邊，不可以在蓮蓬頭下方。別忘了高度要適當，因為在弗蘭家裡有一個離地板只有十公分。

路帕克是個有經驗的工頭，對我近乎神經質地再三確認雖然沒敢露出不悅的神情，卻偶爾還是要很客氣地說：「太太，您放心，我在安傑尼爾先生手下做事很久了，這些事我都知道，不會有問題的。」

一日朋友凱伊和我一起去監工，看我帶了好幾袋餅乾，下車前竟然還要交代尼爾生去找小弟送茶上樓，老孟買凱伊連連搖頭：「妳已經在印度住三年了，還沒搞清楚該怎麼辦事嗎？不能對他們太好！」

我不甘示弱：「是誰讓傭人做麵餅帶回家的？」凱伊的廚子常常在做晚餐時順便也做了自己家裡要吃的麵餅帶回家，看似對傭人從不講人情的凱伊，卻總是睜一隻眼閉一隻眼。看她不說話我趁勝追擊：「還有是誰帶傭人去看電影的？」有一回我們去看印度電影，凱伊帶了女兒和傭人，進去之後才知沒有英文字幕。整場下來最開心的是傭人，因為只有她完全知道在演什麼。

台灣太太上樓就是印度工人的午茶時間，路帕克一聲令下，十來個工人放下手邊的工作，全都聚集到陽台坐在地上開始喝茶、吃餅乾。渾身髒兮兮的工人此時嘰嘰喳喳聊天說笑，把油膩膩的餅乾浸到又甜又濃的奶茶裡，好不快活。

凱伊逮到反擊機會，對我翻了翻白眼：「妳繼續每天給他們買餅乾讓他們喝茶吧，他們絕對不願意這個活趕快結束，因為沒有哪家的太太會像妳一樣。他們為了喝茶吃餅乾一定會拖延工程。妳慢慢等吧，你們永遠也搬不進來了！」

我知道凱伊對印度凡事極盡嘲諷是一種防禦，如果不這麼做，是無法在孟買日復一日的反覆無常、毫無章法邏輯中生存下去。

就這樣我每隔幾天就給工人送茶、送餅乾，裝潢工程進行十分順利，一直到有一天我福至心靈，注意到已經完工、只差油漆的衣櫥深度看來不對。由於主要工程已經大致底定，路帕克每天早上出現一次接著就到下一個工地監工，到了下午我只能找來一個看似靈光的工人，用我最不喜歡把別人當傻瓜的方式，一個字一個字慢慢說：「衣櫃，太淺；衣服，不行。」

頭上綁著條毛巾、打赤腳的工人兩眼茫然看著我比手畫腳一陣子終於懂了，從牆上拿來一個還掛著件髒衣服的鐵絲衣架，指指衣架再指指衣櫥，我趕緊點點頭。在工人把衣架往衣櫥裡一掛的同時，我擔心的事瞬間成為鐵的事實，衣櫥果真太淺，衣架進去以後關不上門了！

我捶胸頓足後悔來不及：我可是一步一步按照弗蘭的指示監工的啊，可是有誰會去檢查衣櫥的深度呢？罷了罷了，至少我證明了智者千慮必有一失，百密必有一疏是亙古不變的真理。

然後再以一貫的鴕鳥心態安慰自己，還好同屬我們房東的九樓已經裝潢完畢，一對德國夫婦要等到大樓一切就緒才要搬進來，所以至少我們不會有樓上裝修的噪音，天花板不會因為樓上施工而像弗蘭家一樣裂開一條縫，算是不幸中的大幸。

再過不久，廚房的流理台和吊櫃也全部完成了，一個工人整天坐在流理台下方裝抽屜拉門。一日我心血來潮觀察了安傑尼爾先生引以為傲的神奇角落，這個角櫃的設計是為了充分利用死角的空間，有一個帶滾輪移動式的鐵架，往外拉之後可以帶出位於死角的另一個鐵架。

我打開半掩的櫃子門，正在裝抽屜的工人一個箭步衝過來不讓我動手，兩造堅持一陣太太獲勝，可是這個架子根本拉不出來啊！原來因為門把的關係，櫃子門無法完全打開，導致應該拉出來的鐵架無法拉出，結果就是角落的鐵架還是留在死角，無法利用。

工人很慚愧地看著我，兩人對看一陣無語，我能說什麼呢？他反正聽不懂，而且我很清楚做木頭門的工人、做鐵架的工人、裝鐵架的工人，他們很有可能互不認識，來自不同的店家。工人不讓我看的原因很簡單，過了今天，不會再見到這個太太，有問題也不是他的問題了。

三年前的我可能毫不猶豫立刻開口大罵，無論如何會要工人把所有的衣櫥和這個永遠無法使用的神奇鐵架全部重做，但是如今的我對凡事有了新的看法，是無可奈何也好，被現實打敗也罷，退一步想衣服可以側著掛，衣櫥的門可以不必全關，神奇角落的鐵架可以放些沒用的東西。這些事在我的生活中，真的非常微不足道，我已經學得不會為這些事動肝火了。

我走出廚房看著已經鋪好地板的客廳，兩個工人正在裝冷氣。我清楚自己對人對事的標準三年來一直在降低，但這是印度，不到一個月的時間能有這樣的成果，我是絕對不能也不會苛責的。

客廳裡的幾個工人對著我咧嘴笑，我報以微笑打電話交代尼爾生叫小弟送茶上樓，然後呢？回溫德米爾打包準備搬家吧。

停車記

新屋簽約二十五天後，我正在和搬家公司代表解釋打包先後，安傑尼爾先生來電話了：「喬伊斯，有空過來看看，我已經找清潔工打掃完畢，再看看有什麼不妥的地方我們趕緊修改，馬上可以搬家了！」

忙了幾個星期下來，從找房子到決定到裝修，知道要搬家卻沒真覺得要搬家，很難解釋這種奇怪的感覺，也許是溫德米爾住得太安穩吧？安傑尼爾先生幾句話好似當頭棒喝，讓我不得不認清搬家這個事實。

送走搬家公司的代表，我出發前往杜佳瑪塔，衣櫥的門還是關不上，神奇角落的鐵架還是拉不出來，所有可觸及的每個表面上還是厚厚一層灰，真的打掃完畢了嗎？安傑尼爾先生保證他會找工人把神奇角落修好，至於衣櫥，他一語帶過：「哈哈，這些工人真是的。」

安傑尼爾先生走了之後，我獨自一人開始計畫全家重新打掃一遍需要多少時間。電話又來了，是第一家來估價搬家的公司代表拉吉：「太太，您好，什麼時候可以來打包呢？我先送幾個紙箱到您府上，您可以先收拾個人的物品。」我很遲疑地問是什麼人告訴他我要用他的公司。

拉吉尷尬地乾笑兩聲：「太太，您當然是會用我們的服務的，所有孟買的外國人都是用我們，我們的工人迅速確實，從來不會打破任何東西……」我很快打斷他：「你為什麼認為我一定要用你呢？我已經找了別人，再見！」

兩星期前朋友介紹的第一家搬家公司來溫德米爾估價，英語流利、一表人才的代表拉吉一進門立刻稱讚溫德米爾住戶非富即貴，我們坐下來開始喝茶時，他拿出裝訂成冊、印刷精美的公司簡介，上面有許許多多跨國企業主管搬家後對他們讚不絕口的頌詞。我邊看邊想，這需要多少錢呢？

終於到了打開天窗說亮話的時刻了，拉吉宣布：「四千美元。」「這是印度，為什麼用美金計價？」「啊，您先生的公司總部肯定不在印度，用美金計價比較容易作業。」我喝完最後一口茶起身送客：「如果決定用貴公司，我會給你打電話的。」

印度朋友介紹了另一家公司，代表巴斯拉看過一眼，給了個盧比報價，低於美金一千元。搬家期間穿著制服的打包工人訓練有素地裝箱，早茶、午茶、點心一樣沒少，雖然午飯過後全要躺在冰涼的大理石地板上睡午覺，三天之內如期結束，只打破了一個古董時鐘的玻璃蓋。

最後一晚看著空蕩蕩的客廳，覺得十分傷感，離開溫德米爾前往杜佳瑪塔，是從穿著紗麗的印度進入換裝成牛仔褲運動衫的印度，鄰居從伊格保王子、吉米大爺、塔塔家族，搖身一變成為千禧年後快速累積財富的孟買新貴，他們會不會有上個世紀留下來的傳統敦厚？

搬家後除了灰塵和噪音，一切還算順利，我每天下午五點打電話到管理處，提醒他們六點停工的時間快到了，六點半分貝提高再打一次，七點之後施工聲音漸漸降低。

地下一層地上五層的室內停車場由於還沒完工，我們只能把車停在大廳外，尼爾生從附近找來一個新的洗車工，他在尼爾生上班之前就洗車完畢離開，我們從沒見過面。我有點懷念溫德米爾的門房岡古。

杜佳瑪塔施工的工人和板球俱樂部的服務生一樣，全都成為我的好朋友，三不五時要來照相。尼爾生和凡吉娜似乎也很滿意新環境，畢竟這種現代化的新大樓在寸土寸金的南孟買實屬難得。

偶爾上樓和弗蘭坐在她看得見阿拉伯海的陽台上喝杯印度啤酒，抱怨一下沒有水的游泳池和沒有器材的健身房，日子倒也不難過。但是一旦日子過得順利，馬上就會要有問題的，這是孟買不變的定律。

一天管理處來電話：「史密斯太太，室內停車場已經完全裝修完畢，您的公寓有兩個停車位，一個在地下室，一個在二樓，從今天開始您必須停在室內。」

我告訴尼爾生，他皺起眉頭：「太太，這個停車場停車要搭電梯的，可是電梯只能進小車，我們的印度製吉普車進不去！」我大吃一驚，馬上下樓到車子的電梯口一看：果真是設計給一般房車用的電梯，所以除了一樓停車場之外，我們的車哪裡也不能停！

我拿起電話打給大樓管理處：「我的車進不了電梯，你說怎麼辦？」電話那頭傳來十分疑惑的聲音：「太太，您的車是什麼車？」「我住在印度，我愛用印度貨，我的車是百分之百印度製造，想要停在我住的印度大樓，進不了印度電梯……」電話那頭急忙否認：「不不不，太太，我們的車用電梯是質量最好的日本電梯！」

多說無益，我繼續打電話給開發商，雖然明知電梯和我的衣櫥一樣是無法改變的鐵的事實，還是很有責任感地認為我必須讓他們知道這個錯誤！開發商祕書的答案令人氣結：「太太，杜佳瑪塔的住戶買的全都是進口跑車，所以我們沒有顧慮到買大型印度車的住戶。」

就這樣對管理處主任、開發商祕書大聲咆哮數日之後，我終於心甘情願打電話給房東要他出面解決問題。梅爾先生要我別著急，他一定會找出個解決之道，我們這登不上大雅之堂的印度大笨車，就先停在目前空空如也的一樓停車場。

過了好一陣子，停車的問題似乎消失了，我也一本印度大原則：問題沒找上門，千萬別想嘗試解決，轉過身眼不見為淨。一直到尼爾生又來報告：「太太，警衛說我們停車的位子是達斯瓦尼大爺的。他告訴警衛，誰也不許停在他的車位，要停車得跟他租。」

「溫德米爾的達斯瓦尼先生？」「是的，太太，達斯瓦尼大爺在杜佳瑪塔買了兩個公寓，一個是一層的，另一個是樓中樓，總共六個停車位，現在正在裝修準備租人。」這再度印證了達斯瓦尼先生「孟買上流社會只有兩百人」的理論，我們搬家了還是他的鄰居！

我很客氣打了電話給達斯瓦尼先生告訴他停車的情況，他四兩撥千金：「哈哈，妳怎麼得操心這種小事呢？讓妳的房東跟我談！什麼時候回來溫德米爾，我們喝杯茶，我太太很想念妳呢！」掛了電話我知道不必找梅爾先生，換車位不可能，要收租金的。

梅爾先生不久來電話：「喬伊斯，我看樓下的車位還是別停吧，你們有沒有第二輛車啊？如果你們有一輛比較精巧的車就沒問題了。」「唉，梅爾先生，我家只有兩個人，怎麼會有兩輛車呢？」一出口馬上發現我這句話在印度是可笑的，為什麼沒有？溫德米爾五樓的單身先生有四輛車呢！梅爾先生也嘆了一口氣：「我再想想辦法吧。」

我建議梅爾先生去和大樓管理處商量，用我們的室內停車格兩格換戶外客用停車格一格，梅爾先生十分為難：「我可不願意把我的車位給別人用。」事實證明，大樓管理處本著印度精神，規則既定無法修改，怎麼也不願占這一個停車格換兩個的便宜。

折騰了好幾個星期，尼爾生說達斯瓦尼先生對警衛下了最後通牒：「即使六個車位在接下來半年都會是空的，我也不准任何車子停在我的車位上！」我可以理解達斯瓦尼先生的立場，他與我的房東素昧平生，一樣是錢淹腳目的有錢人，憑什麼讓我的房東因為我而占他便宜？

只好再找梅爾先生，這會兒他真的有解決之道了：「喬伊斯，我左思右想，這應該是最好的辦法，我給你們買輛可以進電梯的小車！」

聞言我的手機差點從手中滑落：我以為過了三年，印度的任何事都不會再令我驚訝了！梅爾先生解釋大樓要他交二十五萬盧比買個一樓的停車位，但是梅爾先生在杜佳瑪塔有兩層樓四個車位，怎麼也不願再買一個車位，所以他唯一可以想到的辦法就是買輛小車給我們。

我告訴菲爾這個匪夷所思的提議那天，他可能也在辦公室裡遇上了好幾件天方夜譚般的事，十分沮喪地告訴我：「也許我們應該離開印度了，這兒的人全瘋了。」

我們終究沒有讓梅爾先生買車，他也很盡責地對管理處軟硬兼施，最後梅爾先生以每個月五千盧比的價格，租下大廳外樹下我們原來停車的客用停車位，算是解決了這個拖了兩個月的停車問題。

是不是就這樣天下太平了呢？

一天尼爾生一大早打電話上樓：「太太，不好了，樹掉到車子上了！」我剛起床混混沌沌一頭霧水：「什麼意思？」「太太，快點下樓！」迅速更衣下樓，步出大廳先看見一地的樹枝，接著是我們被一根粗樹幹擊中、擋風玻璃碎了的車！

大樓管理處送來水果一籃加上鮮花一束，負責所有的賠償，尼爾生很有效率地修好了車，可憐的大樹被剪了個小平頭。而我呢？我鄭重發誓，真的一丁點的氣也沒有，開始滿心期待下次的孟買大驚奇！

換鎖記

一日凡吉娜來上班時沒有自己開門進來，卻是按門鈴，門一開她就氣急敗壞對我說了一串印度話，幾乎要哭了。

我趕緊打電話給尼爾生，一問之下原來凡吉娜把家裡的鑰匙丟了。如果還住在溫德米爾，可能再打個鑰匙給她就算了，不過杜佳瑪塔目前仍是龍蛇雜處的工地狀態，我也尚未摸清楚三天兩頭就換的警衛底細，如果鑰匙掉在工地，或是給凡吉娜在貧民窟的鄰居偷走，那就麻煩了，於是決定換鎖。

才提及要換鎖，尼爾生搖頭晃腦：「太太，我知道，我帶您去買鎖！」可想而知，華格納先生在多年前的某一天，發現家裡或是辦公室要換鎖。於是我們穿過大街小巷，最後停在一條車水馬龍的街上，尼爾生指著對街一家小小的鎖店：「太太，就這裡，您下車去買，有問題就打電話給我。」此時後面已經有一排車不耐煩地按喇叭，甚至有人探出頭來破口大罵了。我趕緊下車：「不會有問題的，你快把車開走。」

小店裡坐著一個看似老闆的中年人和一個女孩，應該是店員，兩人正在喝茶。老闆很親切地介紹了幾種不同款的門鎖，冗長的介紹之後，老闆大力推薦電腦鎖。我左看右看看不出電腦在那裡，眉心點了朱砂痣的老闆說：「太太，這個鑰匙是用電腦打的，不能隨便複製，最安全了。」反正價錢全都差不多，於是順老闆的意，買了裡面沒有電腦的電腦鎖。

回家後菲爾三兩下把新鎖換上，覺得安心許多。四把鑰匙給了房東一把，凡吉娜一把，我們兩人各一把。我想了想，決定多打兩把鑰匙，給尼爾生一把，萬一家裡有事我們不在孟買，他可以來幫忙處理。

於是我要尼爾生到鎖店去配新鑰匙，特地把新鎖的收據交給尼爾生以資證明。尼爾生出發不久後來電話了：「太太，他們說我不能配鑰匙。」我要他把電話交給老闆，說話的是女店員：「太太，絕對不行的，司機是不能隨便配鑰匙。」我花了九牛二虎之力還是無法說服她尼爾生的確是我派去的。罷了，只好讓尼爾生回來。

第二天親自上門，女店員正在打電話看也不看我一眼，老闆不在。我敲敲她的桌子，她抬起頭微微搖頭晃腦，繼續在電話上有說有笑幾分鐘才掛電話。我說明來意，出示收據，她倒也沒有意見：「太太，師傅不在，您改天再來吧。」只能怪自己到現在還沒學乖沒有先打電話：「好，他什麼時候會在？」「明天。」「明天什麼時候？」「明天下午。」

隔天早上先打了電話：「我今天下午來配鑰匙。」「沒問題，太太！」下午抵達店門口，是一個男店員：「師傅不在。」我沒好氣說早上我明明打了電話來確定，得到店員搖頭晃腦一口白牙的笑容：「太太，您明天再來吧。」

隔了幾天再出門前我打了電話：「我要配鑰匙，配鑰匙的師傅在嗎？」「在。」「我半個小時以後到，你要他千萬等我！」「沒問題，太太！」

接著我和尼爾生飛車趕往鎖店，在對街我已經有不祥的預兆，店裡看來只有一個人。果不其然，師傅又不在，我提高嗓門對著前次見過的男店員說：「是你接的電話，是你說我可以來的，配鎖師傅呢？」男店員不好意思的搔搔頭：「他在路上了，五分鐘就到。」

五分鐘、五分鐘，在印度什麼事都是五分鐘！我煩躁的在店裡等，愈來愈熱了，過了二十分鐘還是不見師傅的蹤影，多說無益，只能氣呼呼地走了。店員再三保證隔天師傅一定會在。

第二天出發前確認，到了店裡，師傅果真在，霎時覺得自己應該是祖上積德，才有這麼好的運氣！師傅兩三下打好了兩把所謂的電腦鑰匙交給我，可是即使是肉眼我也看得出新鑰匙和原來的鑰匙齒鋸略有差別：「這不對，你看！」師傅搖頭晃腦指著他的機器：「沒問題的，太太，絕對沒問題！」邊說邊把一塊髒兮兮的布小心翼翼地蓋在看來不像有電腦的機器上。

我絕望地想：他是怎麼也不會再把機器打開的。

回到家把新鑰匙插進鑰匙孔，果真開不了！當天菲爾回到家中聽我連珠炮似地抱怨鑰匙，一言不發泡了杯英式紅茶坐下：「妳想知道今天我發生了什麼事嗎？」英國人高興時喝杯茶，不高興也得喝杯茶。今天一回家就要喝茶，肯定不順心！

原來今天辦公室來了一批記者專用的進口桌子，可以依個人習慣調整高度以免整天打字造成職業傷害，來組裝的人員怎麼說也不肯為每個記者個別調整高度，堅持這批桌子的高度已經定好，不能隨便調整。菲爾喝完茶：「我花了一個多小時說服組裝人員，最後他們終於願意調整。不要再說鑰匙了，我們不需要多餘的。」

我於是不再繼續，從冰箱拿出兩瓶啤酒，兩人坐在陽台上看著遠處即將落到阿拉伯海的美麗夕陽，耳邊是烏鴉在附近大樓盤旋時發出淒慘的叫聲，想著我的芝麻蒜皮家事和他與印度人工作上的萬般困難：已經過了三年了，怎麼還老是覺得每天都在打毫無勝算的仗？

不屈不撓的台灣人隔了幾天提起精神，又到鎖店去了！這回是在和老闆通過電話，約定時間之後。

看店的女店員一見到我馬上拿起電話，一串印度話聽來是在向老闆報告。我拉長一張臉：「老闆呢？他和我約了時間，他告訴我師傅也會在，師傅呢？」女店員十分害怕地說：「老闆在家裡，師傅出去了，老闆說請您師傅在的時候再來。」雖然不是女店員的錯，我提高嗓門要她馬上打電話給老闆：「告訴他是他要我這個時間來的，為什麼他在家裡？為什麼師傅不在？」

女店員很害怕再拿起電話之際，師傅回來了。他搖頭晃腦露出一口白牙：「沒問題，太太，現在就幫您調整，沒問題！」女店員如釋重負放下電話。我仔仔細細比對新鑰匙，這回實在看不出不同，只能拿了鑰匙回家。

結果呢？回到杜佳瑪塔還是開不了門！我血壓上升，心跳加速，轉身立刻再驅車前往鎖店，女店員眨著大眼睛看著我，所謂的電腦配鎖器上已經蓋上髒兮兮的布，師傅已經不見蹤影。我冷冷地對女店員說：「打電話給老闆。」她遲疑了一下：「老闆在家裡。」我提高聲音：「妳知道為了這兩把鑰匙我來了幾次？妳認為我就住在隔壁嗎？」兩三個路人慢慢聚集在鎖店的門口，好奇地看著這個發飆的台灣人。

女店員只得拿起電話，接通老闆後交給我：「太太，告訴我，又有什麼問題？」我買鎖以來的怒氣一擁而上，對著電話把老闆罵了一頓：「師傅呢？我要他現在就幫我調整鑰匙！」老闆在電話那頭乾笑了幾聲：「哈哈，太太，師傅在忙呢，您改天再來吧。」

我潑婦罵街般地失去控制，非得老闆給我一個交代，此時老闆丟下一句：「太太，明天再來，再見！」「啪」的一聲把電話掛了！我不可置信看著電話，此時已經有六七個路人擠在門口觀望了。我要女店員再打電話給老闆時，她是怎麼也不願意了：「太太，您明天再來吧。」

氣壞了的台灣人心想：妳不打電話沒關係，我有我的辦法！我看著電話座機，迅雷不及掩耳拿起話筒按下重撥鍵，女店員張大眼睛，這下輪到她不可置信了。

電話那頭是老闆的聲音，我緩緩一個字一個字說道：「師傅在哪裡？」老闆沒料到是我，沉默了幾秒鐘：「太太，請您一定要理解，師傅去上電腦配鎖課了。」電腦配鎖課？這真是我來印度以後聽過最可笑的理由！卻也不得不佩服老闆信口開河的能力。

我告訴老闆今天我不打算回家了，就在他店裡賴著，一直到師傅回來為止。掛了電話不久電話又響了，女店員嘰哩呱啦說了一陣，掛了電話後轉向我：「太太，您別生氣了，老闆說您先回家，他現在就派師傅到您府上當場為您調整鑰匙，這樣您就不必跑來跑去了。」我答她我等師傅回來，搭我的車一起回家去。女店員著急了：「太太，師傅在外面，直接去您家裡，您千萬別在店裡等。」

我點點頭：「好。」女店員看我還是按兵不動：「太太，您回家等吧，師傅馬上到您家裡去。」我再答她好，仍然文風不動。她又急了：「太太，怎麼回事呢？」我緩緩地說：「妳知道我住哪裡嗎？老闆知道我住哪裡嗎？師傅知道我住哪裡嗎？」她恍然大悟：「不知道呢，太太。」我靜靜寫下地址後才回家，卻不期待任何人會出現。

但這是印度了，一定是要人出其不意的。就在回家後半個小時，鎖店竟然派了兩個小弟來按門鈴！說他們是小弟是因為年紀的確看來很輕，穿著阿飛花襯衫夾腳拖鞋，大半個後腳跟踩在地上，兩手空空沒有帶任何工具。

我看著他們有點迷糊了。「太太，您有問題的鑰匙呢？」我像是吃了迷幻藥似地把鑰匙交給他們。其中一人從牛仔褲的後口袋裡掏出一把扁平的銼刀，兩人就這麼坐在門口地上有說有笑，一點一點用銼刀磨起鑰匙來。其實只有一人在修，另一人應該是結伴而來的朋友。再半個小時，水也喝了茶也喝了，兩把新鑰匙在磨刀霍霍下，終於可以開門了。

於是尼爾生有一把鑰匙，辦公室裡有一把備用鑰匙，換電腦鎖一事，就此落幕。至於華格納先生是不是和我有一樣的遭遇，有什麼關係呢？看著遠處的夕陽，來杯熱騰騰的奶茶，一切都沒事的！

杜佳瑪塔後傳

話說搬進杜佳瑪塔也已經幾個月了，除了我們和賽門弗蘭兩戶人家，整棟大樓內部還是處於東敲西打、灰頭土臉的裝潢狀態。

不同於溫德米爾的是，二十四小時的警衛把他們的工作看得比什麼都重要，連送水的小弟也得接受他們趾高氣揚的盤查，不過如果是穿金戴銀的印度人或是金髮碧眼的外國人就不同了，可以長驅直入。尼爾生和凡吉娜規規矩矩附上證件照片向大樓管理處註冊登記，領了大樓出入證後隨身帶著。

我開始懷念溫德米爾。雖然階級的觀念根深柢固，伊格保要我別老是和下人混在一起，但是他待家裡的僕人以禮，從未大聲叱喝。房東塔塔家雖然懲罰逾期不歸的岡古，還是養活他一家人。吉米大爺總是笑嘻嘻親手遞給司機、警衛、門房小費。偶爾尼爾生提及杜佳瑪塔警衛的狗眼看人低，總是搖頭。

溫德米爾是舊印度的縮影，杜佳瑪塔是新印度。

一日凡吉娜進門不是直接進廚房，而是立刻進入書房，我停下手邊的工作跟她道早，先是擔心：「鑰匙又丟了？」立刻覺得好笑，她不是自己開門進來了嗎？凡吉娜眼眶泛紅，吞吞吐吐說不出完整的一句話，我只聽懂她提及警衛。遇到這種情形，自然是立刻打電話給在樓下的尼爾生了。

原來是因為杜佳瑪塔最近多了幾戶人家，他們家裡肯定金碧輝煌，於是要求警衛對於各住戶的僕人再三檢查，以防他們夾帶雇主的細軟出去。

尼爾生說上星期管理處宣布加強檢查後，警衛開始檢查出入大樓每個人的手提包，當然有錢的印度人和外國人則免。今天警衛要求凡吉娜把小錢包裡的東西全部倒出來檢查。凡吉娜把她手上髒兮兮一個手掌大的小布包給我看，裡面有一張十盧比的紙鈔、大樓出入證、手機，還有鑰匙。警衛告訴凡吉娜，離開大樓時還要再檢查，看看除了這四樣東西以外，有沒有從雇主家偷東西出來。凡吉娜覺得受了侮辱，決定向太太投訴。

「尼爾生，你也讓他們檢查嗎？」尼爾生很得意答道：「他們要檢查我的背包，我說我很少進太太家，沒有機會偷東西。他們還是要檢查，我說可以，現在我的皮夾裡有一百盧比，如果我下班時只剩五十盧比，你們要負責把少了的錢補齊，檢查吧。」警衛於是放棄。

我聽了不禁莞爾，尼爾生果真見過世面，知道怎麼對付他們，但是年輕的凡吉娜可不敢這麼做。掛了電話我做了個手勢讓凡吉娜跟著我下樓到警衛處，在一旁聊天的警衛看見我立刻筆直站好舉起右手行禮：「太太早安！」「早安，我有個問題。」在花園裡看報紙的尼爾生也過來了，準備看好戲。

我指著凡吉娜：「認識她吧？」「是的，太太，她是您的僕人。」「她有沒有證件可以進出杜佳瑪塔？」「有的，太太，檢查了，她有什麼問題嗎？」「她沒有問題。」我指著尼爾生：「認識他吧？認識，太太，他是您的司機。」我接著說：「從今天開始，我不要你們檢查尼爾生還有凡吉娜的任何東西。」

警衛十分為難，不知如何是好。我很清楚他們只是執行被交代的工作：「打電話要大樓管理處的人下來。」不多時管理處的拉吉先生下來了，看見大廳裡站了一群警衛、尼爾生、凡吉娜和我，以為發生什麼大事了：「史密斯太太，您好，怎麼了？告訴我，立刻為您解決。」「我要你告訴這些警衛，從今天開始不要再檢查尼爾生和凡吉娜的東西。」

拉吉先生十分驚訝地看著我：「史密斯太太，這是應住戶要求實施的，對您只有好處。」「謝謝，不過這兩個人我絕對信得過，以後要是我丟東西我自己負責。」「可是太太，這是規定……」我打斷他的話：「這樣吧，我寫張切結書簽名，保證我家裡丟東西絕對不會找管理處，待會就讓尼爾生送去管理處的辦公室，可以嗎？」

至此拉吉先生知道大勢已去，只得由我：「不必不必，太太您說了就算。」我不死心：「拉吉先生，還是跟警衛說清楚不檢查一事您是同意的，免得他們擔心。」拉吉先生於是用印度話向警衛再宣布一回，尼爾生和凡吉娜很滿意地在一旁低頭微笑。

進大樓檢查一事就此落幕，我發現三年後的自己已經愈來愈能應付這種欺善怕惡的情況了，不再是立刻提高嗓門，兵來將擋水來土掩，安步當車，凡事都是小事一樁。

不過在尼爾生彙報鄰居的一舉一動時，卻還是要為印度有錢的程度大吃一驚。杜佳瑪塔頂樓是三層的樓中樓，是印度首富安巴尼小姨子的，裡面有自用的電梯。安巴尼小姨子家樓下的兩層樓中樓是西門子買下給駐印度的德國主管的，裡面從冰箱、烤箱、洗碗機到衛浴設備，全數歐洲進口，甚至油漆也從德國進口，因為他們不相信印度的油漆。

我說這兩家鄰居我從來沒遇見過，尼爾生一本正經：「太太，那是因為他們還沒搬進來。他們從我們搬進來以前就開始裝潢了，我聽說至少還要三個月才能完工。」我屈指一算，至少十個月了，肯定金碧輝煌！

又過了一陣子管理處來了一份邀請函，大樓裡多數住戶已經搬進來了，業主選好黃道吉日舉行盛大酒會，不僅請來地方人士和官員，還佐以隆重的印度教儀式來開樓大吉。

拉吉先生在請帖送達之後打電話來確認：「史密斯太太，您和先生一定會出席吧？十四樓的賽門先生和太太也會來的。」我立刻答應了，怎會錯過見識住宅大樓開張的好機會？至此我們已經搬進來大半年了。

接下來兩個星期，花園酒會準備事宜如火如荼地展開，成日蹲在大廳擦地板的兩個女人這會兒擦地擦得更起勁了，彷彿家裡辦喜事一般。印度祭典一定要有的花花草草當然少不了，幾個工人席地坐在停車場裡開始編織起花串來，很有過節的氣氛。

警衛也十分興奮，不時對著來搭舞台的工人指揮東、指揮西，穿著制服帶著帽子的他們此時是十分神氣的，比搭建舞台穿著夾腳拖鞋的工人神氣。工人累了在舞台上倒頭就睡。

管理處派了人清洗大樓外牆，我坐在書房往外看，掛在窗外聽著手機音樂的年輕人朝著我咧嘴問好，他手上一塊髒兮兮的布就擦到一個手臂可以觸及的範圍，留下對我而言不擦還比較好的痕跡，不過看他身上除了兩條繩子之外什麼也沒有的設施，我只希望他儘快擦完，儘快安全著地。

酒會當天冠蓋雲集，花園裡的樹上掛滿了一閃一閃的聖誕燈飾。我從樓上往下看，紅地毯一路鋪到大廳前的舞台，游泳池畔擺滿了鋪著白桌巾的圓桌，椅子穿了衣服打了蝴蝶結，幾乎是結婚大典了。拉吉先生的電話到了：「史密斯太太，您快點下來吧，您和先生的座位準備好了！」

下了樓，我們的座位在第一排賽門和弗蘭的旁邊，接著我們被一一介紹給所有的貴賓。弗蘭低聲告訴我：「我們這幾個外國人給足大樓面子了。」看著周遭富麗堂皇的佈置，穿金戴銀的貴客，心想這杜佳瑪塔，怎麼住了這麼多個月我還覺得在作客？

太太，幫我找工作

愛爾卡離職一陣子後，新年剛過不久，電話來了。

「太太，是我，愛爾卡。」我完完全全沒料到是她：「嘿，愛爾卡，妳好嗎？」「太太，我打電話來祝您和先生新年快樂！」我心裡一陣溫暖：「謝謝妳，現在住哪裡？一切都好嗎？」

愛爾卡現在住在北孟買，不過每個月還是得給住在溫德米爾對面貧民窟裡的丈夫一些生活費。我嘆了一口氣，卻不想繼續問她經濟狀況，只能言不及義問候她的兒子女兒孫子，她接著問凡吉娜工作是否一切勝任，也問候了尼爾生。

就這樣談了幾分鐘，該來的終究還是要來：「太太，我想請您幫我找工作，我很想回溫德米爾為您和先生工作，但是我不想接近我的丈夫，所以工作必須在南孟買以外的地方。」不等我回話我們已經搬離溫德米爾，她接著說：「還有，太太我不要在印度人家做事，也不要有嬰兒的家庭。」我聽了又好氣又好笑，要人幫忙找工作不但理直氣壯，還有這麼多條件！

這讓我想起朋友夏綠蒂和彼得。他們從英國帶回孟買找不到的各式巧克力，視爲珍寶省吃儉用，廚子莫妮卡卻三不五時就自動自發吃得不亦樂乎。保守的英國人雖然不高興，卻也不好意思當面質問。

一直到有一天，彼得發現一塊咬了一口的巧克力在冰箱裡，確定了不是夏綠蒂之後找來莫妮卡：「這個巧克力是妳吃過的嗎？」「是啊，先生。」拘謹的英國人沒料到廚子如此理直氣壯，這下不知怎麼問下去了：「呃，爲什麼妳咬了一口還放回冰箱？」「先生，這個巧克力不甜，不好吃，不過丟掉也可惜，我就放回冰箱了。」彼得看著飄洋過海倫敦帶回來、被咬了一口的有機無糖黑巧克力，欲哭無淚。

有時候我很是很羨慕印度人這種理所當然的態度，不像我瞻前顧後，深怕得罪了別人卻又不甘心委屈了自己。

言歸正傳，正好一位台商獨自一人來到孟買，想找個管家。我問了愛爾卡願不願意只為一位先生工作，印度女人有時會有些顧忌。「太太，他要付我多少錢？」此時再怎麼願意幫她也得板起臉來訓話了：「愛爾卡，人家不一定要用妳，是妳在找工作，不是工作等著妳！」愛爾卡不說話，我再嘆了一口氣，隔幾天跟朋友約了時間讓他們面談。

好人做到底，面試之前我在電話裡提醒愛爾卡：「這位先生是台灣人，吃不慣印度咖哩，妳把我給妳的推薦信和食譜都帶著，告訴他妳會做哪些中餐。」愛爾卡不發一語好一陣子。「怎麼了？」「太太，食譜丟了。」

我無法相信。幾年來我教愛爾卡做過的中西式餐點不計其數，有英文的食譜我都從電腦裡印出來，帶著食譜去影印店印出來，裝在一本透明檔案夾裡，離職前讓她帶走的中式西式英文食譜丟了！中英對照的傅培梅食譜！

我開始連珠炮似地說她：「妳走的時候我不是告訴妳好好留著，以後找工作時可以用嗎？我不是說過不管妳以後工作的人家是什麼人，一定會喜歡吃中國菜嗎？這是妳的技能，可以多賺點錢的。我幹什麼要幫妳？妳根本不在乎！」

電話那頭的愛爾卡任我埋怨了一陣子後才低聲說：「對不起，太太，您再印一份給我好嗎？您送我那本印度食譜還在，只要印西餐和中餐的食譜就好了。」我咬牙切齒對自己暗暗發誓：這是最後一次了，沒有下一次了。

然後很沒用地拿著幾本厚厚的食譜下樓到影印店，站在垃圾堆旁一邊趕蒼蠅一邊找出愛爾卡做過的食譜，一頁一頁交代小弟印下來，再買本透明檔案夾放進去。準備妥當後打電話交代愛爾卡與尼爾生聯絡，到路透社辦公室去找他拿。

雖然愛爾卡對新工作的工資不滿意，因為比我們給的要低一些，最後還是接受了。畢竟只有一位整天在辦公室，每三個月回台灣幾星期的先生，而且這位先生的公寓只有溫德米爾三分之一大，除了房東給的最基本陽春家具，先生只有兩個皮箱。

我事先警告朋友，愛爾卡三年來非常誠實可靠貼心，但是會借錢。朋友聽了大笑：「不會那麼快的，總得等幾個月吧？」但是連幾個星期都不到，愛爾卡在上班後的第一個星期就開口借錢了。

這位朋友畢竟是公司主管，知道如何應付。他告訴愛爾卡，借錢有程序，要找公司的財務經理，審核過了就給錢。而愛爾卡竟然真的打電話到公司借錢去了！想當然耳，在電話裡被同是印度人的財務經理訓斥了一頓之後，借錢一事不了了之。

我聽著聽著心裡有些不忍：愛爾卡啊愛爾卡，妳怎麼那麼天真？她在打電話之際一定是充滿希望吧？是老闆先生讓我去借錢的！但是也生氣自己的借錢預言竟然在一個星期之內就實現，彷彿被狠狠打了一個巴掌。

這種同情與生氣並存的情緒，每每想起愛爾卡就會出現。我看著迅速忙進忙出，因爲語言隔閡和我交集甚少的凡吉娜，對她毫無了解是不是比較好的相處方式呢？我想念以前和亞莎、愛爾卡說說笑笑的日子嗎？凡吉娜的未來和亞莎或是愛爾卡比起來，應該是最穩當的吧？家人已經安排了可靠的結婚對象，她按部就班一心一意幫傭賺錢，也許沒有驚天動地的愛情，卻是安安穩穩，沒有意外。

再過一陣子，朋友來電話說愛爾卡在領了第一個月薪水後，就像一陣煙似地消失了。我考慮了幾天，撥了愛爾卡電話號碼，可想而知電話已經停機。

我上樓和弗蘭坐在她的陽台上，遠眺孟買落日漸漸沒入於阿拉伯海中，喝著冰涼的印度啤酒兩人無語。亞莎出事之後已經一年多沒有消息了，我不甘心地認爲至少還能幫幫愛爾卡，但這不過是婦人之仁罷了。關於亞莎和愛爾卡，我完完全全失敗，至此徹底明白自以爲是的悲天憫人，覺得可以改善別人的生活甚至命運，是何等可笑。

但是，至少尼爾生和凡吉娜在妳家還過著快樂的生活，知道亞莎和愛爾卡來龍去脈的弗蘭這麼安慰我。

也許吧，也許這樣就夠了。

第7部

不只是印度

前進阿富汗

我經常被問到在路透社工作時，為什麼願意離開風景如畫的雪梨，搬到一團混亂衛生條件不好的孟買。有兩個原因。

其中之一是升職，因為我從紐澳大洋洲的分社社長，晉升為南亞總編輯。但更重要的原因是阿富汗（Afghanistan）和巴基斯坦（Pakistan）將納入我的管轄，這兩個國家的新聞太誘人，任何記者都無法抗拒。

美軍在九一一世貿襲擊事件後進入阿富汗，跟多數大型新聞機構一樣，路透社也在首都喀布爾（Kabul）租了一棟房子，設立有規模的常駐分社。當時顯而易見的是戰爭將持續多年，記者會輪流進出阿富汗，我們必須有安全的戰地報導基地以及良好的通信設備。

我接手南亞時，美軍與塔利班處於對峙狀態，位於喀布爾的分社也已經運作多年。這棟有好幾個房間的大房子占地相當廣，樓下是文字、攝影和電視記者的辦公室，所有新聞運作需要的設備都在這裡。還有一個儲藏室，裡面有防彈衣、頭盔、醫療急救包和其他安全設備。樓上是臥室、廚房和起居空間。

我們把舊車庫改為健身房，裡面有跑步機和舉重等器材，因為在戰地要到戶外運動是天方夜譚。花園裡有個大貨櫃改裝成的兩間臥房以備不時之需，不過絕對沒人想要在喀布爾的冬天睡在貨櫃裡，而滾燙難耐的夏天一樣受罪。

另一個非常重要的房間是防彈避難室，辦公室遭到攻擊時，所有人得立刻撤離到那個房間裡。在阿富汗和巴基斯坦，這種避難室幾乎每個大房子裡都會有一間，在其他綁架或暴力頻繁的南美洲國家也常見。

避難室通常從臥室進入，但在分社這個房間位於新聞編輯室旁。穿過一扇重型鋼製防彈門，裡面有床、食物、水、簡單的淋浴設備、化學廁所和醫療用品。避難室裡有完整的閉路電視，希望裡面的人在最壞的情況下，還能看到外面的情形。這些設備所費不貲，而且裡面的物資必須定期更新，但都是不能節省的花費。

分社還擬定了依情勢定期調整的逃離計畫，一旦有需要人員就得立刻逃往附近的大使館或是外國軍隊駐紮的基地。記者沒有槍支，辦公室也沒有武裝警衛，因此分社地點選定最重要的條件之一，就是得靠近這些有武裝保護的單位。

在像伊拉克那樣極度險惡的環境中，就算是開車去機場也很危險，那個時候新聞記者的確會僱用武裝警衛，不過這通常只出現在最危險的地方。在許多情況下，記者的第一道安全防線是低調和匿名，攜帶武器或是身邊有武裝保鏢只會帶來大麻煩，因為很可能因此被認為是戰士，而不僅僅是記者。

喀布爾分社的花園，主要用來停放包括防彈車在內的六輛汽車，以及一個直徑三米半的衛星和兩台大型發電機。由於喀布爾的電力一天通常只供應幾個小時，發電機幾乎是整天不斷地來回切換。

在基礎設施不完善的阿富汗，衛星是新聞報導的主要通訊方式。記得我剛就任南亞的工作時，為喀布爾分社做的第一件事就是替衛星買一個加熱器；否則冬天下雪時，衛星就會因為積雪的重量傾斜而失去訊號。

進入喀布爾通常要費點功夫。申請手續繁複的簽證只在新德里發，因此我得從孟買飛到新德里過夜，隔天才能去領，接著是大約兩個小時的航程抵達阿富汗。

我也曾多次先進入巴基斯坦，再搭乘一架在伊斯蘭馬巴德、喀布爾和杜拜之間來回往返的聯合國班機進入阿富汗。這個班機被機組人員戲稱為「Hacks-and-Dips」，因為大多數乘客不是記者（hacks）就是外交官（dips），還有一些非政府組織的人員。

從伊斯蘭馬巴德到喀布爾的一小時航程，是我經歷過最壯觀的飛行經驗之一了，三萬五千英尺高的興都庫什山脈（Hindu Kush Mountain Range）和白沙瓦市

（Peshawar）讓人屏氣凝神，每一次的飛行都讓我深深著迷）。

拜所有南亞記者和僱員的老闆身分之賜，每次到喀布爾出差我都有皇室般的待遇。喀布爾分社的辦公室經理是個人脈極廣的當地人，他能夠以某種神奇的方式繞過嚴峻的機場安檢，在我踏出機門的那一剎那，就能看見他站在下飛機的樓梯底端向我熱情地招手。

他好像認識機場的每個人，帶著我毫不費事迅速通過所有嚴密的關卡，不過開車前往分社的路上就沒那麼容易了。原來應該只有三十分鐘的車程，因為重重路障和安檢，通常得花上三倍的時間才能完成。

抵達喀布爾的當天，沒有例外是分社同事在花園裡的烤肉派對日，通常主餐是一隻烤全羊，而且當地的走私販會送一些啤酒和烈酒過來。伊斯蘭教徒的確很多不喝酒，不過我的同事們充分利用這個機會，大口大口地喝著威士忌。酒足飯飽而且在夠多的酒精催化下，他們就會忘情地表演起傳統舞蹈來。

他們完全忘了白天外出採訪時的神經緊繃，不必擔心街上隨時隨地可能聽見的槍聲和爆炸聲，回到辦公室後發新聞搶時效性的壓力，此時也不復存在。

外面的貧窮、危險和戰亂，此時通通消失在黑暗中。高大帥氣輪廓深邃的男子在星光下的營火旁，用豪邁的歌聲和搭肩踢腿的舞蹈，訴說著阿富汗悠久多彩的人文歷史。我在黑暗中一邊喝著啤酒，一邊看著暫時拋開一切顧慮盡情狂歡的同事，想著這個多難國家過去幾十年來經歷的悲劇，心中五味雜陳。

有一次出差恰巧是我的生日，我在孟買辦公室的秘書很體貼地暗示了喀布爾同事，於是在全羊烤肉會上，出現了一個有機關槍和手榴彈圖樣的生日蛋糕。這個令人驚喜的特別蛋糕，想當然耳又讓我多喝了好幾瓶啤酒。

喀布爾分社大部分工作人員都是當地人，包括四名司機，一名廚師，廚師的妻子是清潔工，一名園丁兼門房和兩名警衛，還有五名當地記者。兩名外籍記者每三個月就從國外輪調進來，如果有人停留長達六個月甚至一年之久，公司就會讓他們定期前往杜拜休息渡假。

可以免費去杜拜的五星級旅館住幾天聽起來十分愜意，不過要知道塔利班在喀布爾相當活躍，時常對官方或是外國建築進行攻擊。他們對外國人在城裡的確切位置多有掌握，因此被綁架的風險很高。除非和當地同事一起，外籍記者很少單獨離開辦公室。

舉例來說，我一抵達喀布爾機場，塔利班在機場的眼線就會立刻通風報信，然後很快查到我的簽證資料和基本身家背景。安全人員曾經多次告訴我，國際通訊社的高級主管是價值很高的標的物，因此綁架會是我在阿富汗會面臨的主要危險。為了不給自己和公司帶來麻煩，出差期間我不能隨意在喀布爾街上逛逛。

外籍記者除了事先安排的外出採訪之外，在喀布爾期期間多半只在辦公室、花園和車庫改裝的健身房之間移動，於是分社成了一個虛擬監獄。固定讓外籍記者到杜拜去休息，是避免他們失去理智的辦法之一。

至於喬伊斯最關心的食物，廚師用當地能弄到的食材，盡心盡力為所有的同事做飯，大致和印度菜沒有太大的差別：豆泥、麵餅、米飯和咖哩，還有許多當地人喜歡的堅果。我在喀布爾待的時間不夠長，因此我對阿富汗菜並不感到厭煩，但我相信如果我必須待幾個月，我一定會想要去杜拜去放風幾天，吃點炸魚薯條。

一回在我去機場回印度之前，同事帶我停在途中的一家咖啡店，坐在我們周圍的顧客許多是女性。「你看到了嗎？」他說。「看看那些女人，沒有頭巾，可以露臉，這在十年前是不可能的。現在情況已經大不相同了。」

在此書再度出版的今天，阿富汗已經又落入塔利班之手，而這些女性可以自由出入的咖啡店，恐怕已經全數不存在了。（菲爾）

巴基斯坦的大麻、烤肉和伏特加

巴基斯坦是我在南亞管轄的國家之一，我出差的地點通常在首都伊斯蘭馬巴德（Islamabad）和商業大城喀拉蚩（Karachi），它們相當於新德里和孟買在印度的地位。

喬伊斯對於無法跟著我進入阿富汗一直耿耿於懷，但是沒有受過戰地訓練的她絕對無法同行。巴基斯坦倒是沒問題，她可以順道拜訪住在那裡的朋友凡妲娜。有一回我從巴基斯坦繼續進入阿富汗，喬伊斯則待在伊斯蘭馬巴德，凡事勇往直前的印度人凡妲娜，帶領哪裡都要去的台灣人喬伊斯，體驗比印度更加保守的各種伊斯蘭風俗。

事後喬伊斯告訴我期間去了《印度時報》駐伊斯蘭馬巴德記者家中聚會，伊斯蘭馬巴德的意思是伊斯蘭之城，是國會和政府單位還有使館集中的地方。當晚幾乎全城的印度人都到齊了，還有一個台灣人。

因為印巴是宿敵，當局對對方的駐地記者萬般提防，因此進入印度記者家中之前，得經過街上便衣人員的層層盤查。我記得那位記者朋友曾經笑稱他住在全伊斯蘭馬巴德最安全的地方，有全天候的便衣警衛在住家周圍幫他過濾危險份子，果然是真的。

另外一次我進入巴基斯坦是為了選擇新的分社地點。當時的辦公室位於伊斯蘭馬巴德最高的大樓裡，在一九九九年的一次襲擊中，這棟高樓阻擋了針對附近美國大使館發射的火箭彈，之後辦公室大門和牆之間的裂縫一年比一年大，因此我們決定搬出去。

巴基斯坦分社社長賽門和我是幾十年的老朋友，抵達伊斯蘭馬巴德當天我們就開始一連串挑選新辦公室地點的行程。年輕時在倫敦總部的我們從未想過，有朝一日會分別落腳巴基斯坦和印度，而他同為記者的印度太太凡妲娜和喬伊斯也成為莫逆之交。

辦公室司機把我們載到一棟類似於阿富汗首都喀布爾平房的建築物，前方有一個雜草叢生的大花園。下車後我和賽門邊走還在繼續討論一條新聞，司機拍了拍賽門的肩膀，指了指花園裡的植物，在他耳邊低聲說了幾句話。

在我們眼前展開的是茂盛的大麻，占地大概有好幾百坪的大麻。

我可以感受到眼睛發亮的司機，腦中正在快速計算這些大麻的價值，他應該很遺憾我們最後沒有把路透社分社搬到那裡去。不過我很想知道他後來是不是偷偷回到那個花園，為自己收成一些野生植物賺點外快。

位於南部的商業大城喀拉蚩與一板一眼的首都伊斯蘭馬巴德非常不同，它是巴基斯坦最大的城市，全球第十二大，也是世界上人口增長最快的城市之一。雖然很難準確衡量，但一般認為人口在兩千萬和兩千三百萬之間，或多或少是台灣的人口。

整個城市人滿為患，勢不可擋，如果你對世界上擁擠城市有任何想像，喀拉蚩大概就是你腦海裡那個樣子。人山人海中像我這樣一個金髮碧眼的白人，被綁架的機率不小，但其實當地人非常友善，尤其喀拉蚩是巴基斯坦多元化的大熔爐，也是工業和金融中心，是個活潑而且多彩多姿的城市。

有一次我碰巧在那年齋月結束時到喀拉蚩出差，在禁食一個月後，辦公室裡的同事很興奮地告訴我，他們已經訂了一家著名的屋頂餐廳到那裡去開齋，身為老闆的我當然是座上賓。當天我們早早結束工作抵達餐廳，在大桌子旁就定位開始等待。

開放式的大烤爐前許多廚師熟練地準備巨型烤肉串，烤肉架上放著大塊牛肉、羊肉，以及好幾十隻雞和魚，此時不僅是齋戒一個月的當地同事，連我也萬分興奮。住在有許多素食主義者的印度，想要吃到像樣的牛肉幾乎是不可能的，因此這一餐對我來說是真正的享受。

但等待不是因為烤肉還在烤，而是禱告尚未開始。伊斯蘭教宣禮師每天五次在特定時間帶領禱告，通常透過清真寺教堂尖頂的大型擴音器把禱告傳出去，而因為到處都是清真寺，時間一到幾乎全國各個角落都可以聽得見，和英國每個村子都有的教堂鐘聲一樣。

賽門和凡妲娜四歲的女兒泰瑞卡每天數次聽見清真寺傳來的廣播，耳濡目染也學著家裡的司機傭人張開手掌跟著搖晃禱告，模樣十分可愛，信奉基督教的爸爸和信奉印度教的媽媽不禁開始懷疑：女兒會不會是個天生的伊斯蘭教徒？

當滋滋作響的烤肉香味開始在我們周圍飄蕩時，清真寺的禱告吟唱也開始了，同事之間的閒聊嘎然而止，讓這個禱告為大魚大肉的盛宴揭開序幕。不久禱告結束，我們可以開動了！

穿著傳統服飾的服務生手持大約一米長，串滿各式各樣烤肉的長劍在餐桌間穿梭，將肉叉下放在客人的盤子上，我的盤子上堆滿了印度吃不到的上等牛肉。這真是一個美妙的夜晚，我永遠不會忘記。

我們在夜幕裡吃著會讓素食主義者怒髮衝冠的各種肉類，唯一的遺憾是少了幾杯冰涼的啤酒。就像在阿富汗一樣，酒精在巴基斯坦也是禁忌，但這並不代表所有的伊斯蘭教徒都不喝酒，如果你知道門路，就會有很多酒精可以選擇。

喬伊斯告訴過我多年前她第一次拜訪喀拉蚩的經驗，當時她還在新加坡當記者，和一個同事去找路透社派駐在喀拉蚩的首席記者史考特。成為路透社同事之後才知道來自加拿大的史考特，曾經在台灣學中文，也在《英文中國郵報》（*China Post*）當過記者。

單身的史考特帶著單身的兩個女同事，參加了一個當地權貴子女舉辦的海灘趴，根據喬伊斯的描述，海灘上鋪了滿滿的紅地毯，燈光絢爛，奢華程度不輸給在孟買的素食鑽石婚禮，只是多了大魚大肉，還有喝不完的紅白酒和各式烈酒。

開齋幾天後的週五晚上，喀拉蚩辦公室的資深編輯建議大家到海邊沙丘旁的一家高級餐廳放鬆一下，可想而知只有男士參加。當我們抵達時，負責安排的年輕記者卡姆蘭指著戶外離餐廳最遠的一張桌子，告訴服務生我們要坐在那裡討論公事，不想被其他客人打擾。

我們走到卡姆蘭指定位置坐下後，服務生過了一陣子才跋涉來到我們位於沙丘另一頭的桌子旁，帶來菜單幫我們點餐，可以想像飲料的選擇只有無酒精飲料和礦泉水。不過沒等任何人看菜單卡姆蘭就大聲宣布：來八瓶雪碧，大玻璃杯和很多冰塊，謝謝！

服務生很快拿著我們的雪碧來了，可是沒人動手，所有人只是一言不發目送服務生回到遠處的餐廳裡。就在我莫名所以之際，卡姆蘭伸手從他的背包裡拿出一個看起來裝滿水的兩公升可樂瓶。

是滿滿的伏特加。

卡姆蘭愉快地幫大家在大玻璃杯裡倒了八分滿的雪碧，再大方從他的可樂瓶倒出伏特加，眾人一陣叫好，此時身為老闆又是遠道而來的我必須舉杯說幾句話。我大大地稱讚他們是巴基斯坦最優秀的文字和攝影記者，大家很得意地為自己歡呼鼓掌起來，接著我當然得來個最英國式的結語。

我站到椅子上舉起酒杯，對著黑暗中星星大聲說：先生們，讓我們為女王乾杯！

同事們聞言立刻紛紛叫囂，對著這個象徵殖民過去的英國人噓聲四起，對一切與英國有關的事物大肆嘲諷。當然這一切都非常有趣，能夠接受彼此幽默感的英國人和巴基斯坦人，喝著那兩公升伏特加和更多的雪碧，在四周無人的海灘笑鬧整晚。

午夜時分我們腳步踉蹌離開海灘時，我知道對英國的複雜愛恨情仇，以及殖民者在殖民時期所做的事，在這個世界的一些角落，是永遠難以磨滅的。（菲爾）

普羅旺斯的安倍賀先生

搬到印度不久，我們在普羅旺斯風光明媚的古城果赫德（Gordes）山腳下、一個叫做勒圖洪（le Touron）的村子裡買了個小房子。位於半山腰的勒圖洪大概有十來戶人家，大半姓安倍賀。

由於我們是唯一的外國人家，鄰居一開始只在窗戶後觀察我們，一直到發現我們每年兩次從孟買到普羅旺斯度假，從整理花園到粉刷油漆凡事自己來，確定我們不是花錢請工人打點的土財主後，在經過我們的小花園時，總是很親切地探頭進來道日安。

我認為鄰居開始對我們友善的原因是因為我，我這個東方臉孔肯定是村子裡幾百年以來第一個台灣人！不過因為殖民地的關係，他們也可能以為我是越南人。

安倍賀先生就住在我們對面，初次見他是我們從印度海運家具到達當天，我忙裡忙外，偶然瞥見這個老先生拄著枴杖站在他的門口盯著我們。接收了二十尺的貨櫃後，菲爾隔天趕回孟買工作，留下我和一屋子的家具。

我在凌晨四點開車送菲爾到馬賽機場回印度，再摸黑開一個小時的車回勒圖洪。普羅旺斯鄉間小路上沒有人煙，可能在人來人往的孟買住久了，我開著開著心裡竟然有點害怕。孟買人口超過兩千萬，我們村子所屬的果赫德人口只有兩千多，散居在好幾公里方圓內。

好不容易回到家停妥車，天色漸亮，我站在房子外往下看，清晨的霧氣從如詩如畫的盧貝昂山谷（Luberon）緩緩上升，還有一個熱氣球！我大口呼吸著在孟買絕對沒有的新鮮空氣，五臟六腑都要被初春冰涼的空氣洗得一乾二淨了。猛一抬頭，對街的安倍賀先生就站在他的窗口看我，我趕緊向他招手道日安，他開了窗戶說了一長串法文。我無奈地看著他：我的法文只有日安、你好、我很好、謝謝、再見！

隔天朋友幫我訂了壁爐用的木柴，法國工人把一車的木柴倒在車庫前就揚長而去，留下我獨自一人欲哭無淚。戴上手套，慢慢把小山似的木柴一次兩根抱進車庫裡。此時十分懷念印度，要是在溫德米爾，只要請每個司機警衛喝杯茶，這堆木柴幾分鐘之內就會火速進入車庫。

幾個小時之後，總算結束了木頭搬運工的任務。才上樓坐在客廳裡喘一口氣，窗邊的鈴鐺響了，我探頭往樓下看，是安倍賀先生不停地拉著鈴鐺的鐵鏈！多半可憐我一介弱女子居然得做這麼粗重的工作，他手上拿了一小盒櫻桃，招手要我下樓。下了樓他又是一連串法文，我只能大概猜測這櫻桃來自他女兒家的果園，其他一概不知。無計可施只能打電話給朋友求救，讓朋友和安倍賀先生溝通。

原來安倍賀先生要請我下午六點半到他家喝一杯餐前酒，這是法國人最喜歡的了，晚餐前和朋友來一杯，然後各自回家吃飯，倒也不失為一種省麻煩的習俗。我很害怕地告訴朋友萬萬不可，安倍賀先生看來連一個英文字也不會，而我的法文不過數十單字。

朋友告訴我非去不可，因為法國人在不熟的情況下不輕易請人到家裡，這可是莫大的榮幸。更重要的是，安倍賀先生是村子裡的長老，擁有村子裡大半的房子，兩個兒子分別經營隔壁的水電行和葡萄酒園，幾個女兒的房子則是長期租人。

掛了電話，我硬著頭皮用我僅有的法文向安倍賀先生說：「好的，謝謝，今晚，六點半。」安倍賀先生很滿意地糾正了我的發音：「今晚，六點半！」整個下午我坐立不安，我不否認和老先生有緣，例如溫德米爾的伊格保和吉米，可是他們說得一口流利的英文，安倍賀先生可是標準的法國南部人，一個英文字也不會！

當天我依約過街按門鈴，安倍賀先生從窗戶口向下望，作勢要我直接進門，原來他家大門從不上鎖，方便拜訪他的親朋好友直接出入。客廳是標準的鄉村布置，偌大的壁爐，格子花紋的桌布。安倍賀先生很高興地擁抱我親吻臉頰，在普羅旺斯是要親三下的，我很慶幸自己這點風俗民情還是懂一點，然後是安倍賀太太，再來三下。接著我們三人坐在電視機前一起看他們還沒看完的益智遊戲節目。

這可說是我經歷過最奇特的經驗之一了，由於老人家年紀大了耳力不好，電視的音量震天作響，說的當然是法文，我完全不明白到底他們在問什麼答什麼的法文。安倍賀先生和太太聚精會神地盯著電視，時而大笑，時而扼腕，夾雜著電視如雷貫耳的罐頭笑聲和掌聲，我彷彿到了另一個星球了。

我偷偷望著窗外一望無際毫無遮擋的盧貝昂山谷間的平原，這個房子肯定是位於全普羅旺斯最好的位置了，而我坐在陰暗的客廳裡和兩個不認識的法國老人一起看益智遊戲！

安倍賀先生眼睛沒有離開電視螢幕，起身從酒櫃裡拿出一瓶茴香酒和兩個杯子，安倍賀太太眼睛也沒有離開電視，拿來一瓶水和一杯果汁放在桌上。我再度慶幸有這麼點常識，酒精濃度百分之四十五的茴香酒不是每個人都喜歡，卻是普羅旺斯的傳統，加上五倍的水稀釋後，原來像是紹興酒的透明顏色馬上變得渾濁，是當地人的最愛。

安倍賀先生看著我，指著茴香酒，我翹起大拇指：「好！」從此安倍賀先生成為我在伊格保和吉米之後的第三個老男友！許多人不喜歡茴香酒的味道，我卻很喜歡，其實就是八角口味，加上水和冰塊，的確是極佳的夏日冷飲。朋友事後告訴我，因為喜歡不是太多外國人認同的茴香酒，我立刻在安倍賀先生的心目中加了分！

終於益智節目結束了，安倍賀先生倒了第二杯茴香酒，問我要不要到陽台上坐坐，當然要！我們三人坐在陽台上，眼前是一望無際的盧貝昂平原，夕陽裡陣陣若有似無的薰衣草香氣，這就是普羅旺斯迷人之處吧。

左手邊的安倍賀先生嘀嘀咕咕跟我說法文，右手邊的安倍賀太太忙著用法文翻譯安倍賀先生的問題，我忙著用中文和英文猜他們究竟想說什麼。

半個小時下來，我想我弄懂了一些事。安倍賀先生一家世居勒圖洪，幾百年前他的房子原來是賣豬肉的，我們的房子則是賣雞肉的，供貨給果赫德山城裡的王公貴族。他的兒子，也就是緊鄰我們的尚保羅，經營普羅旺斯最貴的水電行，尚保羅有著超大游泳池的房子宛如城堡，是我們這個小房子的五六倍之大。尚保羅養了兩頭驢子，偶爾從我們花園的牆上探頭問好。另一個兒子則在村子裡經營南法流行的精緻葡萄酒莊。

安倍賀先生給我看一張掛在牆上的全家福照片，相框下頭寫著一九九八，他說是他和太太結婚六十週年紀念，我大約懂得怎麼用法文數數，但還是不能完全確定，安倍賀太太拿來紙筆，我們三人如釋重負：安倍賀先生今年八十八，太太八十六，孩子正準備在他們結婚七十年紀念時盛大慶祝！

三人就這樣雞同鴨講在陽台上坐了半個小時，我喝了三杯茴香酒後才搖搖晃晃過街回家，臨走前安倍賀先生指著茴香酒問我好不好？我再度翹起大拇指，此時近乎零的法文在酒精的作用下派上用場：「太好了！」安倍賀先生很開心地笑了：

「明天，晚上，六點半？」

流落賊市的英國大炮

在孟買我們最愛的地方應該是非賊市莫屬了，市場裡毫無秩序，塵土蒼蠅滿天飛，除了贓物，還有不知道從哪個人家裡搬出來的舊貨，其中更不乏年代久遠的歷史物件，無辜地躺在蟑螂老鼠穿梭的角落。

賊市位於南孟買伊斯蘭教徒聚集的羊肉街（Mutton Street），從這條主街兩旁延伸出許多迷宮般的羊腸小徑，其中又分成好幾區，有賣拆解下來汽車零件的、賣破屋子窗櫺門板的、賣舊貨賣家具的，亂中有其隱約的秩序。

又有一說，市場原名是鬧市，市場內人聲鼎沸，加上賣偷來汽車喇叭的小販不斷猛按喇叭吸引路人注意，叫它鬧市倒也滿貼切的，不過大部分人還是稱之為賊市。

如果舊貨店的主人相信你，就會帶你從他還算像樣、在羊肉街上兩公尺深三公尺寬的小店鋪，穿過猶如電影場景中的陰暗髒亂巷弄，在小心不要踩到地上的牛糞、羊糞或是屋裡倒出來的餿水之後，進入他在木製樓梯下方兩平方公尺、破門上卻還是層層上鎖的寶庫，擰開十燭光的燈泡，在昏黃的燈光下開始細數每件他口中寶物的歷史。

剛來時是從旅遊雜誌上看到賊市的介紹，先問了印度友人，得到的答案是：「千萬別去，我在孟買住了一輩子了，從來沒去過，又髒又危險，那些伊斯蘭教徒，太可怕了……」占多數的印度教徒和少數的伊斯蘭教徒在印度的種族衝突不是一天兩天的事，許多人雖然表面上十分開放，私底下卻是壁壘分明，勢不兩立。可是不入賊窟，焉知賊窟險惡？於是一個週末我們在尼爾生的帶領之下，往賊市出發！

尼爾生邊開車邊告訴我們他的見解：「如果我們把車停在路旁沒人看著的話，過一個小時回來車就不見了；再過了一個小時，車子就會在賊市的拆解區出現；再過一個小時，車子就會消失，因為全拆光了！」我們哈哈大笑，尼爾生接著說：「然後我們可以在那裡找到我們車子所有的零件！」

就這樣賊市成為我們幾乎每個週末，除了板球俱樂部之外一定要報到的地方，既然是常客，加上少見的台灣人、英國人組合，我們很快成為許多舊貨商的朋友。每每走在羊肉街上，此起彼落的打招呼聲就像我在克勞福德批發市場買菜一樣，有些熱情、也有些保持一定距離，不過多半非常友善。他們明白這兩個外國人看多於買，但是一旦他們有朋友從國外來訪，生意就來了。偶爾我也成為他們打探西方人心態的顧問：知己知彼，百戰百勝！

一日我們進了一家從來沒進去過的舊貨店，店主人十分熱絡地招呼，店裡有許多十分有趣的東西：泛黃的印度王室照片、英國殖民時期的地圖書籍、當時的家庭用品，還有許多與航海有關的儀器裝備。菲爾在一個角落發現新大陸：一對商船上發信號的大炮！

因為只是發信號用的，可能也只是在小商船上，這對信號彈大炮並不大，但是卻重得推也推不動，光這一點就知道不是假的了。菲爾向來對歷史有興趣，當他盯著信號炮左看右看，不時拂去炮管上的灰塵時，我就知道完了。

打從搬到印度開始，我就不停耳提面命，要這個不懂事的英國人看上任何東西時切記不動聲色，偷偷告訴我他看上那一樣，再由我出面去殺價。但在看到這個鑄有「英國南漢普頓JJ Wolfe 1840」的字樣時，我長久以來的諄諄教誨立刻毀於一旦，三歲小孩也看得出這位英國大爺上鈎了！

我故作漫不經心：「多少錢？」老闆先把英國殖民歷史向我們報告一回，佐以店內各式各樣殖民時期的遺物：把手破了的骨瓷杯子、剩下半套的銀質刀叉組、英國老太太留下一毛不值的鐵製胸針髮夾、可能是從垃圾桶撿起來髒得不能再髒斷了手的洋娃娃……最後對菲爾宣布：「先生，我這對信號炮童叟無欺，貨真價實！」

我擺出一副滿不在乎的樣子：「所以呢？」老闆繼續看著菲爾，完全無視我的存在：「先生，您是英國人，您一定認得這些東西，這個公司可有名了……」菲爾在被我瞪了一眼之後，已經了解不能再露出喜歡的神情了，無奈地對老闆說：「我的確很喜歡，但是錢全在太太那兒，我什麼辦法也沒有，你得跟她談。」一邊說一邊把空空如也的口袋翻出來，證明他身上的確沒錢。

老闆只好轉向我：「太太，您可真幸運，先生一看就是識貨的人，我這對一百多年的信號炮常常被寶萊塢電影借去拍片，絕對找不到第二對了。」我拿起一本破爛不堪的食譜，一邊翻一邊說：「這本食譜很有趣，多少錢？」老闆立刻接話：「太太真識貨，這本食譜可有歷史了。」我心想，破成這般當然有歷史，但是有意思的是上面各個食譜的字跡不同，是手寫後再印刷的。

我想像殖民時期派駐在印度的英國眷屬，思念家鄉口味，一字一句寫下記憶中的食譜，然後匯整印製成冊，分送給同是客居異鄉的英國家庭。

接著我擺出不屑的表情指著信號炮：「到底多少錢？」「太太，因為先生識貨，我也常常見到兩位在市場裡，一定是喜歡我們印度的文化的……」「到底多少錢？」老闆再度轉向菲爾：「十五萬盧比一個，一對三十萬盧比，絕對值得的！」

嗯，愛爾卡買一間房子只要十一萬盧比。我搖搖頭：「我們買不起。」老闆眼角目光還是盯著菲爾：「太太，您不要說笑了，怎麼會沒有錢呢？這麼吧，一個少一萬，交個朋友，二十八萬就好了。」

我們當然沒有買，我也難得沒有繼續還價，但是老闆出乎意料把手寫食譜送給我：「太太，這個送給您，反正沒人買，您和先生考慮考慮這對信號炮，下次再來。」就這麼在接下來兩年期間，每每我們經過他的店門口，他總是拉高嗓門：「太太，進來瞧瞧吧，信號炮還在呢！」而也如同他所說，這對信號炮真的過一陣子就不在，到寶萊塢去拍電影了！

我們沒有再問過價錢，不過每次去賊市就去探望一下這對飄洋過海來的英國信號炮，看它們不提當年勇地坐在垃圾般的舊貨堆裡，我們和老闆也成為朋友，三不五時買點一兩百盧比的小東西，喝茶聊殖民歷史，皆大歡喜。

在銀行工作的澳洲朋友米歇爾任期屆滿要離開了，閒談之際他提及賊市裡的信號炮，才知道原來早我們到印度的米歇爾已經覬覦三年了，老闆要他三十二萬一對，三年下來已經降至二十萬盧比一對。當下我開玩笑一人買一個，米歇爾一臉認真問我：「多少錢是妳的上限？」我答他：「五萬盧比，一毛也不多。」大家笑過一陣，沒有放在心上。

幾天過後米歐爾太太從賊市打電話給我：「快點準備五萬盧比，談成了，明天取貨！」我不敢相信米歐爾太太竟然有這般能耐，原來她直接告訴老闆他們要離開了，若不是正好有另一個朋友也想買，他們是絕對不會要買一對的，那麼老闆得再等上好多年才有可能把這對信號炮賣出去。經過一番折騰，米歐爾太太以十萬盧比一對談妥這個他們想了三年、我們想了兩年的信號炮。

隔日我早一步到賊市去，老闆此時發現原來另一個買家是我，開懷大笑：「太太，我不知道您和米歐爾太太是朋友，真是有緣哪！」我板起臉：「你給了米歐爾太太那麼大的折扣，降價到十萬盧比，真是太不給我面子了！」老闆臉上堆滿了笑：「太太，您千萬別這麼說，您跟她是付同樣的價錢呢！」我繼續拉長臉：「我可不管，你得把最低的價錢給我，不能給米歐爾太太。」就這麼你來我往過招數十回，待米歐爾太太抵達時，我很驕傲地告訴她：「談好了，一人四萬五盧比！」

肯定還是賺了很多錢的老闆搖頭晃腦笑道：「太太，您就別再說了，來杯奶茶吧？」而這座來自英國的大炮，想當然耳，最後就漂洋過海落腳普羅旺斯了！

加爾各答的沙發

買了普羅旺斯的房子之後，我們開始考慮家具，很快就決定了：回印度買！

很多人問我，是不是因為便宜？我倒也沒有仔細算過，因為印度物價一定是比較低，但是還要加上運費，這種連一個盤子都得用五張紙包起來的國際搬家也是所費不貲。主要原因是如果在法國買的話，法文近乎零的我連路都找不著。沒有選擇，只能把普羅旺斯的房子變成宜家家具的樣品屋。

在孟買，我有尼爾生載我到處看，買了不喜歡再回去換。當時還住在大得離譜的溫德米爾，而且馬提斯帶回臭蟲的客房早已完全淨空，就用來專門堆放要運到普羅旺斯的家具，開始接下來幾個月的選購家具大作戰！

一日我一大早出發前往北孟買的久吉旭瓦麗保護區（Jogeshwari），因為當地有好些可以追溯到西元六世紀時就存在的古老洞穴，地名還是個印度女神的名字。但是政府經費捉襟見肘，於是這些在大多數國家一定會被視為珍寶，甚至還有些印度神像在裡頭的洞穴，如今卻被貧民窟包圍，當地住民的污水排泄物肆無忌憚到處流竄，嚴重威脅到這些歷史遺跡，政府也視而不見。

久吉旭瓦麗有一條街上賣的全是不知道打哪裡來的舊家具，不過我這樣說，舊家具行的老闆是要抗議的：「太太，不知道的是您，我們可是很清楚這些都是古董哪！」和南孟買賊市一樣，做生意的多半是戴著頂小白帽的伊斯蘭教徒，在塵土飛揚的午後百般無聊坐在門口喝茶、聊天，店裡一片昏暗，彷彿是廢棄了的舊倉庫。

一旦有客人上門，坐在破板凳上打盹的老闆一躍而起，衝進店裡劈里啪啦把電燈和電扇全都打開，於是屋裡正在打盹的蒼蠅、蚊子也全被叫醒，趕忙前來歡迎，一窩蜂上前停在客人的手上、腿上。

所有店家沒有例外，布滿灰塵的家具像座小山似的從地板堆到天花板，毫無次序邏輯可言，如果你看上的是在這座小山最底層的一個木頭小盒子，那就是大工程了。老闆大聲吆喝叫來睡眼惺忪的小弟，把這個小盒子上頭的東西一樣一樣搬到一旁，此時灰塵紛紛落下，蟑螂四處逃竄。老闆拿來一塊髒兮兮的抹布，似乎想把這個小盒子擦出絢爛奪目的光彩，擦了幾分鐘也不見效之後，只好開始口沫橫飛敘述不知是真是假的古董歷史：「您看看這古老的色澤，古董哪！」

我四處張望，瞥見一張坐在小山上頭的單人沙發：「老闆，可以看那張沙發嗎？」「當然可以！」身手矯健的小弟趕忙爬上去把沙發搬了下來。雖然經驗有限，不過經常在賊市出沒的我，幾十杯奶茶下來，倒也和賣舊貨的老闆們學來一些看古董的粗淺知識。從木頭材質、雕功和椅子的樣式看來，我認為八九不離十，這是件殖民時期來自英國的老東西。

我開口問：「這是英國來的吧？」老闆十分興奮：「太太，您真識貨，這是加爾各答來的。」我再問：「什麼人家裡搬來的？」老闆簡直要語無倫次了：「太太，您住孟買吧？否則您就是古董商！」我給他說得飄飄然起來：「所以到底從哪兒搬來的？」「太太，不瞞您說，我也不知道是什麼人家裡搬出來的，我反正從加爾各答進了一卡車的家具，全都是從前殖民時期英國人家裡的。」

位於印度東北方的加爾各答在英國殖民時期一直是首都，到一九一一年首都才遷移至新德里，可想而知這個城市充滿了英式建築，是殖民時期政治文化的中心，當時的英國人也從家鄉運來許多歐式家具，建立了這個相當歐化的城市。

沙發的木頭腳上堆滿了灰，連淺藍色的沙發布上也看得出灰，我很快想像修整後的沙發：嗯，就是它！「多少錢？」老闆臉上堆滿了笑，開了個天價。我搖搖頭：「你只有一張呢，什麼人會買一張椅子？要一對才行。」老闆搔搔腦袋很為難地說：「太太，這不是從工廠出來的啊，不能您要幾張就有幾張。我把木頭的部分整理好上蠟，您回去換個沙發布，跟新的一樣！」

這時小弟在一旁急著跟老闆說話，老闆往他的頭上狠狠就是一記，不讓他插嘴，繼續向我推銷：「太太，您是識貨才會看上這張椅子，您說的是，原來是有一對，不過可能我哥哥賣了一張，只剩一張就算您便宜點吧。」小弟還是急著想說話，老闆終於是讓他開口了：「大爺，另一張沙發在那兒。」不遠處另一張沙發很委屈地擠在另一堆小山似的家具中向我們招手！老闆很滿意地笑了：「您看看，這天氣把我給熱壞了，我就記得我們有一對！」

我藉口得回去跟付錢的先生報告，價錢沒談攏，老闆倒是讓我照了相：「太太，這個價錢絕對公道，是從英國運到加爾各答再運到孟買的啊，您先生一定會喜歡的！」我覺得好笑；多半是個帕西族家庭從英國人手中接收了這對沙發，再賣給舊貨商的，說了一大堆！

菲爾對這種老式的沙發興趣缺缺，認為是他曾祖母才會看上的家具，不過我認為這對歐式沙發在普羅旺斯的客廳裡是再合適也不過了。印度朋友聽我描述時皺起眉頭：「為什麼要買人家用過的舊東西呢？」

過了一星期我全身噴滿防蚊液，再度前往久吉旭瓦麗，這會兒這兩張舊沙發已經擦得乾乾淨淨，木頭上全上了蠟，端坐在一旁等著我這傻傻的外國人上門買舊貨了。

經過冗長的家世背景調查加上價格辯論，老闆同時忘情地訴說其他我沒興趣的破爛家具歷史，其間小弟送上可樂一瓶，喝完再噴一回防蚊液，繼續再戰。幾個小時之後，談妥雙方可以接受的價錢，再花一個小時交涉究竟送貨的車資誰付，一直到天都快黑了，我和老闆總算皆大歡喜地握手交換電話，我答應老闆日後會帶外國朋友來光顧。

菲爾下班回家看見兩張即使沒有灰塵還是髒兮兮的沙發，嘆了一口氣：「不要再問我喜不喜歡這沙發，我的答案是不會改變的，不喜歡！」不過我一點也不在乎，隔天我到批發市場選了兩張牛皮，打電話叫了裁縫，幾天功夫，兩張全新的歐式牛皮沙發大功告成，在飄洋過海從英國途經加爾各答和孟買數十年後，準備回歐洲住到普羅旺斯去了！

沒問題，太太！

在孟買辦事最常聽到的一句話是：「沒問題，太太！」不管這件事是易如反掌或是比登天還難，在詢問三秒鐘過後，面前的這個人沒有例外毫不猶豫、咧開嘴露出一口白牙衝著妳笑，搖頭晃腦地說：「沒問題，太太！」

當然有些事想也不用想的確辦得到，不過在印度，更多是辦不到的事，這三秒鐘是用來打草稿，很快編出一套說法的。倒也不見得是要存心騙人，但總是有可能待會就會想出解決之道，不能把話說死，對吧？於是就先答應，皆大歡喜。以後的事，喝杯奶茶後再說！

被這句：「太太，沒問題！」氣得七孔生煙的例子不計其數，但是當它應用於一件連自己都無法確定，最後竟然完美達成的事時，內心的狂喜，絕對不是筆墨可以形容。

有時為了自己這麼容易滿足感到沮喪，但這是印度啊，每件事都是個大工程！

話說普羅旺斯房子裡的沙發已經找到了，我左思右想，決定開始量身訂做其他家具。一日在一位蘇格蘭朋友的家吃飯，看見兩張椅子和一張雙人床，心想多半是歐洲帶過來的，她卻說是孟買一個前衛設計師手工製作，絕無僅有。

我一餐飯吃下來坐立不安，最後終於鼓起勇氣厚著臉皮：「可以讓我照個相，再找幾個工人依樣畫葫蘆嗎？」朋友大笑：「當然可以，我們住在亞洲，一點也不在乎智慧財產權！」於是我歡歡喜喜、毫無道德地把這些昂貴的鐵製椅子和床左照右照，菲爾一看大勢已去，只能在一旁莫可奈何地嘆氣搖頭。

對孟買瞭若指掌的尼爾生告訴我，北孟買有一條街上聚集了專門訂做鐵製家具的店，於是我拍下樣品各個角度的相片後就往北孟買出發了！

我在蒼蠅滿天飛的家具街上下車，開始一家一家進去詢問，因為時間還早，老闆還沒到，店員也不在乎，對我愛理不理，有一家甚至一聽我開口說英文就連忙搖手。這條街上多半沒有來過外國人，更不要說是個印度少見的台灣人了。不多時，我身後已經跟了幾個在路上閒逛的赤腳小孩，在我進入店家時就站在門外盯著我看。

我走著走著，一個年輕人遠遠叫著：「太太，太太，這裡！」一走近，他用十分蹩腳的英文介紹自己：「我的名字是阿夏瑞夫，我做家具，好家具！」我笑了，他也笑了，我們就在人行道上比手畫腳起來。

我拿出相片，阿夏瑞夫看了一眼三秒決定：「沒問題，太太！」我在心中翻了個白眼，因為這句話任何印度人都會說：「真的嗎？我要看看你做過的家具。」他很疑惑地看著我，我當下決定他會說的英文只有：「沒問題，太太！」

我跟著他開始往店裡走，至少他是目前為止最積極的一個售貨員。在堆滿展示家具的店裡坐定之後，阿夏瑞夫大聲吆喝一個趴在地上擦地的小弟，小弟光著腳很快跑了出去，再進來時手上多了一瓶可樂。嗯，這個小伙子大概是小老闆！

冗長的雞同鴨講之後，一個會說英文的中年人出現，是阿夏瑞夫的叔父，原來阿夏瑞夫剛剛接手父親的家具事業，叔父偶爾來幫忙。這下子容易多了，我們馬上談好價錢獲得共識：兩張椅子各來一張，待太太視察滿意之後再做四張，外加餐桌雙人床！

一個星期後，我再度前往北孟買，還沒有上色的椅子已經具雛形，和照片上出自名家之手的昂貴椅子一模一樣！我十分滿意再訂更多椅子、餐桌、邊桌加上大床一張！從此之後我每星期到北孟買檢視家具的進度，總是帶了些印度點心給焊接工人，接受阿夏瑞夫用印度話對我展開身家調查。

阿夏瑞夫的英文漸漸從「沒問題，太太！」增加至「再多訂做幾樣吧。」而完全不懂英文的焊接工人也開始在我每說一句話後，大聲回答：「沒問題，太太！」

就在大多數家具即將完成之前一日，我再度前往檢查進度。阿夏瑞夫很神祕地不讓我進入就在店面附近的工廠，我站在路旁一頭霧水，小弟搬出一張餐桌椅，但不是我訂的啊！阿夏瑞夫的叔父也來了：「太太，阿夏瑞夫說您第一次來店裡的時候看了我們的目錄，說這張椅子好看，阿夏瑞夫特地做了一張送給您，不要錢的！」

我一下子說不出話來，為什麼要對我這麼好啊？這就是我最愛的印度了，三不五時就要有件事出其不意從角落跳到我的面前，讓我心驚膽跳措手不及！正在焊接的工人也停下來看我一臉驚喜，全都笑了。我不停道謝，阿夏瑞夫反而不好意思，搔著腦袋不斷說：「沒問題，太太！」

送家具時雨季已經開始，平日一個小時的車程，送貨車花了兩個多小時才到。抵達溫德米爾天色已黑，工人把家具搬上樓之後全都跟落湯雞一樣。我趕緊開始煮印度奶茶，拿出些小餅乾，這群濕答答的工人就圍坐在即將前往普羅旺斯的餐桌椅旁，張大眼睛不停打量這個可能是他們這輩子進過最大的大房子：這個奇怪的台灣太太居然自己煮茶，這個奇怪的英國大爺居然伺候工人喝茶！

阿夏瑞夫很欽佩地說：「太太，茶，很好！大爺，很好！」至此我已經和阿夏瑞夫是莫逆之交了——他雖不懂英文卻完全知道我的祖宗八代，我雖不懂印度文卻能八九不離十揣摩他的心意。他的意思是：「會煮印度奶茶的台灣太太，了不起！幫印度工人端茶的英國大爺，更了不起！」

我們圍在剛運來的餐桌旁喝茶、吃餅乾，阿夏瑞夫開始用印度話調查菲爾的祖宗八代，工人七嘴八舌加入他們的問題，我和菲爾用英文回答我們認為他們想要的答案，霎時溫德米爾人聲鼎沸，熱鬧非凡。

就這樣沒有交集地聊了一陣天之後，阿夏瑞夫很可惜地說他們得走了，雨勢愈來愈大，我猜他們得花三個小時才能回到北孟買。我和菲爾送他們到樓下，除了說謝謝，我不知道怎麼能表達我心裡的感覺，不只是他們做出了我要的椅子，更是我在翻閱家具目錄時無意識說好看的那張椅子！

阿夏瑞夫又是不好意思地搔著腦袋，搖頭晃腦說：「沒問題，太太！」

葡萄牙的四柱床

我一邊打蚊子，一邊歪著頭看地上兩根用麻繩綁在一起的木棍：「這是什麼？」戴著伊斯蘭教小白帽的阿布杜坐在門口的板凳上專心玩著手機上的遊戲，很快抬頭看了一眼又回到手機畫面上：「床。」

我試著拿起來，好重！「是什麼床只有兩根木棍？」這會兒連頭也不抬了：「四柱床。」我嘆了一口氣：「你可不可以把這個床的其他部分，如果你有的話，也拿出來我看看？」阿布杜過了幾分鐘才慢慢起身往裡走去，眼睛還是沒有離開手機。

自從在眼不離手機的阿布杜店裡買了一個咖啡桌之後，我每次到賊市一定登門造訪。雖然左看右看什麼也沒再買過，阿布杜倒也不在意，看到我進門稍稍點頭問好，連起身也不必了：「太太，您自己慢慢看。」

話說這個咖啡桌，桌面是一片傳統印度門窗上拆下來的雕花通風板做成的，阿布杜很有眼光地挑了一塊簡單的藍白相間瓷磚置於其中，上面擺張玻璃，雖說新加上的四條腿不太牢靠搖搖晃晃，但是隨意漆成灰白色後，竟然也有那麼幾分普羅旺斯頹廢鄉村風，買了！

不多時阿布杜一邊講電話，一邊拖著一塊破破爛爛的床頭板回來了，他碰地一聲把床頭板往這兩根木頭前的牆上一靠，用眼睛示意我自己看，又回到他的板凳上繼續有說有笑。我左看右看，在尚未看出個所以然之前已經被蚊子大軍打敗，防蚊液也已用盡，只得趕緊照了張相，比個手勢告訴阿布杜留著這個他所謂的床，下次再來。

才走到門口，阿布杜講完電話，心血來潮追了出來：「太太，太太，等等！」我停下腳步：「今天不買，要走了。」阿布杜搖頭晃腦露出一口白牙：「太太，我是要告訴您，您剛看的是個老東西。」我開始和他鬥嘴：「當然是個老東西，誰都看得出來，連床腳在哪兒都不知道，難不成是工廠剛出來的？」阿布杜無可奈何嘆了口氣：「進來吧，我告訴您！」於是我又跟著進店裡了。

我喜歡賊市，因為大家爭先恐後告訴你各式各樣古董廢物垃圾的歷史，是真是假不知道，但是他們一本正經把任何東西都說得有頭有腳的認真態度，總是有辦法讓我這個傻傻的台灣人心甘情願把錢掏出來。

根據阿布杜的說法，這個四柱床來自葡萄牙殖民時期的果亞州，床尾板、床架、床腳和四柱中的另兩根柱子在倉庫裡，但是沒有床板，也沒有架在四根柱子上的那四根木條。這麼大的床，不會是一般人家的，肯定是有錢人家的，更有可能是葡萄牙來的，因為外國人長得比較高大，阿布杜如是說。

我對四柱床並無研究，左耳進右耳出。但是就在耳際傳來清真寺擴音器開始禱告的聲音時，忽然靈光一現：尼爾生曾經說過，伊斯蘭教徒在每年為期一個月的齋戒月期間是絕對不會說謊的，許多人喜歡在這個時候跟他們做生意。

現在正是齋戒月！

怎奈蚊子實在是太多了，再不走肯定會登革熱上身，於是我很快交代阿布杜留著這兩根麻繩綁著的棍子和破床頭板，改天再來！

回家後立刻上網找找葡萄牙的四柱床是怎麼回事，很快就找到好些照片，人家的古董床古色古香，阿布杜的只有兩根木棍和一張破床頭板！不過再仔細一看，不僅床頭板的雕工和其中一張照片上的古董有那麼幾分神似，照片裡的柱子和地上那兩根木棍也有異曲同工之妙。

我興高采烈把網上的古董照片和阿布杜的破爛木頭拿給菲爾看，他維持一貫相信印度古董的原則：「不會有人這麼無聊去造假，妳要是願意監工修床可以，我可沒時間三天兩頭去和妳那些賊市朋友哈啦！」就這樣，大事一件拍板定案！

接下來的週末我們前往賊市和阿布杜一邊喝可樂趕蒼蠅，一邊展開冗長的談判。最後兩造達成互相都滿意的價位，至於談判的內容，就跟在印度買任何東西一樣，雖然精采有餘，卻已經不足掛齒了。

阿布杜興高采烈從倉庫找出四柱床的遺體展示在我們面前，菲爾展示英國人的禮貌，阿布杜卻覺得英國大爺持續微笑是莫大的鼓勵，興奮地搬出更多所謂的古董。接下來幾個星期，我三不五時就到阿布杜店裡看看整修的進度，看著床漸漸有了雛形，不禁為自己的慧眼識英雄得意不已：這個床放在普羅旺斯，多拉風啊！

一日我與阿布杜在門口閒聊，鄰居店家過來了：「太太，您好！」「我很好啊，你有東西要賣我嗎？」阿布杜和鄰居薩伊德全都笑了起來。薩伊德一邊笑、一邊搔著腦袋：「是的，太太，您真聰明。我是有個箱子，很好的，看看吧？」根本無須說服，我跟著薩伊德進了他的店。

薩伊德滔滔不絕：「您一定去過泰姬瑪哈旅館，那個所有外國人都喜歡去的旅館，您看看這個箱子，跟他們擺在大廳走廊裡的一樣，就是小一點，適合放在家裡。跟阿布杜的四柱床放在一起，完美的組合！」不看則已，一看就愛上它了，真是個只有天上有的置物櫃啊！我故作不在乎，拍了照謊稱要回家問先生喜不喜歡再回來：「你幫我留著吧？」薩伊德一臉笑容：「沒問題，太太！」

想當然耳，連只有兩根棍子、一塊破床頭板都可以買了，這個完整的箱子無需太多考慮，一個星期後談妥價錢，完美賊市購物記再添一則。

事實證明，阿布杜言出必行，把這個四柱床整修得和我在照片上看的古董床相去不遠，甚至連破床頭板也恢復原狀。而薩伊德的泰姬瑪哈旅館級大櫃子擺在床尾，果真如他所說，真是完美的組合！

阿布杜看著龍心大悅的兩個外國人，尤其是這個英國大爺，立刻再進讒言：「大爺，我還有個好東西，現在就拿來給您看！」不等我們回答轉身進了倉庫，再出來時手上多了兩個抽屜：「大爺，看看這個，這是古加拉特州（Gujarat）來的書桌。」

我皺起眉頭：「什麼呀，這是兩個破抽屜！」阿布杜轉身進倉庫再出來，手上多了另外兩個抽屜、兩片木板：「這是書桌的兩側，我待會去找桌面。」他口沫橫飛比手畫腳：「這裡應該放兩塊瓷磚。」不管我們還沒有反應過來，他在角落裡翻呀翻，翻出了幾塊瓷磚：「這些是前一陣子我們在一個帕西族老太太家拿來的，老東西啊。」

我接過來一看，這幾塊瓷磚倒是真不錯，頗有印度風味，菲爾在一旁對我眨眨眼，我明白他在說：「死人家裡拿出來的東西！」雖然無法想像這幾個抽屜和兩塊木板可以變成一個書桌，但是對阿布杜的古董整修功夫至此已經深具信心：開始談價錢吧！再過幾個星期，書桌組裝完成，和阿夏瑞夫送給的椅子正好一套。

如果說在孟買我最愛的地方是板球俱樂部、史特安德書店，我的印度朋友一定讚許有加，但是要是說賊市也是我的最愛呢？還是別告訴他們吧！

第8部

尾聲

在搖頭晃腦的印度工作

當我將住在孟買描述為一種幽閉恐懼症時，我的朋友總是覺得很奇怪，印度是如此廣闊無邊！但這卻是最精確的描述，因為我的印度生活主要圍繞著辦公室，如果還包括晚上在電話裡與歐洲或美洲總部的新聞會議，每天工作的時間通常超過十二個小時。

我曾經對紐約辦公室的同事發了一頓脾氣，因為他們安排在早餐時間，也就是孟買的午夜，跟我進行電話會議。接通電話之後他們花了好幾分鐘閒聊誰喝什麼咖啡，誰在吃什麼口味的甜甜圈，但我只想趕快結束可以上床睡覺。

長時間在辦公室裡並且要在重大新聞突發時隨時待命，是我長久以來的工作型態，加上孟買是個狹長的半島，我們四年中的兩個住處都在孟買的最南端，因此除非你想與孟買交通奮戰六個小時出城去，否則活動的範圍就局限在南孟買的家、辦公室和板球俱樂部之間。

作為路透社南亞總編輯，除了新聞採訪、管理記者，我還必須與業務部門密切合作，甚至面對客戶，並且在對內對外決策過程中，維護編輯部門的利益。在孟買工作的最後一年，想到即將要把印度職場的一切拋在腦後，我總是不自主嘴角上揚，並且很確定日後對此我絕對不會有一絲一毫的懷念。

搬到印度之後我很快就開始搖頭晃腦，畢竟每個和我說話的人都是如此，很難不被傳染。而抵達孟買一陣子後我才明白，印度著名的搖頭晃腦在不同的場合，搖晃的程度、頻率和角度，有各式各樣的意義，其中的奧妙只能意會難以形容。

起初帶著點笑意的搖頭晃腦對我而言，代表我同意了可以繼續談下去，握手則是我們已經形成共識，並且大致同意方才討論的內容。但對與我談判的印度人而言，搖頭晃腦是表示他聽到我剛才說的話了，握手只是確認我們應該會再次見面，並進一步討論。

誤會了好幾次，然後向我的秘書再三請教之後，我才了解一點皮毛。我猜想這種搖頭晃腦習慣發展起來的原因之一，可能是因為官僚作風。印度萬事甚至法律，都是如此曲折複雜且不合邏輯，以至於不會有人期待任何談判會一次就達成任何程度的共識。無論如何微不足道，總會有下一輪談判要進行，而大多數情況下是過了好幾輪也不會有結果，因此要不停搖頭晃腦告知對方：我聽到你在說什麼了。

有很長一段時間這種搖頭晃腦讓我幾乎要抓狂，尤其是談判雙方毫無共識之際，搖頭晃腦只會增加沮喪，直到我最終掌握了一點訣竅，試著以平常心對待。然而即使你完全了解印度文化，知道這個國家對外國投資者並不友好，而且在現任政府的領導下，外國人很難做生意，你必須接受一個殘酷的事實，那就是在印度沒有什麼事可以很快發生，如此一來你就會平靜許多。

不過這是一個非常有哲學意味的自我安慰，因為當你試著用各種方法想完成點什麼事時，遇到的無謂障礙和令人難以置信的官僚主義，沒有例外會讓你立刻憤怒不已。然後你告訴自己：這輩子絕對不會再回到印度工作。

另外一件我絕對不會想念印度的事，就是不管在生活或是工作上，一定會遇到不同程度的騙局。以喬伊斯為例，就算是買串香蕉也可能受騙。我很幸運因為路透社是道德自我設限很高的國際通訊社，因此在辦公室或工作範圍內沒有離譜的騙局，但每天總是會有些信口開河的小謊言，雖然相較之下都是無傷大雅。

第一次波斯灣戰爭時我只是個菜鳥記者，在中東經歷了光天化日下在機場的當面索賄。多年之後來到印度，我做好了心理準備，倒是從來沒有支付過任何所謂疏通管道的費用。我要不就是直接拒絕，要不就是虛張聲勢讓對方知難而退，因此很幸運的我沒有付過賄款。

但拒絕行賄有時更加消磨意志，比如每年去簽證處換發新簽證。需要準備的文件多如牛毛，這個至少需要一整天待在簽證處的年度大戲，通常會上演兩天甚至三天。有一次有一個官員要求看我公司人事部門經理的身分證，只因為他在某一份文件上簽了名。

這種繁瑣而又缺乏邏輯的官僚主義，有時你得把它視為一門藝術，否則你可能會失去求生的意志。幾年前我到雪梨的印度辦事處領取我前往孟買的簽證，等待期間我看見旁邊一個坐立不安的美國人，他的腿上放著一大疊表格，應該是來申請簽證的。

不難想像申請印度簽證時，必須填寫的表格數量和內容會讓你尖叫，我看著身邊這個看似緊張的傢伙心想：會不會是已經被退件過了？同時我好像也聽見他在對上帝禱告：我花了很長的時間，填好了幾百萬份表格，不會有問題，千萬不要有問題……

叫到他的號碼了！他大步走到櫃檯前，恭恭敬敬把表格放在一位神情嚴肅的印度女士移民官面前。她仔細地看了每一張表格，一張一張慢慢地翻著，直到把那一堆東西都看完了。她花了至少整整十分鐘，然後對著等待宣判的美國人搖頭晃腦。

我發誓，當她看著這個驚慌失措的美國人搖頭晃腦說「顏色不對」的時候，她臉上露出了一絲神秘的微笑。

「對不起，妳說什麼？」美國人結結巴巴地說。「顏色不對，」這位印度女士又重複了一次。「你用了藍色的筆，表格上清楚地寫著你應該用黑色的筆。」接著她把那一疊表格推出櫃台。

這個可憐的傢伙驚訝到下巴都快掉下來，他還想再發問，但這位有生殺大權的女士已經下定決心不再理會。因為同情我忍住了笑，很慶幸我沒有搞錯原子筆顏色的細節。那個時候我並不知道，幾個月後我們抵達印度，喬伊斯在板球俱樂部遇到了同樣關於筆的問題。

住在印度期間我頻繁出入南亞各國，通過機場護照檢查時，海關人員沒有例外，每次都會給我一大堆的麻煩。「所以這是工作簽證。你為什麼想來印度工作？」機場的老兄一邊翻著我的護照，一邊搖頭晃腦問我。

你為誰工作？你在印度做什麼？你會在印度待多久？你住在印度哪裡？你為什麼要來印度工作呢？還有人問過我結婚了沒有，有幾個孩子，然後質問我為什麼沒有小孩。我永遠無法回答這個問題，因為它沒有任何意義。

如果海關人員不忙，看見我護照裡巴基斯坦和阿富汗的簽證，那就是另一個故事了，他們會想要知道我對這兩個國家的所有看法。即使在我要離開印度前往別的國家之際，他們也可能問我為何在印度工作。

也許這些問題只是五十年前殖民時期，英國統治者交給當地人的問題清單，幾十年來即使這些問題不再有任何意義，還是一再被重複打勾確定，誰知道。

印度官僚永遠都占上風可以輕而易舉打敗你，在孟買生活數年後這個情形會達到一個新境界，是習慣它嗎？不是的，是會讓你越來越怒髮衝冠，至少我是這樣。

喬伊斯在這方面比我更為靈活而堅強，因此她能應付日常生活中的千奇百怪，還深愛著印度的一切。但這個層面的印度，我絕對不會想念。（菲爾）

恐怖份子來了

那天是十一月二十六日，印度最盛大的節日排燈節過後不久，街上還殘餘著歡樂氣氛，大約晚上九點，窗外忽然一聲巨響。

菲爾皺起眉頭走到陽台：「怎麼回事？」我關上電視倒了杯水：「肯定是貧民窟裡瓦斯桶爆炸，要不就是排燈節沒放完的鞭炮。」菲爾進屋拿起遙控器轉到新聞台，一邊拿起電話打給攝影記者，他們的消息通常最靈通。我翻了翻白眼：「睡覺了！」

此時電視螢幕下方的跑馬燈打出南孟買克拉巴大道（Colaba Causeway）上，孟買年輕人和外國觀光客最愛的利奧波德咖啡館（Leopold Cafe）外發生槍擊，電話那頭的記者正在前往克拉巴大道的路上。我心想可能是販毒的黑道集團搶地盤，菲爾已經更衣準備出門，克拉巴大道離我們住的杜佳瑪塔不過十來分鐘腳程。

我繼續看電視，漸漸發現情況不對了。先是咖啡館外的槍擊，接著孟買的維多利亞火車總站也出現持槍者盲目掃射無辜的民眾。我連忙打電話：「你在哪裡？你知道火車站出事了嗎？」電話那頭是前所未有的緊張口吻：「我沒事，我現在正往泰姬瑪哈旅館去，那裡也出事了。」

平日熙來攘往的南孟買忽然詭異地安靜了下來，也許是大家已經看了電視報導，沒人在街上閒逛全都回家了。菲爾在黑暗中慢慢前進，一方面擔心跑步惹怒流浪狗，更重要的是不知道持槍者是不是躲在暗處，看見有人狂奔也許要開槍。

離開泰姬瑪哈旅館不遠，同為外國遊客聚集的五星級歐布洛伊旅館（The Oberoi Trident）也聽見爆炸聲，一個猶太教的聚會場所也被攻擊了。這不是偶發事件，是針對孟買地標設計的一連串恐怖攻擊。

事後才知道這個攻擊計畫先從咖啡館和火車站下手，將警方的注意力引開。正當警方焦頭爛額搶救死傷人員之際，恐怖份子從容進攻挾持兩個孟買地標旅館和一個猶太教聚會場所，展開接下來三天震驚國際的恐怖行動。

遭挾持的是我買麵包的泰姬瑪哈旅館和吃週日早午餐的歐布洛伊旅館，猶太教聚會場所就在我固定去的五金行隔壁。

我盯著電視，不知是心理作用還是真的聽見遠方傳來若有似無的槍聲，心中十分不安。這是我們在孟買的第四年，菲爾在南亞的工作告一段落，我們一個月後將前往北京，開始他在北亞的新職。

在印度的最後一個月，孟買恐怖攻擊造成一百六十六人死亡。清晨兩點菲爾來電話：「我現在回家充電手機，也要把妳的手機帶出來。」記者職業病使然，我的手機早已充滿了電。菲爾回到家，喝了杯茶，坐在沙發上閉眼等手機充電，不久再度出門。

電視不停重播維多利亞火車總站裡恐怖份子掃射後的畫面，我的心直往下沉。這些無辜的通勤者，不像外國人或是有錢的印度人有車有司機，為了每天的生計搭大眾交通出入又髒又亂的火車站，然後在一瞬間血肉模糊，天人永隔。

菲爾經歷過波斯灣戰爭和印尼暴動，加上搬到孟買之後負責的阿富汗和巴基斯坦，知道安全第一不會輕舉妄動，我倒也不怎麼擔心。朦朦朧朧睡了一陣子天亮了，我站在陽台向下望，街上沒有人車、沒有攤販，猶如死城。印度朋友來電話：「妳有什麼消息嗎？孟買從來沒有經歷過這樣的事！」

從不睡覺的孟買在恐怖攻擊後終於停擺，不上班、不上課，股市休市，沒人上街。幾年前火車爆炸事件後孟買人不屈不撓的精神，在這一天完全不見了。

路透社記者在恐怖份子控制的三個地點和忙著救治傷者的醫院之間來回奔波，輪流到附近的杜佳瑪塔休息吃點東西。我看著電視，對印度政府的無能憤怒之至，政府遲遲未能派出特種部隊反擊恐怖份子，就連從首都派出的直升機都因為官僚而延遲了抵達孟買的時機。

第二天街上開始出現人車，進入第三天孟買又恢復正常。旅館雖然還是被挾持，但情況已經控制住了。我準備了飲水、葷素食物，和尼爾生前往泰姬瑪哈旅館外廣場上的路透社據點。一路上車水馬龍，大家都到廣場上看熱鬧去了！

本地和外國媒體的採訪車已經駐紮在廣場數日，警方拉起一條繩子不准民眾接近，離封鎖線不遠處還是聽得見零星的子彈在旅館內飛梭。看熱鬧的民眾時而驚呼連連，時而掩頭快跑，槍聲一停又立刻聚集在封鎖線前不肯離去。

什麼國家會允許民眾在恐怖份子挾持的地點外兩百公尺看熱鬧？在印度，人命在很多時候讓我覺得是不值錢的。

尼爾生十分興奮成為路透社報導的其中一環，忙著幫我準備飲水食物，在辦公室和廣場之間載送記者，得空時就坐在忙著寫稿的菲爾旁邊看報紙。通訊社記者正在為報紙提供明日出版的新聞，尼爾生報紙上讀的是昨天的新聞！

我在廣場上看著不遠處宮殿式屋頂著火的泰姬瑪哈旅館，微微覺得心痛。這個有百年歷史的旅館最令人津津樂道的傳說之一，是因為殖民時期印度人不能進入附近一個只接待白人的高級旅館，塔塔集團創始人一怒之下，蓋了這家美輪美奐的印度宮殿式建築。是真是假不知道，但泰姬瑪哈旅館已經成為孟買人最驕傲的地標之一。

三天的恐怖行動在政府攻堅成功之後終於落幕，留給孟買的除了難以磨滅的恐懼和心理創傷，還有多處被燒毀的泰姬瑪哈旅館。雖然尚未完全修復完成，塔塔集團卻在一個月之內部分重新開幕，對恐怖主義宣示孟買的無所畏懼。

重新開幕當天，站在舞台中央的不是官商政要，而是在旅館遭受攻擊時，誓死協助當時四百多名旅客的員工。恐怖份子進入掃射時，這些員工知道如何最快讓自己從緊急逃生口離開，卻選擇留下來協助住客，甚至形成人牆保護客人，最後造成三十一名員工罹難。

塔塔集團的企業文化，在恐怖事件發生之後表露無遺。數以百計的電子郵件開始出現，當時住在旅館裡的客人不可思議地描述員工如何保護客人，甚至擋去子彈。

塔塔集團總裁，也就是舊居溫德米爾大樓房東塔塔先生的哥哥，在旅館重新開幕時幾度哽咽。旅館完完全全屬於員工，他說，如果員工願意，可以離開孟買這個傷心地，毫無條件請調到印度各地的泰姬旅館。令人驚訝的是沒有員工請調，包括在事件中失去太太和兩個兒子的總經理。

塔塔總裁親自拜訪恐攻事件中受影響的每一位員工，罹難者家屬將得到終身照應，包括子女不論在印度或是國外就學的所有費用。旅館附近被波及的攤販也有塔塔家族的協助，買來新的手推車繼續在旅館外做小生意。

讀著這些報導，我想起散財童子吉米大爺；想起在塔塔家工作了三代的溫德米爾門房岡古；想起不辭路途遙遠，從帕蘭普爾州找來僕人，照顧他們在窮困家鄉生計的伊格保王子，還有他看著司機拉維時的慈祥眼神……

這樣敦厚令人心動的印度，我就要離開了。

暗夜中的採訪

對任何記者來說，爆炸聲絕對是新聞對你發出趕快去調查的信號，但是要如何判斷值不值得，或者是不是新聞？在孟買，它可能是貧民窟裡的瓦斯桶爆炸，可能是喜歡熱鬧的印度人沒有理由放鞭炮，也可能是恐怖份子丟的手榴彈。爆炸的源頭不一定是新聞，不過一旦有點疑慮，你就得去看看。

二〇〇八年十一月二十六日星期三晚上八、九點左右的情況就是如此。

當時我在杜佳瑪塔家中，應付完印度令人筋疲力竭的一天，正打算早點睡覺，但我得立刻出門，因為隱約的機關槍聲就在不遠處。這也可能是幫派械鬥，尤其在孟買這樣的城市裡黑道火拼並不罕見。突發新聞的本質就是你根本不知道發生了什麼，除非趕至現場。然而隨著槍聲的增加，很明顯是出事了。

我在背包裡塞了記事本和幾支筆、記者證、錢、手機和衛星電話、備用電池。大型恐怖攻擊期間，當局可能會迅速關閉手機網絡訊號，好讓恐怖份子無法彼此聯繫，衛星電話讓我可以隨時和在辦公室發稿的同事聯絡。背包裡還有一瓶水和一些穀物棒，以防得整夜待在外面。

幾十年的經驗告訴我突發事件不會等人，我很快把需要的裝備再檢查一遍，臨行前喬伊斯塞給我一瓶消毒噴霧和一瓶防蚊液。

出門後我朝著槍聲的方向小心前進，很幸運槍聲持續了一段時間，因此辨識方位並不困難，事發地點似乎只離杜佳瑪塔幾百公尺遠。靠近現場時槍聲戛然而止，但我顯然是來對了地方，因為馬路上一輛被炸毀的摩托車殘骸散落四處。這是猶太教聚會場所被襲擊的現場，就在觀光客熙來攘往的克拉巴大道盡頭。

因為引擎機組是車輛唯一能擋住子彈的部分，我躲在路邊一輛小卡車引擎旁，低聲打電話給我在新德里的副手，讓印度分社的社長透過我的描述，把這個新聞經由即時外電傳到全世界。因為我住在新聞現場附近，因為我毫不猶豫出門一探究竟，我在時間上擊敗所有對手，這是一個爆炸性的獨家快報，國際媒體接著跟進。

我躲在小卡車旁計畫下一步，開始收集資料的同事陸續告訴我，德里當局已經從警察和軍隊那裡得到確認：攻擊事件在孟買各處發生，最靠近的地點是大約一公里外的泰姬瑪哈旅館。

屬於伊斯蘭極端組織的恐怖份子乘船從孟買半島附近的一個漁村上岸後，步行前往定點展開攻擊，十二個遭受攻擊地點中，有三處演變為接下來幾天占據世界頭條的孟買恐攻事件。

因為必須站在突發新聞第一線，採訪記者經常處於極度危險的境地。也正因為如此，路透社花了大量時間和金錢訓練記者，告訴他們如何在危險艱困的環境中採訪，要求他們在報導有風險時，個人安全第一，新聞第二。這可能是地震、洪水和叢林大火，也可能是恐攻和戰爭。

在路透社生涯的最後幾年，除了原來的區域總編輯職責外，我還負責全亞洲記者的採訪安全，安排所有的安全培訓課程。不久前我才安排各地記者到泰國曼谷北邊約兩百公里處的空軍叢林基地，在那裡進行戰地安全培訓課程。

於是帶著刻在我腦海裡的報導原則，和如何保護自己的基本知識，我離開猶太教會，開始朝著泰姬瑪哈旅館前進。

此時我有兩件事要擔心。一是街頭的流浪狗，它們因為聽見有人在暗夜跑步受到驚嚇追著我不放。儘管我的狂犬病疫苗還有效，被野狗咬傷在印度並不少見，獨行於暗夜之中我必須格外謹慎。

另一個恐懼則是來自或許已經在街上的警察或恐怖份子。在恐攻大規模進行的城市夜晚，如果他們遇到有人背著背包在空蕩蕩的街道上奔跑，極有可能先開槍再提問。事後回想，衛星電話在黑暗中的一閃一閃信號燈，說不定也會被誤認為是武器，那是我當時沒想到的。

靠近泰姬瑪哈旅館時我有點意外，旅館和海港旁的印度門紀念碑之間的廣場如今空無一人，沒有小販，沒有警察，沒有軍隊。這個孟買最著名的觀光地標，即使午夜過後還會有不少人在附近閒逛。如今除了我和幾名印度時報電視（Times Now）的記者外沒有半個人，時報電視是路透社和印度老牌報紙《印度時報》合資的英語新聞台。

越來越多記者漸漸趕到了，我考慮是否跟著一些印度記者溜進旅館大廳一探究竟，很快決定這不是一個好主意，因為防彈衣還在辦公室裡。旅館大廳傳來槍聲不久之後，宮殿式建築頂樓也傳來爆炸巨響。後來我們才知道就在這個時候，恐怖份子正在處決一些外國旅客。

此時的決策必須非常迅速：我立刻下令只有上過安全培訓課程的記者才能上街採訪，其餘想要幫忙的人一律進辦公室等待指示，我太清楚一聽到有大新聞就要立刻出發的記者本質了。

接著安排尼爾生去辦公室取防彈衣、備用電話和電池，還有任何採訪時可能需要的東西，我和正在趕來的記者還需要水和一些食物，因為這將會是一個漫長的夜晚。然後繼續和我在德里的副手保持聯絡。

當時我以為這只是一個晚上的事，印度當局應該很快就會控制住，但最後他們花了整整三天的時間才解除危機。

在辦公室裡打電話追消息的同事再度通知我，離廣場不遠處的維多利亞火車總站死傷慘重。恐怖份子離開之前已經無差別掃射處決了五十八名旅客，還有超過百人受傷。在警方拉起的警戒線外，我隱約看見車站大廳裡遍布的屍體和斑斑血跡。

現場報導完畢後我立刻再回到印度門廣場，此時我越來越清楚恐怖份子的人數並不多，如果人數眾多一定會和警方展開激烈的槍戰，但是周遭除了零星的槍響爆炸聲，只有令人不安的寂靜，沒有汽車喇叭聲，沒有孟買從不停歇的人聲喧鬧。

我在此時已經戒備森嚴的泰姬瑪哈旅館外圍繞了一圈，不知是警察還是軍人站在各個入口附近，以防不知死活的記者還要入內採訪，昏暗的路燈下偶爾有老鼠穿越無人的街道，野貓野狗樂得在垃圾堆裡覓食，彷彿恐怖電影場景一般。

事實證明我的判斷是正確的，這十個恐怖份子登陸後先攻擊了遊客眾多的咖啡館和人潮聚集的火車站，為的是聲東擊西引開警方的注意。他們最終目標是猶太教會，外國旅客眾多的泰姬瑪哈和歐布洛伊旅館，進駐這三處會引起國際矚目的地點頑強抵抗。

警察終於抵達泰姬瑪哈旅館了，但他們只能待在原地無法進攻，恐怖份子占據旅館一樓從裡向外掃射，偶爾也扔了一些手榴彈。這一切在此時開始變得有點危險，但很幸運地警察允許我們留在附近，並且讓我們分享警方的掩護。在世界上任何其他城市，事發地點一定會有警戒線讓記者無法靠近，但此時此地印度警察幾乎是讓我們為所欲為。

黎明破曉時分尼爾生到了，帶來喬伊斯準備的飲水食物和辦公室的防彈衣與補給品。在廣場上簡單開會留下幾名記者後，我出發前孟買半島西北邊，大約兩公里遠的歐布洛伊旅館。

和廣場上不同的是，這裡軍隊和警察無處不在，此時事件已經發生大約八個小時了，到處都是記者，還有包括路透社在內的衛星電視轉播車。歐布洛伊旅館座落在海角上，前面只有一條路，警方認為能夠更有效地封鎖，於是嚴格限制任何人進入。雖然無法靠近，還是可以看見一樓大廳被嚴重炸毀，許多窗戶都被巨大的爆炸震破了。

這兩個好幾十層的五星級國際旅館裡還有許多住客，來不及逃離的被告知旅館已遭恐怖份子挾持之後，把自己鎖在房間整整三天，我敢肯定他們心理一定留下了無法復原的創傷。

事後喬伊斯拿到了一個朋友的朋友的電話，她是歐布洛伊旅館頂樓酒店式公寓的長期住客，也願意接受採訪。她在電話裡告訴我當救援人員到達她的門口時，她拒絕讓警察進入，因為無法確定是不是偽裝的襲擊者。三天以來他們沒有電視手機或是網路的任何通訊，聽著子彈亂飛還參雜著莫名的爆炸聲，這種如驚弓之鳥的煎熬難以想像。

由於歐布洛伊旅館的情況並沒有太大變化，加上記者無法靠近，我再度回到廣場上。雖然孟買恐攻事件繼續占據國際媒體頭版，身在其中這個新聞事件卻已經開始變得有點乏味，至此這只是觀看和等待的過程。沒有任何實質進展對記者來說，也是一種無計可施的困境。

平靜沒有維持太久，軍隊和恐怖份子又開始在旅館內進行游擊槍戰，伴隨著爆炸聲和宮殿屋頂竄出的熊熊烈火。在兩個旅館內的恐怖份子全數被擊斃之後，只剩下杜佳瑪塔附近的猶太教聚會場所，還被不肯屈服的恐怖份子占據，此時圍攻已進入最後階段。

三天後被稱為黑貓（The Black Cats）的國家突擊隊終於抵達孟買，這支參與鎮壓叛亂的精銳部隊，在十一月二十九日黎明時分，將他們的直升機開到教會建築的屋頂上盤旋。

在此之前我迫切需要睡一覺，因為我已經在外守了整整兩天了，又因為消息來源告訴我們隔天一早在猶太教會的黑貓突襲行動，我趁機回家休息了幾個小時，然後一早起床守在可以看見教會建築的陽台。

我拿出我的長鏡頭對準黑貓突擊隊的直升機，拍下第一個突擊隊員垂降到屋頂的畫面。因為這張照片，我成為新加坡總部攝影部門的英雄。

除了《紐約時報》把這張照片置於頭版，許多其他媒體也紛紛採用，宣告恐攻事件就此結束。

三十多年的文字記者生涯中，這是我最成功的新聞照片了，美國總部的同事寄來《紐約時報》頭版，喬伊斯當然立刻到相框店把這張報紙裱起來，現在掛在我們普羅旺斯的家中。

情勢大致控制住後，黑貓突襲隊員從大門進入猶太教會建築，我的印度攝影記者碰運氣地把他的手機交給一個隊員：「嘿老兄，幫個忙進去幫我照幾張相片吧？」面無表情一不發一語的黑貓突擊隊員，竟然出乎意料收下手機入內。任務完成離開教會時，守在門外的攝影記者立刻上前拿回手機，裡面有好幾張被擊斃的恐怖份子慘狀。

在猶太教會外的克拉巴大道上，我遇到不少從世界各地飛到孟買採訪的記者老朋友，在等待擊斃剩餘的恐怖份子之際，我們好好地在路邊敘舊聊天，已經是老孟買的我向他們推薦了一些很棒的酒吧和餐廳。這個我記者生涯中最驚心動魄的新聞，就此落幕。

幾週後我們收拾好隨身行李，把四年來的家裝進幾百個箱子裡，就要離開印度前往中國。（菲爾）

先生，您的手肘長瘤了

我正在如火如荼為搬家打包，菲爾中午過後來電話：「待會得去看醫生，手肘關節腫起來了，大約一個乒乓球大小。」我感覺不對，他對看醫生一事向來嗤之以鼻：「我哥哥是里茲大學醫學系主任，我知道醫生一點用也沒有！」

傍晚電話又來了：「關節現在又紅又腫，已經有一個網球這麼大了。」當下已經來不及跟到醫院，只能在家等他回來。結果醫生說應該是菲爾在採訪恐怖份子襲擊時，在泰姬瑪哈旅館後面的暗巷裡沒日沒夜待了幾天，累了就靠在牆上，手肘摩擦了沾有髒東西的牆壁因而感染。

醫生認為這髒東西很有可能是……老鼠尿！

抗生素吃了一個療程，不但沒有消腫反而更嚴重。再度前往醫院時，醫生一臉嚴肅表示感染嚴重，必須立刻開刀讓髒東西流出來，不過不能在醫院做，因為即使是小手術還是要經過各種手續，需要好幾天才能動刀，這個情形最好馬上開刀。

醫生建議到醫院對面的私人診所：「梅塔醫生是我們醫院的外科醫生，同時也在對面開業，告訴他是我介紹的。」看醫生也有老鼠會？出了醫院我的反應是馬上飛到最近的新加坡，菲爾認為沒什麼大不了，梅塔醫生一定能搞定。

過馬路進入一個住宅區，梅塔醫生的診所就在轉角一樓。推門進去不大的等候室空無一人，各式各樣的燈飾繞著印度眾神閃閃發亮，熏香裊裊。再往裡面走，簡單的診療室裡梅塔醫生多半剛剛吃完下午點心，房間裡瀰漫著淡淡的咖哩味。

梅塔醫生迅速檢查後發言：「先生，您心理準備好了嗎？」我和菲爾對看一眼：「準備什麼？」「準備好了現在馬上開刀。」梅塔醫生一副無所謂地答道。診療室雖然簡單尚且稱得上整齊乾淨，但是在這裡動刀？菲爾不給我反應的機會馬上回話：「準備好了！」梅塔醫生轉向我：「太太，麻煩您到外面等。」

我獨自和穿戴一閃一閃燈飾的印度眾神在等候室裡，除了診療室偶爾傳出手術用具的冰冷碰撞聲，我腦筋一片空白，完全聽不見大樓外的車水馬龍。萬一出事了怎麼辦？我找出祕書的電話等著，一旦有事，馬上買機票去新加坡。如今想來十分可笑，如果出了事，哪裡還能搭飛機？

就這樣過了約莫半個小時，診療室傳來對話，我把耳朵靠在門上，聽見梅塔醫生詢問恐怖份子襲擊時的情形，菲爾大爺精神奕奕說故事般娓娓道來，順便聊聊阿富汗。

不多時護士開門：「太太，您可以進來了。」我往裡探頭，醫生患者意猶未盡已經進入巴基斯坦。梅塔醫生交代，關節插了一根管子讓剩餘的髒東西流出來，小心別亂動，一個星期之後復診。

一直到上了車，脖子上吊著繃帶的獨臂刀王四兩撥千金：「醫生說我的手肘上長了一顆瘤，剛剛已經拿出來了，下禮拜換藥時順便看結果。」根據菲爾描述，梅塔醫生若無其事說：「喔，先生，您的手肘關節附近長了一顆瘤。」接著如同挖牡蠣一般取出腫瘤，放進小瓶子裡在菲爾眼前晃了一下：「我看這不是什麼問題，不過化驗一下總是比較好。」

大吃一驚的我立刻寫信給菲爾口中沒用的醫生哥哥，得到的答案是人體內的息肉、腫瘤許多是良性，一輩子沒被發現和人體相安無事，只是一旦被感染很容易發炎腫大。對印度醫生還算有信心的菲爾堅持等到報告出來再決定下一步，他在倫敦的老闆無可奈何只得交代我情形一有不對，馬上去新加坡。就這樣等了一個星期，除了七上八下的心情，傷口看來癒合順利。

再度來到梅塔醫生的診所，診療室裡還是一股淡淡的咖哩味，我開始懷疑這是一種咖哩味的室內芳香劑。坐定之後，梅塔醫生寒暄幾句立刻問了上回沒問的幾個恐怖份子問題，我盯著他不可置信，我們是來看結果換藥，還是來聊天？

梅塔醫生慢條斯理拿出檢查報告：「跟我預測的一樣，這個瘤是良性的，沒問題。」我鬆了一口氣，心上千斤重擔落地。梅塔醫生一邊換藥一邊繼續：「先生，您上次提到巴基斯坦，那裡的情形如何？您有什麼看法？」此時我已經不在意，隨他和菲爾聊所有印度人都好奇的巴基斯坦。

不久，梅塔醫生可能意識到該盡點醫生的職責，話鋒一轉開始免費增長病患見聞：「這個瘤，我說過絕大多數是良性的，不過也有例外。」他轉向一旁站著的護士：「對吧？不久前那位太太，穆克吉太太？」護士點點頭。「也是關節附近，我也以為沒事，但是……」梅塔醫生露出哀傷的神情，「我盡了全力，不過最後我們還是失去她。」他看著護士，護士露出悲戚眼神相互呼應。

我瞪大眼睛看著獨臂刀王，不敢相信自己的耳朵！這是什麼醫生？先告訴你沒事了，然後告訴你不久前有人因此過世？在梅塔醫生幾乎是荒謬劇的發言之後，隨時隨地可以自娛娛人的英國人忍俊不住笑了出來，身經百戰的台灣人搖頭嘆息。

所幸因為有下一位患者，梅塔醫生沒有時間詳述穆克吉太太的喪禮，結束換藥後宣布傷口復原順利，再換一次藥就好了。但也不忘臨別一問：「對了，您要搬到中國去，您對中國有什麼看法？」

就這樣我把檢查報告交給在英國的醫生哥哥確定沒事，和梅塔醫生再見一次面，再聊一回巴基斯坦，結束了手肘長瘤事件。就這樣孟買在我們準備搬往北京之際，加碼再送一回雲霄飛車，下車後就要從有超過十億人口的印度，前往全世界人口最多的中國去了。

再見了，我的孟買

開始跟孟買道別。

我告訴賊市賣神像的伊爾凡要走了，他「哦」了一聲若有所思：「中國有古董可以買嗎？」我答他應該有，不過我對中國古董沒興趣。小弟買來可樂後伊爾凡說：「這幾年就是認識你們這幾個外國人覺得有意思，真可惜要走了……」我喝了一口可樂：「反正我也給你介紹了不少外國人，他們還會介紹別人。」伊爾凡笑了笑：「不是，我是說，以後誰跟我聊世界局勢？大部分人只來買東西，你們不一樣。」

我喉頭一緊說不上話。

幾個比較熟的板球俱樂部領班知道我們要離開後，廚師、小弟、服務生輪番來質詢：「太太，怎麼要走了？不喜歡印度嗎？」「很喜歡啊！」我說。「那就別走！」我解釋了菲爾的工作性質，還是無法平息眾怒：「太太，中國有您喜歡的孟買小吃嗎？」「沒有。」「有板球俱樂部可以跑步嗎？」「呃，沒有。」這會兒更理直氣壯了：「那麼大爺要上哪兒跑步？您去告訴大爺的公司，印度比中國好，不去中國！」

原來我們計畫在恐怖事件後，前往伊格保王子半個世紀前掌管的帕蘭普爾州做最後一次印度旅行。伊格保交代了當地官員接機、招待觀光並住在政府為他保留的王宮，怎料菲爾手肘感染，只得取消伊格保的精心安排。

我回到溫德米爾和伊格保喝茶，天花板下的大吊扇還是沒上油，照例發出單調的機械聲，窗外芒果樹上的蟬鳴，街上不間斷的喇叭聲依舊。我看著比四年前年邁許多的伊格保，心中許多不捨，這個帶我進入印度歷史的伊斯蘭王子啊！

「你們多半很多歡送會要參加，」伊格保緩緩地說，「不過留一天到這兒來吃晚飯。」四年來我在伊格保家中喝茶無數，跟他進出孟買大大小小的俱樂部，他多次到我們家中晚餐我們卻從未被回請。趕緊答他不要麻煩，走之前我和菲爾會一起來道別。不知是耳背沒聽見我說話，還是沈浸在他自己的思維中，伊格保自顧自地繼續：「自從我太太去世以後，我從沒在家裡宴客過。這是第一次，你想邀請什麼人？」

這孟買，怎麼老是要讓我說不出話來？

晚宴當天約莫十個客人，滿桌好菜。平日肩上披了條毛巾的男僕穿了襯衫西褲，我稱讚好看，他卻一溜煙躲進廚房，站在門口不好意思扯著褲腰。行動緩慢的伊格保指定脖子上還吊著繃帶的菲爾坐在他旁邊，不時指揮僕人幫獨臂刀王佈菜。

接著尼爾生和凡吉娜陸陸續續把我們不帶走的家具搬回家，烤箱、冰箱、瓦斯爐、家庭用品，一車接著一車彷彿把四年載走，卻又是一刀一刀把孟買刻在心上。

在朋友凱伊家最後一次中餐只有兩人，廚子一樣做了整桌的菜，以往我們吃飯絕不吃咖哩，這次是印度菜。兩人言不及義，臨別前我故作輕鬆：「喂，我走了。在孟買遇上抓狂的事給我打電話，別自己生氣。」凱伊推了我一把：「我住在孟買十多年了，要妳告訴我怎麼對付印度？放心，我不會像瓊安一樣死在印度的。走了走了，以後不必再麻煩給妳做午餐了！」

凱伊在我身後關上門那一刻，我的眼淚再也止不住了，這個陪伴我四年的朋友，我們一起經歷的孟買喜怒哀樂，就要成為歷史。

離開那天是午夜的飛機，熙來攘往的路上坑坑洞洞，行人、摩托車、三輪車橫衝直撞，喇叭聲不斷。人行道上睡著無家可歸的人，車一停下乞丐立刻上前敲車窗。

四年前抵達孟買的夜晚是這樣，四年後離開時還是一樣。

三人一路無語直到靠近機場，尼爾生忽然開口：「先生，太太，這四年我非常開心，我的太太和我的家人也都非常開心。」黑暗中菲爾緊緊握住我的手，我咬住嘴唇望著窗外，不讓眼淚掉下來。

再見了，我的孟買，謝謝妳在我的生命中留下美好的一章。

從孟買到香港

當杜佳瑪塔大樓電梯門打開時，四年來如家人般的尼爾生在不遠處微笑著揮手。他從眼鏡底下專注看著電梯門，絕對不會錯過雇主踏出的那一瞬間。看見我們他小跑步過來，三人手忙腳亂把六七件行李搬出電梯再搬到車邊。

這是我們最後一次離開位於孟買半島最南端的家。

儘管這座巨大的城市從未靜止，夜幕降臨時喧鬧還是會漸漸淡去，此時交通的噪音和城市的背景嗡嗡聲，在炎熱潮濕、不透氣和塵土飛揚的孟買似乎也開始落幕。

照例尼爾生不會再讓我們動手，一如他看見喬伊斯要去丟垃圾便會一個箭步搶走垃圾袋，因此我們也不堅持，讓他獨自把行李一件件如堆積木般塞進熟悉的採訪吉普車中——不讓雇主插手是他對職業的堅持。

在相對安靜的夜晚，我們只能毫無用處地在大樓花園裡與鄰居還沒下班的司機們道別。和社會階級不同的我們並肩交談，他們的臉上透露出些許不自在，畢竟我們在杜佳瑪塔只住了一年和他們並不熟識，如果是在住了三年的溫德米爾也許會好一些吧？已經四年了，即使在臨行前的最後一刻，印度社會鮮明的主僕形態還是令我感到尷尬。

一如出差或是去旅行一樣，去機場的車上有尼爾生，還有冰涼的瓶裝礦泉水。我從來沒問過他這些水都是冰在哪裡，或許大樓司機休息處有個小冰箱？或許從四年前愛爾卡就交代亞莎固定拿給尼爾生，然後交棒給凡吉娜？

我想著想著晃神了，今晚我們即將離開孟買，離開曾經和我們共事的所有人，前往人生的下一部春秋。翻過孟買春秋的最後一頁，未知的新章即將展開。

我的記者生涯從英國到新加坡再到澳洲並不是那麼困難，雪梨到孟買則是很大的文化衝擊。如今從南亞總編輯晉升到北亞總編輯，可能會是我這輩子在路透社級別最高的職務，這兩個地區有一樣多的挑戰，當然還有一些新的驚訝與喜悅要在稍候才會出現。

派駐在孟買管理數百名跑南亞新聞的全職、兼職記者十分不容易，這個地區的一端是阿富汗內戰，另一端是動盪的斯里蘭卡，加上印度、巴基斯坦和孟加拉，過去四年來的新聞工作一直很艱難。然而從北京負責中國、日本、韓國以及台灣也許會有更大的挑戰，首先就是我將前往一個英語不是主要語言的國度。

因此即使已經在路透社工作了二十多年，並且對公司的運作和亞洲事務瞭如指掌，當我們離開南孟買時，那種對未來無法預測的緊張和不安，還是一樣熟悉。

我想起多年前就任澳洲、紐西蘭和大洋洲的分社社長前，我的朋友、導師也是資深路透社記者基思斯塔福德（Keith Stafford）打電話恭喜我，那次談話讓我安心不少。我向他坦承從亞洲金融總編輯升遷至區域社長讓我非常緊張，澳、紐、大洋洲幅員廣大，是一個性質不同的工作，而且我將負責管理一群好鬥不客氣的澳洲人。

「哦，小老弟別擔心，你會沒事的……當年他們讓我去管華盛頓的時候，我差點嚇死，但最後一切都很順利，你會沒事的。」他這麼鼓勵在地球另一端許多英國人稱之為遠東的我，而我即將前往離英國更遠的地方。

因此帶著多年前的一點安慰，我們出發了，混亂的交通很快把我拉回現實。當尼爾生在孟買奇特的暮色中與瘋狂交通奮戰，還得避開在馬路中央漫步的行人小販之際，我開始細想南亞是否教了我一些可能對北亞有幫助的事。

印度和中國人口都在十億以上，都有極度貧困的地區，都有想要成為超級強國的遠大抱負，但也都無法在中短期內實現這樣的雄心壯志。兩者在世界舞台上同等傲慢無能，並且在政治、社會、經濟和基礎設施方面都面臨巨大無比的問題。

從這個角度看來，我的工作不論是管理或是採訪，都只是從一個雜亂的沼澤跳入另一個同等混亂的泥淖罷了，差別是一個在亞洲北邊、一個在南邊，他們說著不同的語言。或許他們終究不會如此不同吧，我看著如默劇般的街景不禁這麼想。

窗外是過去四年再熟悉不過的場景：紅燈亮起時掛在車邊乞討的赤腳孩子，成千上萬露宿者稱之為家的人行道，蔓延了好幾公里在我們眼裡像是臨時避難所的家。垃圾和腐敗的蔬果到處散落，還有斷了手腳的乞丐和小兒麻痺者，這些窮困甚至有些瘋狂的景象令人心煩意亂。我閉上眼睛，但印度街頭生活的畫面無法從我腦海裡消失，永遠不會。

在印度感受到的絕望和悲傷，那種規模是難以抵擋、無法比擬的，我和喬伊斯從未完全克服過這一點。儘管注定在幾年後要從中國重返印度，但離開孟買時我們並不知道，我們以為會永遠離開，以為再也不會親眼目睹這種悲傷。

我初次踏上這塊神奇而又豐富多彩的歷史古國時，心中充滿興奮與期待，但印度有一種令人感到絕望的特質，四年之後對我產生莫大的影響。即使隨處可見的悲傷讓人變得冷酷無情，這個古老國度還是讓我時而憤怒、時而沮喪。

因此我不能說離開印度讓人不高興，因為時時刻刻要無視周遭人事物的悲傷，終究令人疲憊不堪。我知道喬伊斯十分捨不得離開印度，甚至有些傷心，但這是長期駐外記者無法逃避的宿命。

路透社每隔三四年就會要求外派記者調動，五年差不多是極限。因此每次外派到一個駐地安頓下來之後，就要開始考慮下一站落腳何處。自從一九九七年離開英國以來，我從來沒有安定的感覺，搬過幾次家之後這種生活上的不安定開始令人厭倦，即使面臨不同新聞的挑戰總是令人期待，難免還是會渴望不再漂泊。

我得在就任一個工作兩三年後，和下一個工作開始的兩三年前之間進行申請，又因為資深職務競爭激烈，有時甚至有點狗咬狗的感覺。如果我無法繼續駐外，就得回倫敦辦公室坐在枯燥的編輯台，那不是我要的。

最後我克服一切障礙得到北亞總編輯的工作了，雖然基本上與南亞總編輯的工作相似，但那是一個截然不同的地區，面臨的挑戰也大不相同。老實說，我仍然不明白為什麼路透社決定給我這份工作，除了認為這是公司肯定我在新聞判斷和管理記者方面的能力，我也不能排除沒有太多申請者的可能性，而我只是當時的最好選擇。

申請這個工作的最後一輪面談是個奇特的經驗。

那天我在印度中部一個小城市出差，有幾分忐忑在宮殿式旅館有著挑高天花板的房間裡等待電話，窗外有幾個打赤腳的園丁在艷陽下除草，還有一個穿著紗麗的女人拿著掃把在一旁百般無聊看著遠方，偶爾懶洋洋揮手趕蒼蠅。

也許我的英國朋友會很納悶，為什麼我想從印度去中國而不回到西方世界吧？然而我有點固執而且不喜歡職場上的勾心鬥角，離開英國後回到倫敦總部從來不是我的選項，在亞洲我一直覺得自在無比。

電話線路因為基礎設施不足有些斷斷續續，而且我非常討厭電話另一頭那個負責全亞洲的老闆，不過在我以為不是很成功的最後一輪面談中，我一定都把話說對了，因為他們把北亞總編輯給了我。前往中國對我的職業生涯來說是個好消息，對來自台灣的喬伊斯也許不見得，然而無論如何我們就要去北京了。

到達機場時喬伊斯完完全全處於低潮狀態，這讓在機場外與尼爾生的告別更加困難，給了他最後一份禮物和裝著厚厚一疊五百盧比鈔票的信封之後，我們逃也似地進入如冰箱般寒冷的新機場。

孟買機場在過去四年變化很大，但擺在眼前的混亂依舊，然而對此我們早就習以為常一點也不緊張了。印度幾年內神速進步的好處，就是機場等基礎設施至少讓富人的生活更尊貴，至於窮人那就是另外一回事了。

和尼爾生傷感道別後，我彷彿掙脫了身上的印度枷鎖，整個人都輕鬆起來，讓人格外愉悅的是印度的階級意識，意味著只要持有商務艙機票都會被視為皇親國戚，那就是我們。一般機場的貴賓室，在印度是超級貴賓室。在寬敞豪華的大廳裡，這些超級貴賓懶洋洋地散坐在舒適的沙發上喝著香檳，偶爾對服務人員頤指氣使，然後貪心地去搜刮免費點心。

至今我已經對一些印度暴發戶特有的廉價行為免疫了，其實在面對免費餐飲時他們反而更顯得小氣低俗，因此這一切都沒有讓我感到厭煩。我只是冷眼旁觀，同時想著可以離開印度是多麼令人高興。

陷在和人體完全密合的柔軟沙發上喝著杜松子酒，我竟然產生我的英國祖先三三兩兩坐在身旁的幻覺。數百年來他們之中的許多人一定也和我一樣，經歷過廣闊無邊不可思議的印度之後，在離境的碼頭渡口喝著杜松子酒，站在即將離開印度前往未知的風口浪尖上。

我想到殖民時期回到英國村莊情人身邊的陸軍中士，還有拋下印度朋友漂洋過海返鄉的漂泊官員。成功者前往更重要的職務，失敗者則得吞下被召回貶職的恥辱，他們人生的巔峰在邊界上發生。

多年來跨越國界對我來說是一個宣洩的時刻，除了重新審視自己，也沉溺於跨越時隨之而來排山倒海的磅礴情感。離開印度吧，這個念頭過去一年在我心中日益強烈，如今我很高興終於要把印度拋在腦後了。雖然我知道喬伊斯還是深深愛著印度，我也是，但從工作角度而言，我迫不及待想要擺脫印度的官僚和做事方式。

從這個角度考慮，中國或許不會更糟，對吧？我一邊喝著杜松子酒，一邊這麼想。

幾週前報導孟買恐攻事件時感染的手肘還吊著繃帶，公司已經安排我一到香港立刻就醫，確保開刀後一切順利沒有感染。恐攻事件除了為我們的印度生涯畫上句點，也是我採訪生涯的高峰之一。恐攻期間我從家中拍到的新聞圖片登上《紐約時報》頭版，那是唯一的一次，是我留在孟買的最後印記。

飛機起飛時，我凝視著把孟買機場團團圍住的貧民窟，當那些雜亂無章的鐵皮塑膠屋頂漸漸在我眼前消失時，我想起尼爾生、愛爾卡、亞莎和凡吉娜，一絲微微翻攪的感覺在胃部出現：此後他們在這個叫做孟買的人類大熔爐裡，將會如何？

飛機離開印度的心臟地帶，穿過孟加拉灣，繞過泰國，然後飛過南中國海，來到霓虹燈閃爍、充滿活力、隨心所欲的香港，在一九九七年回歸中國之後那裡還是有開著法拉利的巨富、銀行家、賭場和黑幫，還有許許多多的中國移民。

香港是我們進駐北京前暫時靠岸的港口，我將在那裡等待前往中國的記者簽證。（菲爾）

後記

四年的孟買春秋就這麼結束了，我和菲爾搬進北京雍和宮旁胡同裡的四合院，展開和中國十三億人口過招的三年多。

離開孟買一年多後，逢年過節還是給我們打電話的伊格保王子，以九十四高齡結束將近一世紀的歷史見證。朋友凱伊終於搬離住了十多年又愛又恨的孟買回到家鄉美國波特蘭，但每過一段時間就要來信憶及孟買過往。

一日福至心靈上網找吉米大爺，發現他也以九十四高齡過世了，帕西族內一片唏噓。溫德米爾的門房岡古，應該還在花園裡洗車吧？而書店的史諾伊先生，會不會已經從他算帳的小書桌後退休了？待我在網路上搜尋，才發現孟買的史特安德書店，七十年後終究不敵網路，二〇一八年二月熄燈。

愛爾卡和亞莎自然沒了消息，我不曾試著打探但偶爾想起她們，心頭還是要難免一緊。凡吉娜為我們在孟買的領事朋友工作，在貧民窟長大的她，接下來幾年因為口耳相傳，在好幾個領事家庭幫傭。想到這裡，心裡是盡是安慰。

我們離開後尼爾生為澳洲人家和台灣朋友開車，總在我和菲爾生日、聖誕節、農曆春節發來簡訊祝賀問候。熱情的台灣老闆帶著他去星巴克喝咖啡，去高級餐廳吃大餐。女兒史薇蒂畢業後到阿布達比擔任護士，已經結婚生子。尼爾生幾年前退休，和太太穿梭於孟買和阿布達比之間含飴弄孫。

北京胡同那幾年亦是難得經驗，但冥冥之中總覺有條看不見的細絲，三不五時就把我拉回印度的過往無法自拔。雖然路透社不常在短期內讓外派記者回鍋擔任舊職，卻在三年後再度派任菲爾擔任南亞總編輯，於是我們回到以為再也不會重返的印度。

南方的班加羅爾是印度的矽谷，多了幾分高科技、少了幾分傳統，孟買的王室名流不再，生活中有了新的尼爾生和新的凡吉娜，還是一樣迷人又不可思議的印度。

幾年後菲爾結束三十多年的路透社生涯，離開班加羅爾再度告別印度，這次再也回不去了。

離開記者工作後我們曾暫居香港，經歷了令人心碎的街頭抗爭，目睹了東方之珠的迅速隕落。武漢疫情之初我們回到台灣，離鄉二十多年的台灣人和來自英國的新住民，在淡水河左岸八里落腳，以全新的眼光重新認識這個美麗的婆娑之島。

每個人在生命的某個階段，都有一部春秋正在上演，我們現在的春秋，在八里和普羅旺斯之間繼續。

喬伊斯

二〇二二年四月

於八里左岸

印度彩色節必須的粉末。

1

3

2

1　孟買隨處可見和高樓形成對比的垃圾堆。

2　市場裡的小販。

3　印度日常十分仰賴人力，孟買充滿了全國各地來尋夢的各式勞工。

有兩千萬人的孟買，隨時隨地車水馬龍。

孟買最著名的地標：印度門。

正在學英文的亞莎最喜歡把單字放進然古麗圖案裡。

正在拜象神的愛爾卡。

尼爾生和來參觀外國太太的鄰居小孩。

納格帕達孩子們收到的兒童節禮物。

菲爾扮成聖誕老公公和貧民窟的孩子一起過節。

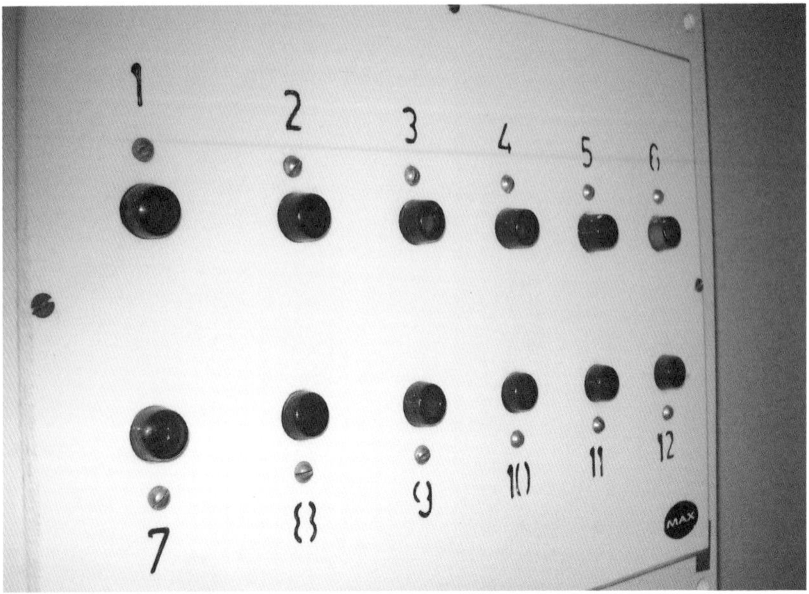

溫德米爾廚房裡的傭人鈴。

喜歡擺姿勢照相的溫德米爾警衛。

門房岡古只要面對鏡頭就滿臉嚴肅。

伊格保在帕蘭普爾王宮的晚宴。

伊格保站在英國菲利普親王身後。

走在伊莉莎白女王和菲利普親王後面最左方的伊格保。

走在路上忽然被拉進一個婚禮的現場。

金碧輝煌的鑽石人家婚禮。

板球俱樂部的新年餐會。

尼爾生夢寐以求到板球俱樂部看板球賽。

1

2

1　孟買一屋難求，特別是在寸土寸金的南孟買。即使是不起眼的大樓房租一樣驚人。

2　南孟買隨處可見紅瓦洋房。多數歐式風格的洋房因房租控管條例而破舊不堪。

南孟買市區的帕西糕餅店。

裁縫帶著縫衣機到家裡來做沙發套。

帕西糕餅店牆上掛的智慧箴言。

完成後的白沙發套。

即使住在貧民窟，印度人也懂得自娛娛人。

市場裡的牛車。

・尼爾生比手劃腳問路。

開鑿在山壁裡的神廟。

如果神廟缺乏管理，裡面的石雕很有可能出現在賊市。

在荒郊野外神廟查看旅遊書的喬伊斯。

看電影是印度全民娛樂。

2

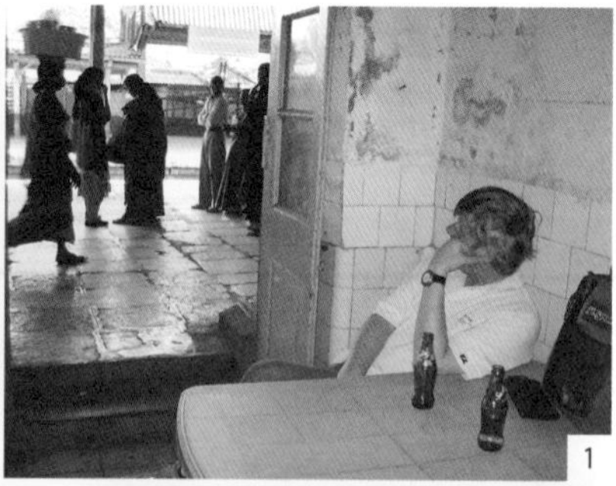

1

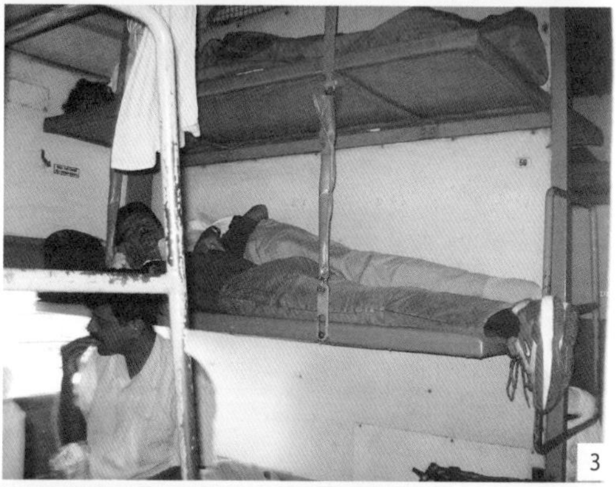

3

1　火車站裡的冷飲室。
2　每天有幾百萬人進出的孟買維多利亞火車站。
3　火車三等車廂睡鋪。
4　女士專用車廂。

4

2

1

3

4

1　愛爾卡與兒子媳婦。
2　貧民窟裡的房子。
3　中上人家結婚的禮車。
4　孟買情侶最愛的海濱大道。

火車站站長室。

路邊兼賣洋蔥的理髮攤。

1

2

3

1　在供水站等著提水回家的民眾。

2　貧民窟裡扛水回家通常是女人的工作。

3　節慶遊行隊伍中快樂的女人。

賣菜的女人。

市場裡的雞肉攤。

克拉巴市場。

孟買著名的送便當系統。

孟買洗衣場裡的工作通常是世襲的。

孟買街景：苦力、小販、上班族。

從事粗活的人，永遠活在印度下層社會。

1　在溫德米爾大門口畫然古麗的凡吉娜。
2　溫德米爾的陽臺。
3　台灣太太來了，午茶時間到了。杜佳瑪塔的裝修工人。

街上隨處可見的瓦斯桶。

孟買許多商家店員無數，但是某些店家卻又只留一個一問三不知的店員，例如我去的鎖店。

阿富汗同事為菲爾準備的生日蛋糕。

菲爾和阿富汗同事攝於路透社喀布爾辦公室前。

做麵餅的巴基斯坦男人。

色彩繽紛的巴基斯坦公車。

賊市一角。

英國信號炮。

1 躲在舊貨堆裡的加爾各答沙發。

2 加爾各答的沙發換新衣：兩張牛皮。

3 來自英國，經歷印度，終於落腳普羅旺斯的沙發。

4 朋友的設計師椅子。

5 印度工人依樣畫葫蘆。

6 賊市裡四柱床的床頭板。

7 葡萄牙的四柱床經過印度抵達普羅旺斯了。

HOME PAGE | MY TIMES | TODAY'S PAPER | VIDEO | MOST POPULAR | TIMES TOPICS

Log In | Register Now

Neiman Marcus

The New York Times

Thursday, November 27, 2008 Last Update: 11:03 PM ET

Neiman Marcus DESIGNER SALE

Search

Personalize Your Weather

JOBS
REAL ESTATE
AUTOS
ALL CLASSIFIEDS

WORLD
U.S.
POLITICS
N.Y./REGION
BUSINESS
TECHNOLOGY
SPORTS
SCIENCE
HEALTH
OPINION
ARTS
Books
Movies
Music
Television
Theater
STYLE
Dining & Wine
Fashion & Style
Home & Garden
Weddings/Celebrations
TRAVEL
Blogs
Cartoons / Humor
Classifieds

Indian Forces Fire at Jewish Center

1 2 3 4 5 6

An Indian commando rappelled from a helicopter onto the roof of a Jewish center on Friday

Commandos Attack Site Where Militants Are Encamped

By SOMINI SENGUPTA and KEITH BRADSHER

21 minutes ago

It was not known how many hostages were being held

ESCAPES »

In Florida, New Condos On the Block

Once viewed primarily as a means to sell foreclosed properties, auctions are increasingly being used to jump-start sales in new developments.

The Tighter Loan Market

At a time when homes — especially second homes in some regions — are dropping in price, it is getting harder to get a loan to buy one.

OPINION »

· Kristof: Thanks for Heroes
· Cohen: A Country of Laws
· Collins: These Blessings
· Editorial: Save the Planet

《紐約時報》上菲爾拍的照片，黑貓特攻隊隊員正在降落於猶太教會屋頂。

菲爾在泰姬瑪哈旅館前採訪。

坐在防彈衣上寫稿的菲爾和看報紙的尼爾生。

聽見槍響四處逃竄的警察記者和看熱鬧的民眾。

手肘因採訪被老鼠尿感染的獨臂刀王。

送別晚餐後伊格保拿出他婚禮禮車的相片再說個故事。

貧民窟裡的孩子們天真無邪。

身著紗麗的女人。印度的一切，終將成為回憶。

孟買春秋
史密斯夫婦樂活印度

作　　者／喬伊斯、菲爾
副總編輯／蔡明雲
責任編輯／鄭凱榕、沈依靜
封面設計／盧卡斯工作室
行銷企劃／黃毓純
業務行政／林欣怡

發 行 人／魏淑貞
出版發行／玉山社出版事業股份有限公司
地　　址／106060 台北市大安區仁愛路四段145號3樓之2
電　　話／(02) 27753736
傳　　真／(02) 27753776
郵　　撥／18599799 玉山社出版事業股份有限公司
法律顧問／魏千峯律師

定　　價：480元
初版一刷：2022年6月　初版八刷：2022年10月

本書言論內容，不代表本公司言論與意見。

ISBN：978-986-294-316-8

電子郵件地址／service@tipi.com.tw
玉山社網站網址／https://www.tipi.com.tw

國家圖書館出版品預行編目(CIP)資料

孟買春秋：史密斯夫婦樂活印度/喬伊斯、菲爾作. -- 初版. -- 臺北市：玉山社出版事業股份有限公司, 2022.06

448 面；14.8X21.0 公分

ISBN 978-986-294-316-8 (平裝)

1.CST: 文化　2.CST: 印度

737.08　　111007358